HARALD SCHNEIDER
Hambacher
Frühling

HARALD SCHNEIDER

Hambacher Frühling

Palzkis 15. Fall

GMEINER SPANNUNG

Bisherige Veröffentlichungen im Gmeiner-Verlag:
Ein Mörder aus Kurpfalz (2019), Pfälzer Eisfeuer (2018), Hambacher
Frühling (2018), NAFD (2017), Parkverbot (2017), Mords-Grumbeere
(2016), Sagenreich (2015), Weinrausch (2015), Wer mordet schon in der
Kurpfalz? (2014), Tote Beete (2014), Ahnenfluch (2013), Künstlerpech
(2013), Pilgerspuren (2012), Palzki ermittelt (2012), Blutbahn (2012),
Mörderischer Erfindergeist (2011), Räuberbier (2011), Wassergeld (2010),
Erfindergeist (2009), Schwarzkittel (2009), Ernteopfer (2008)

Immer informiert

Spannung pur – mit unserem Newsletter informieren wir Sie
regelmäßig über Wissenswertes aus unserer Bücherwelt.

Gefällt mir!

Facebook: @Gmeiner.Verlag
Instagram: @gmeinerverlag
Twitter: @GmeinerVerlag

Besuchen Sie uns im Internet:
www.gmeiner-verlag.de

© 2018 – Gmeiner-Verlag GmbH
Im Ehnried 5, 88605 Meßkirch
Telefon 07575/2095-0
info@gmeiner-verlag.de
Alle Rechte vorbehalten
2. Auflage 2019

Lektorat: Claudia Senghaas, Kirchardt
Herstellung: Julia Franze
Umschlaggestaltung: U.O.R.G. Lutz Eberle, Stuttgart
unter Verwendung eines Fotos von: © Klaus Storch, Altena
Druck: CPI books GmbH, Leck
Printed in Germany
ISBN 978-3-8392-2215-7

INHALT

PERSONENGLOSSAR

FIKTIVE PERSONEN:

Reiner Palzki – Kriminalhauptkommissar, Dienststelle
Schifferstadt
Dietmar Becker – krimischreibender Student
Doktor Matthias Metzger – Not-Notarzt
Klaus P. Diefenbach – Dienststellenleiter, Palzkis Chef
(Kurzauftritt)

REALE PERSONEN:

Uli Dittrich – Geschäftsführerin der Stiftung Hambacher
Schloss
Edgar – Jagdhund mit demokratischen Ambitionen
Irina Elert – stellvertretende Geschäftsführerin Hamba-
cher Schloss
Carlotta Lietz – Hambacher Schloss, Führungsprogramm
Monika Lippert – Mitarbeiterin Kasse
Herrmann Hoch – Hausmeister Hambacher Schloss
Ben Pauls – Küchenchef und Veranstaltungsleitung Ham-
bacher Schloss
Theo Wieder – Bezirkstagsvorsitzender, ehemaliger Ober-
bürgermeister von Frankenthal
Fünf Schauspieler des »Chawwerusch« Theaters
Andreas Nothaft, Elisabeth Fuchs, Maritta Stadelmaier –
Studentische Burschenschaft
Daniel Maier, Parkplatzwächter
Matthias Thon, Amelie Steiner – Inhaber eines Hotels

Karin Zimmermann – Kripochefin
Enrico Müller – Krawattenträger und Duzfreund KPDs
Julienne Matthias-Gund – Geschäftsführerin Touristik-
gemeinschaft Kurpfalz e. V.
Silke Riehl – Esoterikerin
Gunter Engler und Beate Bootz-Engler – Brauteltern
Judith Engler – Braut
Steffen Boiselle – Hochzeitszeichner
Edsel (Thomas Merz) – Chef der Anonyme Giddarischde
Günter Wallmen – Unfallchirurg und Dirndlnotarzt aus
Speyer
Marco Fratelli – Geschäftsführer der Peregrinus GmbH
(Echtname: Marco Fraleoni)
Harald Schneider – Krimiautor

KAPITEL 1
DIE UMBUCHUNG

Es hätte so ein schöner Tag werden können.

»Freuen Sie sich doch!«, schnauzte mich mein Chef an. »Nicht jeder bekommt in seinem Leben die Gelegenheit, mit hochrangiger Prominenz in Kontakt treten zu dürfen. Dies ist eine einmalige Gelegenheit für Sie, Palzki.«

Ich verzog mein Gesicht noch grimassenhafter, doch mir war klar, dass KPD, wie wir unseren Dienststellenleiter Klaus P. Diefenbach nannten, diese psychologischen Körpersignale nicht verstehen würde. KPDs Universum drehte sich ausschließlich um ihn selbst. Dort gab es nur Eigenlob, Einbildung, Arroganz und Ignoranz gegenüber dem realen Rest der Welt. Dieses verzerrte Weltbild, für einen Außenstehenden sofort als Fantasie-, oder auf Neudeutsch Trumpwelt erkennbar, bestimmte KPDs Leben und Wirken. Ständig waren wir Untergebenen, wie er seine Mitarbeiter abwertend nannte, seinen zahlreichen Spleens und spontanen Einfällen, die eher geistige Ausfälle waren, gnadenlos ausgesetzt.

»Ich kann nicht.« Ich versuchte, sein Anliegen abzuwehren. »Meine Schwiegermutter hat sich für diesen Termin angekündigt, und den Rasen müsste ich auch mal wieder mähen.«

KPD kam näher, stellte sich breitbeinig vor mir in Positur und schüttelte mit autoritärem Gehabe ruckartig den Kopf. »Palzki, Palzki, was soll nur aus Ihnen werden?

Möchten Sie wirklich freiwillig auf die größte Chance Ihres Lebens verzichten?« Bevor ich etwas sagen konnte, gab er selbst die Antwort. »Nein, das kann ich nicht zulassen. Ich, der gute Chef der Schifferstadter Kriminalinspektion, habe schließlich eine Fürsorgepflicht gegenüber meinen Untergebenen.«

Er schmatzte unappetitlich und setzte ein Haifischlächeln auf, dabei blitzten seine goldüberzogenen Backenzähne im Neonlicht der Deckenbeleuchtung. »Den Termin werden Sie wahrnehmen, das bestimme ich jetzt als Ihr Dienstvorgesetzter. Ich zwinge Sie zu Ihrem Glück, Palzki. Eines Tages werden Sie mir dankbar sein.« Das Kopfschütteln war inzwischen in ein Nicken übergegangen. »Ganz bestimmt«, bekräftigte er seine eigene These.

»Den ganzen Zeitraum?«, hakte ich widerwillig nach. »Reicht da nicht der erste Tag?«

KPD stutzte einen Moment, dann lachte er laut heraus. »Jetzt verstehe ich, worauf Sie hinauswollen, Palzki! Selbstverständlich dürfen Sie die Überstunden in der Folgewoche abfeiern. Meistens fällt es sowieso nicht auf, ob Sie im Dienst sind oder nicht.«

Solche Freundlichkeiten musste ich mir von ihm ständig anhören.

An die Überstunden hatte ich zwar nicht gedacht, doch ich nahm die Steilvorlage von KPD souverän auf. Mit irgendeinem Argument musste ich ihn zur Weißglut bringen, damit er von seinem Vorhaben abließ. »Und wie sieht's mit den Sonntagszuschlägen aus? Beamtenrechtlich soll das eine äußerst komplexe Materie sein. Soll ich dazu im Präsidium eine förmliche Anfrage starten?«

Präsidium, insbesondere das in Ludwigshafen, war in KPDs Ohren ein böses, ja gar ein unzulässiges Wort. Vor seiner Versetzung nach Schifferstadt war dieses Präsidium seine Dienststelle gewesen. Nicht wenige Gerüchte behaupteten nach wie vor hartnäckig, dass die Versetzung nach Schifferstadt aufs Land nicht freiwillig geschehen war. KPDs Kopf sah binnen einer Sekunde aus wie eine überreife Tomate.

»Nirgendwo sollen Sie nachfragen, Palzki. Als guter Dienststellenleiter habe ich alles im Griff. Mein Wort gilt etwas in der Verwaltung und bei den höheren Dienstgraden. Aus diesem Grund habe ich persönlich die Einladung des Innenministers erhalten. Wenn die Einladung nicht wäre, würde ich die Veranstaltung selbst besuchen, Palzki. Ich habe sie schließlich ursprünglich für mich selbst gebucht. Aber ich kann bedauerlicherweise nicht auf zwei Hochzeiten gleichzeitig tanzen. Daher überlasse ich Ihnen die kleinere Hochzeit.«

»Und wenn ich mit dem Innenminister essen gehe und Sie stattdessen …«

KPD unterbrach mich unwirsch. »Nichts da. Ich habe ein paar besonders heikle Dinge zu besprechen. Da kann ich keinen Beamten der unteren Dienstgrade als Stellvertreter schicken, das würde meinen sehr guten Ruf infrage stellen. Palzki, für den Ministertermin ist ein Mann mit Kompetenz, Sachverstand und großer Menschenkenntnis gefordert, also ich. Alles andere wäre oberpeinlich.« Er sah mich eindringlich an. »Außerdem erspare ich Ihnen Ihre Schwiegermutter. Sie müssten froh sein, an dem Wochenende arbeiten zu dürfen. Wobei von Arbeiten keine Rede ist. Zuhören, kleine Aufgaben lösen, etwas dabei lernen und Kontakte knüpfen, mehr müssen Sie nicht tun. Und am wichtigsten: mir anschließend alles haargenau erzählen.«

Er drückte mir einen Schnellhefter in die Hand. Unwillkürlich las ich die Überschrift des Deckblatts: »Hinauf, hinauf zum Schloss«.

Jetzt lächelte KPD wieder. »Das Managementseminar auf dem Hambacher Schloss ist eine elitäre Veranstaltung. Es geht um das Thema Mitarbeitermotivation und beinhaltet mehrere Workshops, an deren Gestaltung ich selbst mitgewirkt habe. Ich muss Ihnen wohl nicht sagen, dass die Teilnahme nur für VIPs wie mich möglich ist und ich das aus unserem Schwarzgeldetat der Bußgeldkasse bezahlt habe. Enttäuschen Sie mich nicht, Palzki. Schauen Sie auf die Referentenliste und das Unterhaltungsprogramm, alles sehr bekannte Leute.«

Er fuchtelte mit seinen Fingern über das Deckblatt. »Na, was sagen Sie dazu?«

Bis auf einen Namen waren mir sämtliche Akteure unbekannt. Und auf die Person, die ich kannte, konnte ich liebend gerne verzichten.

»Na, haben Sie ihn entdeckt?«, fragte KPD stolz. »Ich selbst habe ihn auf die Referentenliste setzen lassen. Als Teilnehmer darf ich leider keinen Vortrag halten, obwohl ich das natürlich am besten von allen könnte. Dafür sind aber die meisten Elemente des Workshops meine ureigene Erfindung. So etwas haben Sie noch nie erlebt, das garantiere ich Ihnen. Immerhin ist es eine Uraufführung!«

Irgendetwas lief da im Moment schief. Ich versuchte, die Mappe an KPD zurückzugeben, doch er wich aus.

»Seien Sie nicht so schüchtern, Palzki. Am Freitagmittag geht es los. Sie dürfen in der Nähe des Schlosses mit den anderen Teilnehmern in einem richtigen Hotel übernachten. Nicht so eine billige Ferienwohnung mit knarzendem Bett und verbrauchtem Mobiliar, wie Sie es von Ihren

Urlauben her kennen. Und schauen Sie sich erst mal das zweite Blatt an. Bei den Menüs läuft Ihnen sofort das Wasser im Mund zusammen. Exquisiter geht's nicht.« KPD schien mit diesem Argument und seiner Überzeugungskraft zufrieden.

Ich blätterte die Buchungsunterlagen auf die nächste Seite und versuchte, die beschriebenen Speisen zu identifizieren. Es gelang mir nicht einmal in Ansätzen. Keine Ahnung, ob mit den einzelnen Gängen Fleisch, Fisch oder etwas Vegetarisches gemeint war. Einiges konnte ich als französische Wörter identifizieren oder zumindest vermuten, der große Rest sah für mich eher wie eine Kunstsprache aus. Ob es sich um ein Seminar für Esperanto-Sprecher handelte? Die Überschrift war das Einzige in Klartext: »Wir servieren jeweils die passenden Weine«. Hektisch blätterte ich weiter, wurde aber nicht fündig. »Die Bierkarte fehlt«, meinte ich mit Blick zu KPD.

Er schaute mich lange an, bevor er antwortete. »Ich sehe, das wird schwierig. Leider kann ich keinen anderen Beamten schicken, selbst wenn ich gerne wollte.«

»Wieso?« Ich musste wissen, warum er gerade mich für diesen Höllentrip auserkoren hatte. Aus Nächstenliebe garantiert nicht.

Zunächst stammelte KPD unverständlich herum, dann rückte er mit der Wahrheit heraus. »Die Anmeldung ist strikt personenbezogen. In meinem Fall ist mir eine Änderung nur gelungen, weil ich die Einladung des Innenministers vorlegen konnte. Der einzige Kompromiss, den ich eingehen musste, war, die Buchung an meinen unmittelbaren Untergebenen weiterzugeben. Und da Sie, zwar nicht qualitativ, aber historisch bedingt, leider der stellvertretende Dienststellenleiter sind, musste ich Ihren Namen angeben. Sie sehen, Palzki, Ihre Wege führen hinauf zum Schloss.«

KPD schaute mit verzücktem Gesichtsausdruck zur Decke, dann verließ er ohne einen weiteren Kommentar oder Gruß das Büro.

Ich blickte zu meiner Kollegin Jutta, in deren Büro ich mich befand. »Habe ich das eben geträumt oder brauche ich psychologische Hilfe?«

Jutta kam näher und versuchte, mich zu trösten. »Vielleicht wird es gar nicht so schlimm und du verbringst ein angenehmes Wochenende auf dem Hambacher Schloss. Interessante Menschen wirst du auf alle Fälle kennenlernen.«

»Ich will aber nicht. Das interessiert mich nicht die Bohne. Und erst das Essen. Wenn wenigstens die ›Currysau‹ der Caterer wäre, damit könnte ich gut leben.«

»Ich denke, du machst eine Diät?«, fiel mir Jutta ins Wort.

»Ja schon«, gab ich zu. »Aber bei solch einem Wochenende kann ich mal eine Ausnahme machen. Und außerdem ist die ›Currysau‹ überhaupt nicht auf dem Schloss. Lies dir mal durch, was es für Schweinereien zu essen gibt!«

Meine Kollegin vertiefte sich in die Menükarte. »Das liest sich aber sehr vielversprechend. Gehobene und gesunde Küche, da besteht keine Gefahr für deinen Diäterfolg. Schwein gibt's auch nicht.«

»Keine Gefahr? Ich weiß nicht mal, was das alles ist. Und außerdem werden die Portionen so winzig sein, dass man sie auf dem Teller suchen muss. Ein klodeckelgroßes Schnitzel mit Pommes, das würde ich mir gefallen lassen.«

Jutta grinste. »Darauf wirst du wohl verzichten müssen.« Sie gab mir die Unterlagen zurück. »Heute ist erst

Dienstag. Du kannst bis Freitag versuchen, KPD umzu-
stimmen. Lass dir halt was einfallen.«

»Ich mache Feierabend. Es ist zwar ziemlich früh, aber
diesen Schock muss ich jetzt verdauen. Sag Gerhard einen
Gruß, wenn er zurückkommt. Wo ist er überhaupt?«

»Er musste wegen einer Ermittlungssache nach Speyer
zum Sankt-Guido-Stifts-Platz.«

Sankt-Guido-Stifts-Platz? Ich glaubte, nicht richtig zu
hören. Ausgerechnet an meinem Lieblingsplatz, dort wo
die »Currysau« ihr Domizil hatte, musste mein Kollege
ermitteln. Wie ungerecht war doch diese Welt. Wie gerne
wäre ich in Speyer gewesen, während KPD meinem Kollegen Gerhard diese Unterlagen gegeben hätte.

KAPITEL 2
WICHTIGE VORBEREITUNGEN

Zu Hause war es ruhig. Jedenfalls die ersten 20 Sekunden, die ich von der Haustür bis zum Wohnzimmer benötigte.

»Papa«, rief mir meine 13-jährige Tochter Melanie entgegen, »am Samstag musst du mich zur Party nach Speyer fahren. Irgendwann nach Mitternacht kannst du mich dort abholen. Mama lässt mich nämlich nicht übernachten. Oder redest du mal mit ihr?« Sie zog ein seliges Lächeln auf.

Stefanie, die aus der Küche kam, hatte den letzten Satz unserer Tochter gehört. »Vergiss es, Melanie. Bis 22.00 Uhr darfst du auf der Party bleiben, keine Minute länger.«

Unser pubertierendes Töchterlein zog mit einem Schmollmund ab. Ich war mir sicher, dass es nicht ihr letzter Versuch war, ihre Eltern gegeneinander auszuspielen.

Stefanie kam zu mir und gab mir einen Kuss. Dabei streichelte sie sanft über meinen Bauch. »Ich glaube, so langsam sieht man den ersten Erfolg. Hast du dich diese Woche schon gewogen?«

Ich hielt ihre Hand fest. »Die Batterien müssen leer sein, die Waage zeigt nur verrücktes Zeug an. Wie viele Kilos muss ich noch?«

Dass die Waage ein knappes Kilogramm mehr anzeigte als zu Beginn meiner Diätmaßnahmen vor zwei Wochen, verschwieg ich ihr besser. Wahrscheinlich handelte es sich sowieso nur um einen Messfehler, da Stefanie meinen dünner werdenden Bauchumfang soeben testiert hatte. Aber ich war schließlich gewillt, ein paar Pfunde abzunehmen. Bei meinen letzten Ermittlungen im Mannheimer Luisenpark hatte es sich spürbar gezeigt, dass ich nicht mehr so schnell und agil wie in jungen Jahren war. Selbst gemäßigter Sport war für mich kein Fremdwort mehr, seit unsere Familie einen Crosstrainer besaß. Inzwischen konnte ich dieses Folterinstrument, natürlich mit leichtester Stufe, fast fünf Minuten ohne Pause zum Schwingen bringen. Bei vier Minuten und 10 Sekunden stand mein persönlicher Rekord.

Stefanie holte mich aus meiner Gedankenwelt zurück. »Du hast erst angefangen, mein lieber Mann. Bis zum Frühjahr musst du durchhalten. Dann brauchst du zwar komplett neue Kleider, dafür habe ich dann einen neuen Mann.« Grinsend streichelte sie mir erneut den Bauch. »Heute Abend gibt es vegetarische Brokkolischnitzel, freust du dich schon? Ich habe übrigens im Supermarkt Light-Bier gefunden, da hat die Flasche nur knapp 100 Kilokalorien. Möchtest du das Bier zum Essen kalt oder in Zimmertemperatur haben?«

Mir blieb nichts übrig, als diese Kröte zu schlucken. Allein der Gedanke an Bier in Zimmertemperatur ließ mir einen Schauder über den Rücken laufen. Im Moment lief es mit meiner Lebensplanung nicht so 100-prozentig zufriedenstellend, eher so 0-prozentig. Außerdem fühlte ich mich mal wieder rundum fremdbestimmt.

»Du, wegen Melanies Party …« Es wurde Zeit, dass ich die Hiobsbotschaft mit dem Managementseminar auf dem Hambacher Schloss loswurde.

Stefanie unterbrach mich. »Da müssen wir als Eltern hart bleiben. Du holst sie um 22.00 Uhr ab, und lass dich nicht wieder von ihr um die Finger wickeln.«

»Äh, aber wie …«

»Das schaffst du schon. Übrigens, ich habe dich, wie wir besprochen haben, im Sportverein angemeldet. Am Freitagabend hast du beim Trainer des Vereins eine Privatstunde, damit er deine Fitness einschätzen kann. Darauf aufbauend wird er dir ein passendes Sportprogramm zusammenstellen, das dich nicht unterfordert.«

Ich schluckte hart. Ich musste unbedingt reagieren und Stefanie reinen Wein einschenken. Schließlich konnte ich zumindest dieses Mal nichts für die Misere. Allerdings war mir nur zu gut in Erinnerung, dass Stefanie vor knapp zwei Jahren eine Zeit lang von mir getrennt wohnte, weil ich ihr damals mehr mit dem Job verheiratet schien als mit ihr. Klar, es waren andere Zeiten, KPD arbeitete noch nicht in Schifferstadt, und ich selbst war als kommissarischer Dienststellenleiter der Kriminalinspektion tätig. Dementsprechend hoch war mein beruflicher Zeitaufwand, von regelmäßigen Wochenenddiensten ganz zu schweigen. Selbst wenn ich es ungern zugab, hatte ich KPD indirekt mein wieder vereintes Familienleben zu verdanken. Durch seine Inthronisierung konnte ich in die zweite Reihe zurücktreten und meine Frau und meine Kinder zurückgewinnen. Seitdem stand für mich unerschütterlich fest, dass ein zufriedenes Familienleben, selbst wenn es häufig mit Kompromissen und manchmal mit Stress verbunden war, wichtiger als ein erfülltes Berufsleben war. Ich hatte gelernt, dass es Wertvolleres gab, als sein Leben bedingungslos für den Job aufzuopfern. Die Friedhöfe sind voll mit Menschen, die sich für unersetzbar hielten.

»Stefanie, äh …«

»Papa, geil, dass du schon da bist!«

Der neunjährige Paul kam ins Wohnzimmer gerannt. »Ich rufe gleich bei Tom an, dass die Sache klargeht, okay?«

»Tom? Sache? Was meinst du, Paul?«

»Ach Papa«, motzte Paul. »Hast du es wieder vergessen? Mama hat mich doch in diesen neuen Fußballverein gesteckt.«

Ich nickte. »Das ist mir bekannt. Du hast mit deinem Ball im Garten Mamas komplettes Blumenbeet umgepflügt. Der Verein war also nur Notwehr von Mama. Außerdem hat uns die Haftpflichtversicherung gekündigt, weil sie nicht dauernd für die Glasschäden in der Nachbarschaft aufkommen wollte.«

»Das weiß ich«, unterbrach mein Sohn ungeduldig. »Inzwischen gefällt es mir ganz gut im Verein. Da gibt's ein paar dufte Kumpel. So wie der Tom. Bei dem war sogar schon das Jugendamt, hat er erzählt.«

Während Stefanie erblasste, fragte ich mich, ob ich nicht doch unseren Garten zu einem kleinen Fußballfeld umbauen sollte, damit wir unseren Sohn besser unter Kontrolle hatten.

Paul kümmerten die elterlichen Fragestellungen nach seiner Zukunft wenig. »Das Turnier am Sonntag in Ludwigshafen wird jedenfalls klasse. Sogar Mädchenmannschaften sind dabei. Ich und Tom haben bereits ein paar fiese Ideen, wie wir die Mädchen ärgern können. Papa, wir müssen pünktlich um 8.00 Uhr in der Friedrich-Ebert-Halle sein. Du musst auch nicht dort bleiben. Es reicht, wenn du mich und Tom am Nachmittag abholst.«

»Ich weiß nicht, ob Papa Zeit hat«, sagte Stefanie mit einem flehenden Blick zu mir. »Wir schauen nachher in den Terminkalender und geben dir dann Bescheid.«

Während ich in Anbetracht der grotesken Situation nur

stumm dastand, legte Paul einen drauf. »Wenn Papa nicht fährt, dann frage ich Herrn Ackermann. Der macht das auf alle Fälle, außerdem will er mir sowieso was zeigen.«

Detaillierter wurde er nicht. Es war auch so schlimm genug. Unsere Nachbarn, die Ackermanns, waren die irdische Hölle. Ewige Verdammnis in unmittelbarer Nachbarschaft. Wer schlimmer von den beiden war? Ich wusste es nicht. Herr Ackermann war vordergründig eine Tranfunzel, die es gegen Mittag vom Schlafzimmer ins Wohnzimmer auf die Couch schaffte und sich weder um den Haushalt noch um seine Frau kümmerte. Doch sobald er mit Paul in Kontakt kam, wurde er zu Dynamit. Ach was, die beiden verwandelten sich in einen hochaktiven Vulkan. Statt Lava und Qualm ging es bei dem Duo aber eher um kriminelle Aktivitäten, die sie aushecken. Bisher war es mir immer gelungen, Herrn Ackermann zur Verantwortung zu ziehen, der schließlich stets die initiierende Idee für die Streiche hatte, wie die beiden es verharmlosend nannten. Irgendwann würde Paul 14 und damit strafmündig sein, wenn sich vorher nicht das Jugendamt einschaltete. Entsprechende Verbindungen schien Paul ja bereits zu besitzen.

Ich sinnierte gerade über Frau Ackermann, da stieß mich Stefanie sanft in die Seite.

»Was ist los mit dir? Du stehst da, wie zur Salzsäule erstarrt. Paul ist längst hoch in sein Zimmer gegangen. Morgen werde ich ihn zur Sicherheit aus dem Fußballverein abmelden.«

Bevor die familiäre Situation weiter eskalierte, wer weiß, welche weiteren Termine noch auf mich für das kommende Wochenende warteten, drückte ich meiner Frau die Buchungsmappe in die Hand und setzte mich auf die Couch.

»Was ist das?«, fragte sie neugierig und las die Überschrift. »Ein Managementseminar mit Workshop? Schickt Diefenbach dich auf eine Weiterbildung? Oh, Thema Mitarbeitermotivation, das finde ich sehr gut, dann ist er inzwischen von deinen Fähigkeiten als Kriminalbeamter überzeugt. Gibt's sogar eine Beförderung?«

Im Prinzip lief es sehr gut für mich. Ich blieb stumm, das dicke Ende abwartend. Stefanie setzte sich neben mich und strahlte. Noch.

»Ach, die Tagung ist bereits am kommenden Wochenende. Das ist jetzt aber ein bisschen plötzlich.« Ihr fiel der Termin im Sportverein ein. Für einen Moment wusste sie selbst nicht, wie sie reagieren sollte. Zunächst sah es aus, als würde sie überreagieren, doch dann besann sie sich. »Dir liegt sicher viel an diesem Seminar, Reiner. Ich kann mir vorstellen, wie großartig du dich im Moment fühlst, endlich mal durch den Vorgesetzten anerkannt zu werden. Und wenn es jetzt im Job besser klappt, dann fühlst du dich bald insgesamt besser. Oh, ich freue mich so für dich. Den Termin mit dem Trainer verschiebe ich um eine Woche.«

Nun war ich ungewollt sprachlos. Was musste ich da hören? Stefanie verdrehte komplett die Fakten. Ich musste sie auf den Boden der Realität zurückholen, und zwar sofort. Ich wollte just damit beginnen, eine Brandrede auf KPD und dieses verflixte Seminar zu halten, da rief mein Freud'sches Über-Ich in letzter Sekunde »Halt!«.

Wenn ich Stefanie sagen würde, dass das Verhältnis zwischen KPD und mir nach wie vor zum Schlechtesten stand und ich unfreiwillig zu der Teilnahme verdonnert wurde, zu der ich außerdem nicht im Geringsten Lust hatte, sah meine Ehefrau das Ganze garantiert aus einem anderen Blickwinkel. Ich musste ausnahmsweise etwas taktisch vorgehen, um den Familienfrieden nicht zu gefährden. Nachteilig war, dass ich mich nun nicht mehr gegen diese Veranstaltung wehren konnte, da ich sonst meine Glaubwürdigkeit verlieren würde. Aus diesen Gründen blieb ich weiterhin stumm, zog aber meine Mundwinkel eine Nuance nach oben, um nicht allzu betrübt zu wirken.

»Ich sehe, du kannst dein Glück noch gar nicht richtig fassen«, sagte Stefanie prompt. »Die Freude wird sicherlich bald einsetzen.« Sie schlug die Buchungsunterlagen auf. »Mann, sind das mal hochkarätige Referenten. Da kannst du auf alle Fälle etwas lernen.« Sie blätterte weiter. »Hast du Herrn Diefenbach das Leben gerettet, weil er dir so etwas spendiert?«

Nachdem ich immer noch schweigend dasaß, blätterte sie weiter. »Inklusive zwei Übernachtungen in einem exklusiven Hotel und dann diese Menüs ...« Sie hielt mitten im Satz inne und stierte mich an.

Leider interpretierte ich die Erstarrung falsch. »Ich kann mir von zu Hause was zu essen mitnehmen, wenn die Menüs deiner Meinung nach zu fettreich sein sollten. Ich werde mir dein vorgekochtes Essen in der Hotelküche aufwärmen lassen. Dem Koch sage ich, dass ich eine Kalorienallergie habe.« Meinen kleinen Witz ignorierte sie.

»So kannst du unmöglich dorthin gehen«, sagte Stefanie.

Ich schaute an mir herunter. »Du hast selbst gesagt, dass mein Bauch schon etwas dünner geworden ist. Wahrscheinlich sind auch andere Teilnehmer dabei, die nicht untergewichtig sind.«

»Das meine ich nicht.«

»Was dann?«

»Deine Kleidung. Mensch Reiner, wann haben wir dir das letzte Mal etwas zum Anziehen gekauft?«

Oh nein, ich hatte das Todeslos gezogen. Fast alles unternahm ich liebend gerne gemeinsam mit meiner Frau, es gab nur sehr wenige Ausnahmen. Eine davon war das gemeinsame Einkaufen von Kleidung, insbesondere für mich. Von Erzählungen meiner Kollegen wusste ich, dass ich mit diesem Problem nicht allein war. Die Auffassung, wie ein Kleiderkauf abzuwickeln war, verlief bei Frau und Mann in völlig entgegengesetzte Richtungen. Wenn Mann eine korrekt sitzende Hose oder ein Hemd in einem Geschäft, und sei es das erste, fand, dann galt das Kleidungsstück als gekauft und das Projekt war abgeschlossen. Ganz anders bei einer Frau. Generell war alles, was in den ersten zehn Geschäften anprobiert wurde, zunächst zum Kauf ungeeignet. Und selbst dann, wenn Mann mehr tot als lebend im 15. Geschäft die 45. Hose anprobierte, die, wie einige vorher auch, perfekt passte, so war das noch lange kein Grund, diese Hose zu kaufen. »Lass uns noch zu X und Y gehen. Und anschließend zu Z. Vielleicht finden wir dort etwas Besseres.« Der Einwand, dass es nichts Besseres als eine perfekt sitzende Hose gab, wurde regelmäßig ignoriert. Erst wenn Frau sämtliche ihr bekannten Geschäfte durchforstet hatte, war sie zufrieden. Oft genug wurde dann ein Kleidungsstück aus einem der zuerst besuchten Geschäfte gekauft. Dies war der Hauptgrund, warum Männer im Allgemeinen in alten und unmodischen Klamotten herumliefen. Zumindest die, die verheiratet waren. Nur durch das Simulieren von leichten bis mittelschweren Kreislaufzusammenbrüchen konnte man als Mann diesen fast endlosen Teufelskreis durchbrechen. Seit Jahrzehnten fragten sich die Rettungsdienste, warum es in Fußgängerzonen überproportional viele Einsätze gab, bei denen verheiratete Männer wegen Kreislaufbeschwerden behandelt werden mussten.

Stefanie gab sich selbst die Antwort auf die Frage nach unserem letzten gemeinsamen Kleiderkauf. »Für die vorletzte Weihnachtsfeier deiner Dienststelle haben wir dir einen neuen Anzug gekauft, weißt du noch? Das ist bald zwei Jahre her.«

Ich wusste es. Ich wusste auch, dass die Feier wegen eines Deichbruchs bei Altrip vorzeitig beendet wurde und der neue Anzug nach dem Einsatz nicht einmal mehr für den Altkleidersack taugte.

»Wir müssen dir was Passendes zum Anziehen kaufen«, bestimmte Stefanie. »Mit deinen alten Dingern blamierst du dich.«

Ich hatte ein gutes Argument. »Leider beginnt das Programm bereits am Freitag. Vorher haben wir keine Zeit, um einkaufen gehen zu können.« Die Zeit zwischen Dienstschluss und Geschäftsschluss würde niemals reichen.

Stefanie überlegte. »Weißt du was? Da du ja jetzt mit Herrn Diefenbach so gut klarkommst, rufe ich ihn einfach an und frage, ob du dir morgen einen Tag Urlaub nehmen kannst. Er hat sicherlich Verständnis dafür, dass sich seine Mitarbeiter gepflegt präsentieren.«

»Nein!«, schrie ich hilflos, aber Stefanie war bereits aufgestanden und zum Telefon gegangen.

Das Telefonat dauerte nicht lange. Stefanie setzte sich wieder zu mir. »Herr Diefenbach war sofort mit meinem Vorschlag einverstanden. Er freut sich, dass du dich mit der neuen Situation abgefunden hast. Was meint er damit?«

Ich winkte lässig und wortlos ab und Stefanie sprach weiter, ohne nachzuhaken. »Selbstverständlich darfst du dir morgen freinehmen. Als Ausgleich für das Wochenende, meinte dein Chef. Das ist überaus großzügig von ihm, dann brauchst du nicht einmal einen Urlaubstag zu opfern.«

»Der Freizeitausgleich hätte mir sowieso zugestanden.«

»Aber Reiner«, tadelte mich Stefanie. »Wo Herr Diefenbach so gönnerhaft ist, wirst du hoffentlich diese Situation nicht ausnutzen und dir für diese tolle Veranstaltung Überstunden eintragen. Andere Menschen zahlen Geld, um dabei sein zu dürfen.«

Ich gab mich geschlagen. Stefanie über die wahre Sachlage aufzuklären, dürfte mir im Moment nicht weiterhelfen. »Warum brauche ich neue Klamotten? Weder in meinen Hemden noch in den Hosen sind Löcher an Stellen, wo sie nicht hingehören. Außerdem kennt mich dort niemand, es ist schließlich keine Modenschau.«

»Wer redet von Löchern? Schau dir deine speckige Hose an, die du heute anhast. Hat da bisher keiner etwas zu dir gesagt?«

Ich wusste, dass mir morgen ein schwerer Tag bevorstand. Stefanie gab eine Zugabe. »Herr Diefenbach meinte, dass eine Krawatte obligatorisch wäre. Er war so freundlich, mir sogar Farbvorschläge zu machen, die dir stehen würden. Ich bin zwar nicht der Meinung, dass dir Zartrosa steht, aber wir lassen uns morgen ausführlich in den Fachgeschäften beraten. Außerdem solltest du an jedem Tag der Veranstaltung eine andere Krawatte tragen. Das gehört sich so.«

Stefanie rief im Anschluss unseres Gesprächs bei ihrer Mutter an, die sofort ihre Bereitschaft zeigte, zwei Tage früher aus Frankfurt anzureisen und auf unsere wenige Monate alten Zwillinge Lisa und Lars aufzupassen, während wir uns durch die Kleidergeschäfte quälten.

Über den Einkaufstag, der faktisch mehr als sechs Stunden, gefühlt aber Jahre dauerte und meine Frau und mich durch mehrere Billionen Kleidergeschäfte in Ludwigshafen und Mannheim führte, gibt es keine Aufzeichnungen, da ich diesen Zeitraum komplett aus meinem Gedächtnis verbannt habe. Sozusagen eine zeitweilige Amnesie.

Wenigstens war der Tag erfolgreich. Schwer bepackt mit mehreren Tüten kamen wir zu Hause an. Stefanie, die Optimistin, hatte alle Hemden und Hosen in der für mich momentan kleinstmöglichen Größe gekauft, da ich sowieso am Abnehmen sei und sie solch eine strapaziöse Tour nicht gleich in einem Monat wiederholen möchte, was mir, als gerade so Überlebender, ganz recht war. Na ja, die neuen Klamotten waren etwas unbequem, aber das würde sich nach Stefanies Aussage bald geben. Misslicher fand ich die Accessoires. Ein Schal in gedeckten Farben war okay, ich würde ihn sowieso nie anziehen. Die Krawatte in den Farben Schwarz, Rot und Gold war da schon ein anderes Kaliber, zumal meine Frau darauf bestand, dass ich diese am Freitag zur Eröffnung des Seminars trug.

»Damit kannst du gleich zu Beginn deine demokratische Weltanschauung demonstrieren«, meinte sie. »Du weißt schließlich, der erste Eindruck ist der Wichtigste. Oh, Reiner, ich bin so stolz auf dich!«

Die einzige Krawatte, die mir gefallen hatte, wurde durch meine Frau abgelehnt. Sie meinte, Totenköpfe würden an mir kindisch wirken.

Der Donnerstag bescherte mir auf der Dienststelle ein regelrechtes Spießrutenlaufen. Jeder Kollege meinte, seinen Senf zu dem Wochenende geben zu müssen. »Welche Fahne nimmst du mit, wenn du aufs Schloss hoch wanderst?«, oder »Hast du schon deine Revoluzzer-Rede vorbereitet?«, waren die harmloseren Wortspenden. Ein letzter Gang zu KPD, vielleicht hatte er es sich kurzfristig anders überlegt und wollte nun doch selbst gehen, war suboptimal.

»Gut, dass Sie noch mal vorbeischauen, Palzki«, sagte er und sprang aus seinem luxuriösen Thronsessel hinter seinem tischtennisplattengroßen Schreibtisch auf. »Dann kann ich Ihnen ein paar wichtige Verhaltenshinweise geben.«

Er baute sich vor mir auf. »Mir ist natürlich klar, dass Sie nicht die Erfahrung und die Klasse im Umgang mit VIPs haben wie ich. Am besten, Sie halten sich immer etwas im Hintergrund und konzentrieren sich auf eine Beobachterrolle. So helfen Sie mir am besten, da Sie konzentriert das Geschehen verfolgen und mir am Montag alles erzählen können. Wenn Sie sich in die Diskussionen einmischen, von denen Sie sowieso keine Ahnung haben, bricht nur wieder das obligatorische Chaos aus. Außerdem fällt das negativ auf mich als guter Chef zurück. Was sollen die anderen von mir denken, wenn Sie da wie ein Elefant im Porzellanladen durch das Schloss stolpern und unpassende Bemerkungen machen? Das geht alles zulasten meines sehr guten Rufs. Und seien Sie beim Dinieren nicht so gierig. Warten Sie ab, was die anderen nehmen und tun Sie es Ihnen gleich.«

So ging das mehr als eine Viertelstunde lang. Während KPD sprach, lenkte ich mich durch eigene Gedanken ab, sodass der Wortschwall meines Vorgesetzten durch mein Gehirn vollkommen ausgeblendet wurde.

»Was ist, Palzki? Wie lange wollen Sie hier noch herumstehen? Ich bin fertig mit meinen Ausführungen.«

Da KPD die letzten Sätze lauter sprach, gelang mir die Rückkehr in den Realitäts-Modus.

»Entschuldigung, ich habe Ihre wertvollen Hinweise erst verinnerlichen müssen.«

KPD nickte anerkennend. »Das ist mal ein guter Anfang. Früher hätten Sie mir erst gar nicht zugehört. Vielleicht ist bei Ihnen doch nicht Hopfen und Malz verloren. Wenn dieses Wochenende ohne Malheur reibungslos über die Bühne geht, werde ich Ihre Frau und Sie zu einem richtig exklusiven Abendessen einladen. Dann kann ich Ihnen die Feinheiten beim Dinieren in einem Sternerestaurant näherbringen. Und denken Sie morgen an die Krawatte!«

Als ich KPDs Büro verließ, kam mir der Gedanke, dass es mich hätte viel schlechter treffen können. Ich wagte mir nicht vorzustellen, wenn mein Chef und ich dieses Wochenende gemeinsam hätten durchstehen müssen. Daher freute ich mich, wenigstens ein klein wenig, auf ein geruhsames Wochenende ohne Rasenmäher, ohne Schwiegermutter, ohne familiäre Fahrdienste und ohne Mord und Totschlag.

Ich hatte zwar KPD nicht direkt gefragt, aber meiner Meinung nach war es selbstverständlich, den Freitagvormittag nicht zum Dienst zu erscheinen. Die Vorbereitungen, bei denen mich meine Frau tatkräftig unterstützte, hätten dies nicht zugelassen.

»Das sind nur zwei Übernachtungen«, flehte ich Stefanie an, die neben einem großen Koffer eine Reisetasche bis zum Anschlag füllte. »Warum zwei Paar Schuhe und zwei Schlafanzüge? Eine Stoffhose reicht völlig aus. Wo soll ich mich in einem neu renovierten Schloss schmutzig machen? Das ist kein Survivaltraining für Möchtegern-Manager.«

»Vielleicht macht ihr einen kleinen Verdauungsspaziergang durch den Wald? Da muss es nur ein bisschen regnen, dann bist du froh um ein oder zwei Paar Ersatzschuhe. Und ein Schlafanzug in Reserve ist kein Fehler bei einem Mann in deinem Alter.«

»Was soll das heißen?«, rief ich erzürnt, aber Stefanie grinste frech. »Jetzt packen wir deine Hygienesachen ein, dann dürftest du alles haben. Ich gebe dir meine Digitalkamera mit. Du kannst dort jemanden fragen, ob er ein Foto von dir und den Prominenten macht. Das wirkt professioneller als ein verwackeltes Selfie. Die beste Aufnahme lassen wir dann vergrößern, damit du sie im Flur eurer Dienststelle an die Wand hängen kannst. Herr Diefenbach und deine Kollegen werden begeistert sein.«

»Wie du meinst«, antwortete ich postwendend. Mir kam ein anderer Gedanke. Ich brauchte Lesestoff. Ohne dass Stefanie es mitbekam, stopfte ich ein paar Asterix-Bände in die Reisetasche. Damit konnte ich die eine oder andere langweilige Referatsstunde überbrücken. Die ursprünglichen Asterix-Alben, die ich als Kind Dutzende Male gelesen hatte, waren natürlich sehr zerfleddert und sahen teilweise unappetitlich aus, da ich die Hefte als Kind auch beim Essen gelesen hatte. Unter dem Vorwand, meinen eigenen Kindern etwas Kult zu vermitteln, hatte ich sämtliche Alben vor einem guten Jahrzehnt neu gekauft. Leider zeigte weder Paul noch Melanie ein Interesse an Comics.

Die Minute des Abschieds war gekommen. In meinem Anzug kam ich mir seltsam fremd vor. Gleich auf dem Schloss würde ich einen Teil meiner Garderobe wechseln. Für einen Jogginganzug hatte es zwar nicht gereicht, Stefanie hatte dieses Ansinnen mit einem Veto blockiert, aber zumindest Jeans lagen im Koffer. Natürlich nur für Notfälle, falls es zu einem Ausflug ins Gelände kam.

Den Aufenthalt im Freien, also die Wegstrecke zwischen unserer Haustür und dem Inneren meines Wagens, wollte ich aus gutem Grund so kurz wie möglich halten. Leider war er nicht kurz genug.

Frau Ackermann, unsere Nachbarin, lauerte neben ihrem Briefkasten. Der Briefkasten hatte dabei nur eine Alibifunktion. Sie benutzte ihn nahezu ausschließlich dazu, um einen Grund zu haben, das Haus zu verlassen. Bis zu zehn Mal in der Stunde machte sie sich an manchen Tagen auf den kurzen Weg zum Briefkasten. Selbst wenn der Postbote zwischenzeitlich die Tagespost eingeworfen hatte, ging das Spielchen weiter: Sie ließ die Post im Kasten, um die Prozedur ein paar Minuten später wiederholen zu können. Dieses Vorgehen hatte natürlich einen guten Grund: Frau Ackermann war auf der Suche nach Opfern, pardon, sozialen Kontakten. Ihr tranfunzliger Mann lag den ganzen Tag nur auf der Couch und glotzte Fernsehen. Frau Ackermann dagegen stand oft stundenlang in der Küche hinter dem Fenster, das zur Straße hin zeigte. Sobald sich auf dem Gehweg ein menschliches Wesen zeigte, spurtete sie zur Eingangstür, um dann wie zufällig zum Briefkasten zu gehen. Genauso zufällig wurden die unschuldigen Passanten in ein Gespräch verwickelt. Wobei es sich nicht wirklich um ein Gespräch handelte. Wenn Frau Ackermann sprach, gab es ausschließlich einen Monolog. Es war unmöglich, ihren Sprachfluss zu unterbrechen. Dies lag nicht nur an der Menge ihrer Wörter, sondern im Besonderen an deren Geschwindigkeit, mit der sie ihre Reden hielt. Nach glaubwürdigen Schätzungen sprach sie in zehnfacher Geschwindigkeit des früheren Hitparaden-Moderators Dieter Thomas Heck. Wenn es heutzutage noch die Gottschalk-Sendung »Wetten, dass …?« gäbe, Frau Ackermann hätte gute Chancen auf den Allzeitsieg. Ich war mir sicher, dass sie die mehrbändige Gesamtausgabe des Brockhaus in weniger als zwei Stunden vorlesen konnte. Selbst für das gesammelte in Wikipedia aufgeführte Weltwissen würde sie nicht viel länger als einen Tag brauchen.

Der Vorteil von Frau Ackermanns Oral-Hobby war, dass auf dem Gehweg vor unseren Häusern ziemlich wenig Passantenverkehr herrschte. Herrchen und Frauchen gingen mit ihren vierbeinigen Lieblingen nur genau ein einziges Mal an unseren Häusern entlang, dann suchten sie sich andere Wege. Entsprechend kotfrei waren unsere Vorgärten.

Der Nachteil war, dass es auch mich hin und wieder erwischte.

»Herr Palzki, wie sehen Sie denn aus?«, waren ihre ersten halbwegs verständlichen Worte, als sie mich sah. Während ich Koffer und Reisetasche in den Kofferraum wuchtete, hatte sie mich erreicht.

»Eine schöne Krawatte haben Sie da, Herr Palzki. Mein Mann hatte auch mal eine getragen. Das war bei unserer Hochzeit. Seitdem nicht mehr. Überhaupt zieht er nur noch Sachen mit Gummibund an. Weil sie bequemer sind, meint er. Er liegt sowieso nur den ganzen Tag auf der Couch und nachts im Bett. Ein Wunder, dass er noch aufsteht, wenn er aufs Klo muss. Oh, Herr Palzki, was habe ich mir die Welt rosig gemalt, als wir geheiratet haben. Wenn er wenigstens mal mit mir ausgehen würde. Und vielleicht eine so schöne Krawatte anziehen würde wie Sie. Hat die Ihre Frau ausgesucht? Gehen Sie jetzt immer im Anzug zur Arbeit? Oder müssen Sie heute einen prominenten Mörder verhaften und deswegen entsprechend gekleidet sein?«

Es gelang mir, in den Wagen einzusteigen und ihn zu starten. Ich nickte meiner immer noch vor sich hin quasselnden Nachbarin durch das geschlossene Seitenfenster dreist zu und legte den Rückwärtsgang ein. Ich atmete tief durch: Ich lebte noch.

KAPITEL 3
HINAUF, HINAUF INS SCHLOSS

Die Anreise zum Schloss verlief zunächst ohne Zwischen-
fälle. Es war ein äußerst warmer Herbsttag, an dem ich die
A65 an der Ausfahrt Neustadt Süd verließ, um die kurze
Strecke nach Hambach zu fahren. Bereits von der Autobahn sah man das Hambacher Schloss, das früher Kästenburg oder im Volksmund Maxburg genannt wurde, auf
einem Hügel vor den im Hintergrund befindlichen höheren Bergen des Pfälzerwaldes thronen.

Der Weg zum Schloss durch den Neustadter Orts-
teil Hambach war sehr gut ausgeschildert. Anhand der

Unterlagen und einem Jahre zurückliegenden Tagesausflug wusste ich, dass eine Ringstraße als Einbahnstraße um das Schloss führte. Als ich den Weg nach oben befuhr, wusste ich warum. Der etwas aus dem Teer gegangene Asphaltweg war nicht sehr breit, und unmittelbar daneben ging es ohne Leitplanken steil hinab. Laut der Anfahrtsskizze gab es 200 Meter unterhalb der äußeren Ringmauer einen Busparkplatz. Vor und nach diesem Busparkplatz war die Einbahnstraße etwas breiter angelegt, um Platz für Pkw-Stellplätze zu schaffen.

Ich mied diese Parkplätze, da mit KPDs Beziehungen eine Parkgenehmigung innerhalb des Schlossgeländes verbunden war. Warum sollte ich daher einen Fußweg auf mich nehmen, zumal es für meine Verhältnisse als Bewohner der Rheinebene steil nach oben ging?

Die Zufahrtsstraße zum Schloss, die am Busparkplatz begann, war laut Beschilderung, von Fußgängern abgesehen, verkehrsmäßig nur für Anlieferer und Rollstuhlfahrer erlaubt. Ein junger Kerl in einer Bomberjacke stellte sich meinem Pkw in den Weg.

»Griaß God«, begrüßte er mich durch das inzwischen von mir heruntergelassene Fenster. Wenigstens freundlich ist er, dachte ich anerkennend.

»I hoaß Daniel Maier. Sie dearfan do leider ned weiterfahrn. Wenn S' umdrahn und eahna rechts hoitn, finden S' meahra Pkw-Parkplätze.«

Ich hatte größte Schwierigkeiten, seinen bayerischen Dialekt zu verstehen. Ein Parkplatzwächter aus Bayern?, fragte ich mich sprachlos. Gut, die Pfalz stand viele Jahre lang unter bayerischer Zwangsverwaltung. Selbst zu Zeiten des Hambacher Festes war dies so. Aber heutzutage hatten wir Pfälzer uns wohl ausreichend gegenüber den

Bayern emanzipiert. Es reichte meiner Meinung nach völlig, dass seit ein paar Jahren auch in der Pfalz die Oktoberfeste immer beliebter wurden. Aber ein bayerischer Parkplatzwächter, musste das wirklich sein?

»Guten Tag, mein Name tut nichts zur Sache. Ich will zum Seminar«, entgegnete ich und zeigte ihm, um die Lage zu vereinfachen, kurz meine Unterlagen, was ihn für einen Moment stutzig machte. Er trat ein paar Schritte zurück und verglich mein Kennzeichen mit einer Liste, die er in der Hand hielt.

»Duad ma leid, i kann Eana Kennzeichen ned findn.«

Ich lächelte ihn an. »Kein Wunder, ich bin Ersatzmann für KPD. Äh, Herrn Diefenbach, meine ich.«

Der Wegversperrer schaute in seine Liste. »An Herrn Diefenbach hob i do aufgführt. Des Kennzeichen is oba a anders.«

»Ich bin ja auch nicht Herr Diefenbach«, erklärte ich ihm, immer noch ruhig bleibend.

»Des mog sei«, konterte Maier. »I bin oba ned für a Personenkontrolle zuständig. Des Schloss is trotz der Veranstaltung füa jedn zugänglich.«

Natürlich hatte ich längst gesehen, dass während unseres Disputs einige Tagesbesucher zu Fuß an uns vorbei die Straße nach oben in Richtung Schloss gingen.

»Und wo liegt dann Ihr Problem?«

Der Bayer zeigte nach vorne. »Eana Kennzeichen stimmd ned mit da Listn zam. Duad ma leid, i dearf Sie ned nauffahrn lassn. De Bestimmungen san eindeutig.«

Ich knallte mir die flache Hand an die Stirn. Das durfte nicht wahr sein. »Junger Mann«, sagte ich zu dem Straßenbenutzungswächter. »Streichen Sie einfach KPDs, äh, Diefenbachs Kennzeichen und schreiben Sie meines nebendran. Diefenbach wird garantiert nicht kommen, also wird kein einziges Auto zusätzlich hochfahren. Das ist bei uns in der Pfalz ein gängiges Verfahren.«

Er schüttelte grimmig den Kopf. »Des hättn S' vorher ummelden miassn. Aus Sicherheitsgründen gehd des jetzd nimma. Wenn mei Kollege om im Schlosshof de Kennzeichn kontrolliert, griag i an Riesenärger. I bin erst letzte Woch aus meina Heimat Deggendorf kemma und bin no in da Probezeit.«

Ich überlegte, ob ich aufgrund der Umstände die Heimreise antreten sollte. Als Tagungsgast musste man sich schließlich nicht alles bieten lassen. Sollte ich meinen Koffer und die Reisetasche selbst bis nach oben schleppen?

»Was mache ich mit dem Gepäck?«

Daniel Maier zuckte mit den Achseln. »Koa Ahnung, i bin nur für die Kontrolle vo de Kennzeichen zuständig.«

Genervt und pulsmäßig auf 180 parkte ich ein paar Meter daneben auf der leeren Freifläche und stieg aus.

Sofort kam der Bayer auf mich zu. »Des is a Busparkplatz, da dearfan Sie ned parken.«

»Wieso nicht? Der Platz ist so groß wie ein Fußballfeld. Nicht ein einziger Bus parkt hier im Moment.«

»Wei des ned zulässig is«, beschied er mir.

»Ich bleibe trotzdem stehen«, antwortete ich eigensinnig. »Sie sind nur für die Kennzeichen zuständig.« Ich grinste ihn hämisch an.

»Und fia den Busparkplatz«, ergänzte er und zog ein Handy aus seiner Tasche. »Mia lassn regelmäßig obschleppn.«

Ich verzichtete darauf, ihm zu antworten. Wortlos stieg ich ein und fuhr Richtung Einbahnstraße. Ich schaute mir die Straße an, die vom Schloss wegführte, und entdeckte erschrocken, dass sie erstens nach unten führte und zweitens die Parkplätze auf mehreren 100 Metern allesamt belegt waren. Niemals würde ich es schaffen, mein Gepäck zum Schloss zu schleppen. Und wollen schon gar nicht.

Auf der dem Schloss gegenüberliegenden Seite des Busparkplatzes befand sich auf einer kleinen Anhöhe die Burgschänke »Rittersberg«. Den seitlich davon befindlichen Gästeparkplatz nahm ich wohlwollend zur Kenntnis. Ob ich als Gast dort parkte, würde sicherlich nicht kontrolliert werden. Zufrieden stellte ich meinen Wagen ab und stieg aus. Zur Sicherheit blickte ich hinüber zu dem Restaurant. Auf der Außenterrasse standen ein paar Menschen, die augenscheinlich in meine Richtung winkten. Ich versuchte, sie zu ignorieren, doch drei Personen dieser Gruppe kamen eindeutig auf mich zugelaufen. Es handelte sich um zwei Frauen und einen Mann im Alter von Anfang bis Mitte 20. Das Seltsame war, dass sie allesamt Anzüge und rote Mützen trugen, selbst die Damen. Quer über die Brust bis zur Taille hatten sie ein breites und farbiges Band hängen. Als mich die jungen Leute beinahe erreicht hatten, erkannte ich, dass sie ohne Ausnahme Krawatten in den Farben Schwarz, Rot und Gold trugen so wie ich. Außerdem hatten sie überdimensionale Namensschilder an ihrem Band befestigt.

»Da sind Sie ja endlich«, begrüßte mich ein Vollbartträger, der laut Schild Andreas Nothaft hieß. »Wir warten seit über zwei Stunden auf Sie.«

»Standen Sie im Stau?«, fragte eine Blondine ohne Vollbart. Da sie etwas verdeckt hinter ihrem Kollegen stand, musste ich mich ein wenig zur Seite drehen, um den Namen Elisabeth Fuchs lesen zu können.

»Lasst unseren Burschenschafter doch erst mal verschnaufen«, mischte sich die dritte Person ein. »Wir trinken zunächst gemeinsam ein Bier, dann können wir unsere Diskussion fortführen und unseren Gast gebührlich begrüßen.«

Ich nickte sprachlos mit offenem Mund. Maritta Stadelmaier hieß die junge braun gelockte Dame.

»Mit deinem letzten Argument bin ich übrigens überhaupt nicht einverstanden«, unterbrach die Blondine.

Der Vollbart klatschte in die Hände. »Nicht alle durcheinander. Was soll unser Burschenschafter aus München nur von uns denken.« Er wandte sich an mich. »Wo haben Sie das Band und das Couleur?« Er zeigte zuerst auf seine Mütze, dann auf sein Namensschild. »Mein Name steht auf dem Schild. Ich studiere Archäologie, Schwerpunkt historische Eisenbahngeschichte.«

Was war da los? Wer hatte diese Verrückten freigelassen? Inzwischen war mir klar, dass vor mir ein Teil einer studentischen Burschenschaft stand. Doch was sollte ich mit dieser Erkenntnis anfangen? Hoffentlich handelt es sich nicht um Seminarteilnehmer, dachte ich bestürzt.

Ohne auf die Frage einzugehen, deutete ich mit dem Kinn vage in Richtung Schloss. »Ich muss hinauf zum Schloss, und zwar sofort.« Das war nicht gelogen, ich hatte inzwischen viel Zeit vertrödelt.

»Natürlich, da wollen wir alle hin. Lassen Sie uns aber zunächst den Plan bei einem kalten Bier vollenden«, sagte Stadelmaier, die mir allein aufgrund des Bierwunsches auf Anhieb sympathisch war.

»Es freut uns, dass ein Alter Herr aus München extra zu unserer Unterstützung hergekommen ist«, sagte Elisabeth Fuchs.

Ich wollte gerade wegen der frechen Anrede *Alter Herr* protestieren, da redete der Vollbart wieder: »Ich hoffe, es macht Ihnen nichts aus, dass wir in unserer Verbindung Frauen aufgenommen haben. Das ist leider nicht überall offiziell erlaubt, aber wir sind sicher, auf dem richtigen Weg zu sein.«

»Mir doch egal«, antwortete ich rüde. »Ich gehe jetzt zum Schloss.« Ich öffnete den Kofferraum und zog Koffer und Reisetasche heraus.

»Wow!«, rief die Blondine. »Sie sind komplett ausgestattet und so voller Elan. Sind da die ganzen Demonstrationsutensilien für den ›Hambacher Frühling‹ drin?« Ohne eine Antwort abzuwarten, schnappte sie sich die Reisetasche, und der Vollbart griff nach dem Koffer.

Spontaneität schrieb ich nicht nur am Satzanfang schon immer groß, daher genoss ich das Missverständnis in vollen Zügen. Während sich die Studenten mit meinem Gepäck sichtlich abmühten – niemals hätte ich das alleine geschafft – wurde ich mit Informationen zugeschüttet. Da ich meine Helfer nicht vergraulen wollte, sich gleichzeitig aber mein Informationsbedürfnis bezüglich Burschenschaften in engen Grenzen hielt, begnügte ich mich mit gelegentlichem Nicken und schaltete mein Gehör auf Durchzug. Nur ab und an drangen Satzfetzen wie »vaterländische Ideale«, »Einsatz für ein einheitliches Deutschland«, »Hambacher Frühling« oder »Befreiung von obrigkeitsstaatlichem Regime« an meine Ohren. Zwei- oder dreimal war von Island die Rede, aber das beunruhigte mich nicht weiter, genauso wenig wie der Frühling, von dem sie sprachen, obwohl es eindeutig Herbst war. Nebenbei erfuhr ich, dass die blonde Füchsin angewandte Freizeitwissenschaft und die Braunhaarige Lehramt studierte.

Es dauerte nicht sehr lange, da durchschritten wir das Eingangstor der äußeren Ringmauer. Vor uns auf einem

Hügel stand das mächtige Hambacher Schloss, dahinter, von unserem Standpunkt aus unsichtbar, lag das neue Restaurant. Rechts neben dem Tor blickte man auf das ebenfalls neue Besucherhaus, in dessen Erdgeschoss sich ein Museumsshop und Toiletten befanden. Im Obergeschoss residierte die Verwaltung. Davor gab es einen kleinen Mitarbeiterparkplatz. Hier könnte mein Wagen auch stehen, dachte ich verärgert.

Die Studenten blieben stehen und blickten ehrfurchtsvoll zum Schloss.

»Welche Kulisse«, meinte Stadelmaier, die sich am Tragen meiner Gepäckstücke genauso wenig beteiligt hatte wie ich.

Ich ließ die jungen Leute ein wenig das Schloss bestaunen, dann zeigte ich auf das Besucherhaus. »Da rein mit dem Gepäck«, sagte ich, doch sie schüttelten den Kopf.

»Wir wurden heute früh vom Gelände verwiesen, weil wir testweise ein paar Lieder angestimmt haben«, erklärte mir der Vollbartträger Nothaft. »Besser, wir gehen diplomatischer vor, sonst erhalten wir dauerhaftes Hausverbot. Außerdem haben wir unsere Diskussionsrunde zum weiteren Vorgehen noch nicht beendet. Es gibt noch so …«

Ich unterbrach ihn. »Das ist doch toll. Eine gute Planung ist das A und O. Denken Sie an Island.«

»So ein Fehler darf nie mehr passieren«, protestierte Fuchs.

Ich ging auf ihren Einwand nicht ein. »Gehen Sie nur zurück und diskutieren Sie zu Ende. Ich sondiere in der Zwischenzeit das Terrain. Schließlich bin ich nicht so leicht zu identifizieren in meiner Undercover-Tarnung.«

Für meinen Vorschlag erhielt ich ausschließlich Zustimmung. Kaum war die Gruppe um die Ecke des Tores verschwunden, zog ich mir mit einem Griff die Krawatte vom Hals. Ich wollte sie mit großem Schwung irgendwo in ein Gebüsch pfeffern, da schnappte ein Hund danach.

Mein Herz schlug, als würde in meinem Vorhof ein Silvester-böller gezündet. Während ich erstarrt dastand und auf meinen Tod wartete, schrie eine weibliche Stimme: »Edgar!«

Sofort ließ der Hund von der Krawatte ab, die als solche nicht mehr zu gebrauchen war, was mich allerdings wenig störte. Ich lebte, das war die Hauptsache. Warum liefen auf dem Schlossgelände Hunde herum? Das Tier war zwar nur mittelgroß, hatte dennoch einen mächtigen Eindruck auf mich hinterlassen. Hätte es mich angefallen und zerfleischt, wenn ich nicht zufällig die Krawatte ausgezogen hätte? Auf der anderen Seite wedelte es mit dem Schwanz und machte, jetzt in Ruhe betrachtet, keinen gefährlichen Eindruck.

»Ist bei Ihnen alles in Ordnung?«

Ich drehte mich um und sah eine Frau, die den Hund tätschelte.

»Edgar hat es nur auf die Krawatte abgesehen. Auf die Farben Schwarz-Rot-Gold springt er immer sehr stark an. Er mag diese Farben. Edgar ist wahrscheinlich der einzige Hund, der diese demokratischen Farben liebt. Er ist selbstverständlich brav und harmlos, auch wenn er ein Jagdhund ist.« Sie kam näher und reichte mir die Hand. Edgar schnüffelte an meinem Hosenbein.

»Uli Dittrich ist mein Name«, erklärte sie. »Ich bin die Geschäftsführerin der Stiftung Hambacher Schloss. Sind Sie einer der Seminarteilnehmer?« Sie entdeckte mein Gepäck. »Wie viele Wochen wollen Sie bleiben?«

Edgar hatte mich inzwischen als Freund akzeptiert.

»Meine Frau hat gepackt«, antwortete ich wenig hilfreich und ein wenig verdattert, aber meine Gedanken waren aufgrund des unerwarteten tierischen Angriffs noch nicht wieder richtig einsatzbereit.

»Aha«, antwortete die Schlosschefin vielsagend und dachte sich ihren Teil. »Dann müssen wir Ihre Koffer nach oben tragen. Die anderen Teilnehmer sind längst im Gebäude. Vom Schloss werden Sie heute Abend nach dem Fest-Bankett mit drei Shuttlebussen ins Hotel gebracht.«

Mit der Erwähnung des Fest-Banketts brachte sie mich zurück in die Realität. Als Nebenprogramm war zum Abschluss des Tages im großen Festsaal ein Bankett geplant, bei dem eine in der Pfalz bekannte Theatergruppe, deren Name ich nicht aussprechen konnte, eine Vorführung zum Hambacher Fest zum Besten geben würde.

In Anbetracht der Gegenwart lag dieser Programmpunkt in weiter Ferne. Zunächst galt es, bis zum Hauptgebäude vorzudringen, das vor uns auf einem steilen Hügel stand. Zum Glück gab es einen breiten, für Kraftfahrzeuge geeigneten Weg, der sich nicht allzu steil um den Hügel schlängelte.

Auf ihre Nachfrage hin zeigte ich ihr kurz meine Buchungsunterlagen. Fortan war ich bei ihr unter dem Namen Diefenbach registriert. Das Missverständnis konnte ich später aufklären.

»Dann wollen wir mal«, sagte ich zu Frau Dittrich und beäugte Edgar, der meinen linken Schuh interessant fand und daran herumschnüffelte. Ich wollte mich bücken, um meinen Koffer hochzuheben, doch sie war schneller. Mit einer behänden Leichtigkeit schnappte sie sich das sauschwere Stück und begann, die steile Treppe nach oben zu gehen, die es alternativ zu dem langen, aber relativ flachen Weg gab. Mir blieb nichts anderes übrig, als ihr mit der leichteren Reisetasche nachzueilen.

Die Schlosschefin ging in einem Tempo voran, dem ich nicht folgen konnte. Schließlich bemerkte sie mein Handicap und blieb für einen Moment stehen. Dass sie sich über meine nicht 100-prozentig zufriedenstellende Fitness nicht lustig machte, brachte ihr ein paar Sympathiepunkte ein.

»Ich bin Jägerin«, erklärte sie stattdessen. »Daher bin ich es gewohnt, mich im Gelände schnell zu bewegen. Übrigens, Krawatten in Schwarz, Rot und Gold haben wir in unserem Souvenirshop. Ich werde Ihnen nachher eine besorgen.«

»Nicht nötig«, schnaufte ich und schaute in die andere Richtung zur Rheinebene, damit sie mein krebsrotes Gesicht nicht sah. Die Treppe hätte ich ohne Pause geschafft, allein die Reisetasche war schuld.

Nach einer weiteren kurzen Pause erreichten wir die Höhe. Auf der einen Seite lag das vor wenigen Jahren neu erbaute Restaurant, gegenüber das Hambacher Schloss mit seiner charakteristischen unvollständigen Außenmauer, die im 19. Jahrhundert teilweise abgerissen worden war.

Uli Dittrich zeigte auf einen kleinen, achteckigen Raum, der sich links vom Haupteingang befand, und den wir nun betraten. »In diesem Oktagon befindet sich die Schlosskasse. Dort können wir Ihr Gepäck vorübergehend deponieren. Darf ich Ihnen Monika Lippert vorstellen? Sie ist unter anderem für die Kasse zuständig.«

»Guten Tag«, sagte sie und reichte mir die Hand. »Sie finden mich das ganze Wochenende in diesem Raum«, sprach sie weiter. »Melden Sie sich bitte bei mir, falls unerwartet Schwierigkeiten auftauchen sollten oder Sie etwas oder jemanden suchen. Das Schlossinnere mit seinen diversen Ebenen kann zu Beginn ziemlich verwirren.«

Uli Dittrich ergänzte: »Wir haben an diesem Wochenende neben dem Seminar, an dem Sie, Herr Diefenbach, teilnehmen, weitere Veranstaltungen. Morgen findet oben im Siebenpfeiffer-Saal beispielsweise eine Trauung statt. Und dann …«

Sie wurde von einer weiteren Frau unterbrochen, die ins Oktagon eintrat und sehr seltsam aussah. Dies lag allerdings ausschließlich an ihrer Bekleidung, die so gar nicht in die heutige Zeit passte.

Sie lächelte mich kurz an, sprach dann aber die Schlosschefin an. »Frau Dittrich, die Gruppe ist bereits vollständig da. Ich fange eine Viertelstunde früher an. Die Ausstellung ist frei, das habe ich geklärt.«

Die historisch bekleidete Frau bemerkte mein Erstaunen. Sie lachte. »Sie gehören offensichtlich nicht zu den Teilnehmern der Themenführung. Mein Name ist Carlotta Lietz. Ich führe gemeinsam mit ein paar Kollegen die Führungen und die Workshops durch.« Sie zeigte auf ihr Kleid. »Heute bin ich Frau Abresch, die Gattin des Johann Philipp Abresch, welcher am 27. Mai 1832 die schwarz-rot-goldene Fahne an der Spitze des Hambacher Festzuges trug. In dieser Aufmachung gehe ich mit den Teilnehmern in einer Art Zeitreise durch die Dauerausstellung und das Schloss und erzähle Spannendes und Interessantes aus der Zeit des Hambacher Festes.«

Sie nickte mir kurz zu und verließ das Kassenhäuschen.

Die Schlosschefin schien auf dieses Angebot sehr stolz zu sein, denn sie erzählte weiter über dieses Thema: »Wir machen sogar Führungen für Menschen mit Sehbehinderungen oder Lernschwierigkeiten. Und heute Mittag haben wir einen Schülerworkshop im Schloss.«

Im Hintergrund kassierte Frau Lippert ein jüngeres Paar ab, anscheinend Tagesbesucher. Das Telefon klingelte. Sie nahm ab und unterbrach Frau Dittrich, die immer noch von den Führungsangeboten schwärmte: »Sie sollen runter kommen zum Besucherhaus, Frau Dittrich. Es gibt neue Informationen zu den Studenten.«

Während ich so tat, als ginge mich das nichts an, sprach mich die Schlosschefin an. »Ich muss Sie jetzt leider alleine lassen. Später stoße ich wieder zu Ihnen. Gehen Sie bitte in Ebene 2 nach dem Aufzug rechts, dort befindet sich im Foyer die Anmeldung. Viel Spaß.«

Edgar warf mir einen wehmütigen Blick zu, dann lief er seinem Frauchen nach. Befreit von Hund und Gepäck ging ich ins Schloss.

»Hallo, da sind Sie ja endlich, Herr Diefenbach«, wurde ich von einem Anzugträger mit unifarbener Krawatte begrüßt. »Bis auf Sie sind alle Teilnehmer eingebucht«, fuhr er fort. Bevor ich den Irrtum aufklären konnte, kamen zwei weitere wichtig aussehende Personen hinzu, die an einem Stehtisch gestanden und diskutiert hatten.

»Endlich lernen wir Sie kennen, Herr Diefenbach«, begann eine freundlich lächelnde Mittvierzigerin mit braunen Haaren, in denen eine Sonnenbrille steckte. »Wir haben viel von Ihren unkonventionellen Ideen zu den Themen Mitarbeitermotivation und Chefkompetenz gehört und gelesen. Mein Name ist übrigens Julienne Matthias-Gund, ich bin Geschäftsführerin der Touristikgemeinschaft Kurpfalz e. V.« Sie überreichte mir eine ihrer Visitenkarten, mit denen sie reichlich versorgt war.

Der Dritte im Bunde mischte sich ebenfalls ein. »Mein Name ist Jimmy Victim«, stellte er sich mit einem starken amerikanischen Akzent vor. »Ich bin vor zehn Jahren aus Texas nach Germany gekommen und habe mich bis zum Amtsleiter einer mittelgroßen Gemeinde hochgearbeitet. Einige Ihrer Vorschläge habe ich unlängst bei mir im Amt eingeführt. Seitdem ist zwar, wie von Ihnen vorhergesagt, die freiwillige Versetzungsquote gestiegen, aber damit kann ich gut leben. Ich bin gespannt, was wir an diesem Wochenende von Ihnen lernen können. Schade, dass Sie kein Referat halten dürfen, aber wie wir in den Unterlagen gelesen haben, fußen einige Workshop-Elemente auf Ihren Empfehlungen.«

Ich hatte eine Eingebung. Wie wäre es, wenn ich einfach weiter den Diefenbach gab und dieses Wochenende dazu nutzte, den Ruf meines Chefs nachhaltig zu zerstören? An Ideen sollte es bei meinem Burn-In, wie ich meine grenzenlose Fantasie bezeichnete, nicht mangeln.

»Das freut mich, meine Dame und meine Herren. Tatsächlich entwickle ich zurzeit weitere Pläne, insbesondere an den Details ist mir gelegen. Zum Beispiel setze ich mich neuerdings rigoros für die Abschaffung des Krawattenzwangs ein. Unabhängige Studien haben gezeigt, dass mit offenem Hemd die Sauerstoffversorgung des Gehirns um mehrere Prozentpunkte zunimmt. Als wichtiger Chef, wie ich einer bin, sollte man diesem Hinweis mehr Beachtung schenken.«

Selbst Donald Trump hatte während seines Wahlkampfes und meist auch danach zu keinem Zeitpunkt seine waghalsigen Ansichten mit Fakten belegt. In der Zeit, in der sich meine männlichen Zuhörer hastig ihrer Krawatten entledigten, zeigte ich zu einem Tisch in unmittelbarer Nähe, auf dem das Hambacher Schloss in Kunststoff nachgestellt war.

»Ach ja, das Hambacher Fest. Das waren Zeiten, als achtzehnhundertirgendwasdreißig Rosa Luxemburg mit ihrem Partner Karl Valentin zum ersten Mal die Internationale geträllert hat.«

Die beiden Anzugträger durchschauten die Falschinformationen zumindest nicht auf den ersten Blick, dafür lachte die Kurpfalz-Geschäftsführerin Matthias-Gund. »Köstlich, Herr Diefenbach, einfach nur köstlich. Selten bekommt man solch eine lustige und verrückte Geschichte zu hören.«

Die beiden anderen lachten nun pflichtschuldig mit, obwohl ich an ihren Gesichtern sah, dass sie nichts verstanden hatten. Im Gegenteil, sie schleimten sich weiter ein, solche verrückten Dinge konnte es nur in KPDs Welt geben. »Ich schätze seit Langem Ihren hintergründigen Humor«, sagte der Amerikaner, und ich fragte mich, an welcher Stelle in seinem Leben KPD ein einziges Mal lustig gewesen sein könnte.

»Super, dass es hier so locker zugeht«, sagte die Dame mit der Sonnenbrille. »Ich hatte die Befürchtung, dass es an diesem Wochenende sehr steif werden würde.« Sie senkte ihre Stimme. »Dabei bin ich auf der Suche nach einem Milliardär.«

Der nichtamerikanische ehemalige Krawattenträger, von dem ich den Namen nicht wusste, schaute sie an. »Schade, dass Sie auf einen Milliardär fixiert sind, damit kann ich leider nicht dienen. Reicht Ihnen ein Millionär?«

Julienne Matthias-Gund lachte. »Nein, Millionär wird er, sobald ich ihn geheiratet habe, von ganz alleine.«

Ich wusste zwar nicht, wie ernst die Dame das meinte, mangels Reichtum und wegen meiner geliebten Frau war ich sowieso kein aussichtsreicher Kandidat. Stattdessen debattierte ich nun völlig selbstlos darüber, warum ich Bier zum Essen im Vergleich zu Wein favorisierte, und war nah dran, meine Gesprächspartner zu überzeugen, da sah ich ihn. Es war die einzige mir bekannte Person in diesem Raum, die meine Tarnung auffliegen lassen konnte.

»Entschuldigen Sie bitte, ich habe da jemanden entdeckt, mit dem ich ein kleines privates Gespräch führen muss. Würden Sie bitte in der Zwischenzeit mit dem Restaurant klären, ob man zum Essen Bier ausschenken könnte? Aber nach Möglichkeit Fassbier. Sie können sich gerne auf meinen guten Ruf beziehen.«

Dietmar Becker hatte mich ebenso erkannt. Bevor er etwas sagen konnte, drängte ich ihn in eine Ecke. Ausgerechnet Becker, der ewige Student der Archäologie, der mir seit Jahren ständig bei meinen Ermittlungen über den Weg lief. Warum musste dieser Kerl ausgerechnet als Hobby Regionalkrimis schreiben? Reichte es nicht, wenn man seine pseudo-journalistischen Ergüsse regelmäßig in der Zeitung las? Regionalkrimis, wer las heutzutage so etwas noch? Schon vor knapp zehn Jahren schrieb DIE ZEIT, dass inzwischen jede Mülltonne im deutschsprachigen Raum ihren eigenen Krimi hatte.

»Herr Palzki, was machen Sie hier? Sind Sie im Dienst? Eigentlich habe ich Herrn Diefenbach erwartet. Ich muss dringend mein Redeskript mit ihm durchgehen. Ich war schon lange nicht mehr so aufgeregt wie dieses Wochenende. Hat Ihnen Ihr Chef gesagt, dass ich morgen ein Referat über Krimis halten darf und wie man damit Mitarbeiter motiviert?«

Da ich Becker ausnahmsweise zugehört hatte, wurde ich stutzig. Krimis und Mitarbeitermotivation? Was hatte das eine mit dem anderen zu tun? Wahrscheinlich so wenig wie Nachrichtensprecher und Til Schweiger, und KPD hatte nur einen Grund benötigt, seinen Spezi bei diesem Seminar unterzubringen. Klar, dass KPD den Studenten benutzte, um seine eigenen Gedanken den Teilnehmern zu vermitteln, da er selbst kein Referent sein durfte. Becker war nur seine Marionette.

»Diefenbach ist be…, äh, verhindert«, herrschte ich ihn in meiner autoritärsten Stimmlage an. »Ich soll mit Ihnen das Skript durchgehen und aktualisieren. Es gibt da ein paar wichtige Änderungen, die dringend umgesetzt werden müssen. Doch das machen wir heute Abend. Am besten, wenn die anderen dieses Theaterstück anschauen.«

Becker schaute mich mit offenem Mund an.

»Machen Sie die Klappe endlich zu. Und ziehen Sie diese dämliche Krawatte aus.« Der Student trug eine selbst gestrickte Krawatte in Grün. Vielleicht war sein Vater Gründungsmitglied der Grünen.

»Aber, äh, Herr Diefenbach sagte ...«, begann Becker zu stottern. »Das ... ist ... äh ... alles streng vertraulich. Niemand soll es vorher lesen.«

»Ich wurde von Ihrem Meister Diefenbach eingeweiht, das hat alles seine Richtigkeit.«

Wie so oft funktionierte auch hier das Prinzip Obrigkeitshörigkeit einwandfrei. Becker reichte mir einen Schnellhefter.

»Später«, sagte ich. »Wichtig ist, dass ich inkognito bleibe. Die Anwesenden sollen glauben, dass ich Diefenbach bin. Zumindest die, die ihn bisher nicht kannten.«

Auf diesen Gedanken war ich eben erst gekommen. Ich hatte keine Ahnung, wen KPD persönlich kannte und wen nicht. Ich schätzte, dass ich in den nächsten Stunden viel improvisieren musste.

Ein 1,90 Meter großer Mann kam auf uns zu. Der Student verzog für einen Moment sein Gesicht, dann wurde er sofort wieder freundlich.

»Herr Palz..., äh, Herr Diefenbach, darf ich Ihnen einen Kollegen von mir vorstellen?«

Ich schüttelte ihm die Hand. »Sind Sie ebenfalls Student?«, fragte ich ihn, obwohl er optisch eher auf das Rentenalter zuging.

»Student?«, fragte dieser überrascht.

»Nein, nein«, verbesserte Becker. »Harald Schneider ist ein Schriftstellerkollege. Er schreibt Regionalkrimis so wie ich. Wir haben ihn doch vor ein paar Monaten bei einem Auftritt gemeinsam mit seinem Freund, dem Perkussionisten Pit Vogel, in der Nudelfabrik Pfalznudel in Großfischlingen gehört.«

Ich stöhnte hörbar auf. Noch ein Krimiautor, das war eindeutig zu viel für mich. Bevor ich mich wichtigeren Themen widmen wollte, stachelte ich die beiden, die sich offensichtlich spinnefeind waren und nur in meinem Beisein freundlich miteinander umgingen, etwas auf.

»Und, wer ist der Beste von Ihnen?« Mit einem Grinsen, das man etwas boshaft nennen konnte, schaute ich die beiden abwechselnd an.

»Das ist alles sehr subjektiv, Herr Diefenbach«, bewahrte Schneider die Ruhe. »Der eine mag es eher blutrünstig, der andere eher lustig. Dietmars und meine Krimis sind sich zwar inhaltlich und konzeptionell sehr ähnlich, wir bedienen aber unterschiedliche Zielgruppen.«

Klar, dachte ich: Eltern und engere Verwandte. »Subjektiv?«, stichelte ich nach. »Warum gibt es Krimipreise? Ich finde, dass man insbesondere diese Regionalkrimis objektiv bewerten kann. Meist bis immer sind sie so was von unrealistisch geschrieben: Die Personen sind erfunden, die Tatorte gibt es nicht, und die Handlung ist stets total übertrieben. Als Experte kann ich das behaupten. Nehmen wir als Beispiel die schriftstellerischen Ergüsse von Herrn Becker. Unsäglich, sage ich Ihnen. In einer halbwegs funktionierenden Demokratie würde man dies verbieten.«

Den Widerspruch mit der Demokratie bemerkten beide nicht. Während Becker für einen Moment sein Gesicht verzog, konnte ich in Schneiders Mundwinkel ein boshaftes Lächeln ausmachen.

»Ich habe ein paar Leseexemplare in meinem Koffer«,

meinte Schneider. »Nachher gebe ich Ihnen mal etwas von mir zu lesen. Ich bin sehr auf Ihr Urteil gespannt. Meine Krimis spielen immer irgendwo an einem bekannten Ort in der Kurpfalz. Und die Personen, die mitspielen, gibt es meist tatsächlich.«

»Das ist in meinen Krimis genauso«, wehrte sich Becker. Ich nutzte den beginnenden Streit zur Verabschiedung.

»Machen Sie es gut, wir werden uns zwangsweise noch über die Füße laufen. Halten Sie auch eines dieser komischen Referate?«

»Nein«, antwortete Schneider. »Ich bin nicht wegen meiner Krimis gekommen. Hauptberuflich arbeite ich als Betriebswirt in einem Medienkonzern. Mein Chef hat mich hierher geschickt.«

»Ach, Sie sind Koch in einer Kantine?« Dieser Betriebswirt-Witz kam immer gut an, wie ich an der säuerlichen Miene Schneiders eindeutig ablesen konnte. Ohne ein weiteres Wort drehte er sich um und ging zum benachbarten Stehtisch.

»Ein unangenehmer Zeitgenosse«, klagte mir daraufhin Becker sein Leid. »Ich habe mir überlegt, ihn in einem meiner Krimis auftreten zu lassen. Er würde sich hervorragend als Täter anbieten. Aber das geht leider nicht, er würde mir sofort einen Anwalt auf den Hals hetzen.«

Eine Frage gab es noch, die mich brennend interessierte. »Wie steht es mit den anderen Krimiautoren? Sind das alle Konkurrenten für Sie?«

»Oh nein!«, fiel mir Becker ins Wort. »Wir verstehen uns natürlich supergut. Wir haben sogar seit über 30 Jahren eine eigene Vereinigung, das ›Syndikat‹. Jedes

Jahr veranstalten wir mit der ›Criminale‹ an wechselnden Orten im deutschsprachigen Raum ein Krimifestival.«

Er rückte näher zu mir, um seine Stimme senken zu können. »Natürlich sind wir keine Konkurrenten. Wenn wir Waschmaschinen verkaufen würden, sähe die Sache anders aus. In der Regel hat jeder Haushalt nur eine Waschmaschine, bei Büchern sieht es anders aus. Man liest schließlich nicht nur die Werke eines einzigen Autors.« Er rückte näher, worauf ich mit einem Ausfallschritt reagierte. »Aber dieser Schneider ist ein Sonderfall. Ich habe ihn unter Verdacht, dass er bei meinen Krimis abschreibt oder sich zumindest davon inspirieren lässt.«

»Verklagen Sie ihn.«

»Das ist nicht so einfach. Bisher ist es nur ein Verdacht. In meinem nächsten Krimi werde ich ihm eine Falle stellen. Wenn das in seinen Büchern auftaucht, habe ich ihn.«

»Schreiben Sie im Moment an einem Schund…, äh Krimi?«

Der Student schüttelte den Kopf. »Vielleicht demnächst wieder, wenn mal was Spannendes in der Kurpfalz passiert. Herr Diefenbach wird mich sofort informieren, schließlich werde ich dieses Wochenende für ihn das …« Er brach ab und wurde krebsrot.

Bevor ich nachhaken konnte, ertönte ein Gong.

»Oh, wir sollen in den Festsaal kommen«, sagte Becker erleichtert. »Kommen Sie, Herr Palzki.«

»Für Sie immer noch Klaus P. Diefenbach«, verbesserte ich.

Ich verkrümelte mich in die vorletzte Reihe, da die letzte durch andere Drückeberger belegt war. Neben mir saß die Kurpfalz-Touristik-Chefin Matthias-Gund. Zu meinem Erstaunen trugen weniger als die Hälfte der rund 30 anwesenden Männer eine Krawatte. Die knapp zwei Dutzend Frauen natürlich ebenfalls nicht. Meine Lehrsätze schienen sich mit atemberaubender Geschwindigkeit durchzusetzen.

Dem Applaus nach musste der Mann, der eben den Festsaal betrat, ein Prominenter sein. Während er durch den Mittelgang nach vorne ging, nickte er lächelnd mal nach links, mal nach rechts. Ich hatte ganz andere Sorgen. Hoffentlich würden nicht alle Programmpunkte in diesem Saal stattfinden, sonst könnte ich meine Idee mit den Asterix-Heften vergessen.

»Guten Tag, sehr verehrte Seminarteilnehmerinnen und Seminarteilnehmer. Ich begrüße Sie ganz herzlich auf dem Hambacher Schloss. Da ich nicht davon ausgehe, dass mich alle kennen, stelle ich mich kurz vor: Mein Name ist Theo Wieder. Bis vor wenigen Jahren war ich Oberbürgermeister von Frankenthal. Nach wie vor bin ich aber Vorsitzender des Bezirkstags der Pfalz. Und zu dem Bezirksverband gehört nun mal unter anderem das Hambacher Schloss. Daher freut es mich besonders, als Schirmherr die Begrüßungsworte an Sie richten zu dürfen.« Er ließ seinen Blick durch den Saal schweifen.

»Viele der Workshop-Übungen basieren auf Empfehlungen von Herrn Diefenbach«, sprach Wieder weiter. »Auf den ersten Blick werden Sie die einzelnen Übungen vielleicht sonderbar oder sogar skurril finden, die verbalen Beschreibungen mit den Zielsetzungen sind aber sehr überzeugend und plausibel. Wenn sich der Erfolg zeigt, und ich bin überzeugt, dass er sich bis Sonntag einstellen wird, werden wir das Konzept dieser Veranstaltung deutschlandweit anbieten. Wie Sie wissen, handelt es sich um einen Dreiklang aus Tagung, Seminar und Workshop. Damit die Kultur nicht zu kurz kommt, haben wir zur Entspannung heute Abend in diesem Saal das weithin bekannte ›Chawwerusch‹ Theater eingeladen, das uns mit einer Aufführung zum Hambacher Fest nebst einem bodenständigen Menü und Pfälzer Wein überraschen wird. Im Anschluss werden uns mehrere klimatisierte Shuttlebusse zum Hotel bringen.«

Oder Bier, dachte ich hoffnungsvoll.

»Wegen des Aufbaus der Theatergruppe haben wir gleich nach dem nun folgenden Imbiss ein besonderes Angebot für Sie parat: eine Turmbesichtigung. Aus Sicherheitsgründen ist der Turm nicht frei zugänglich, für uns wird heute eine Ausnahme gemacht. Freuen Sie sich auf eine grandiose Aussicht über die Rheinebene. Zwischen

Turmbesichtigung und Theateraufführung wird es das erste Workshop-Element geben. Dazu werden wir die Teilnehmer in drei Gruppen aufteilen.«

Ein jüngerer Mann trat neben ihn und begrüßte uns ebenfalls. »Nur noch ein paar kurze Worte von mir.« Er verneigte sich. »Mein Name ist Ben Pauls, ich bin der Küchenchef und für den Großteil der Veranstaltungen auf dem Schloss zuständig. Begleitend zum Seminar werden Ihnen von meinen Mitarbeitern Platten mit Fingerfood gereicht. Heute Abend gibt es, wie eben bereits erwähnt, das große Hambacher Fest-Bankett. Morgen Mittag darf ich Sie zu einem außergewöhnlichen Buffet im benachbarten Restaurant ›1832‹ begrüßen. Zu diesem Buffet werde ich mir erlauben, Ihnen eine kleine erklärende Einführung zu geben. Vielen Dank.« Er verbeugte sich erneut.

Hinter unseren Rücken erklang wiederum der Gong. Mehrere uniformierte Damen und Herren trugen Tabletts in den Saal, auf dem Fingerfood in den unterschiedlichsten Farben und Formen lag. Da fast alles für mich undefinierbar war, hielt ich mich mit knurrendem Magen zurück. Ich freute mich, ein paar zusätzliche Kalorien einsparen zu können. Am Sonntagabend würde ich mich sofort nach meiner Heimfahrt wiegen.

»Herr Diefenbach.« Ich drehte mich um und schaute erneut in das Gesicht des Amerikaners Victim. »Sie haben Ihr Namensschild bisher nicht abgeholt.« Er drückte mir ein kleines Schild in die Hand, das alle anderen Teilnehmer längst an ihrer Brust heften hatten.

»Das wird meiner Meinung nach überbewertet«, antwortete ich. »Aber sei's drum. Ich kann jetzt nicht gleich am ersten Tag alle Regularien ändern. Dass es zum Dinner Bier gibt, hat im Moment Priorität.«

»Warum essen Sie nichts?« Der Auswanderer war hartnäckig.

Mir fiel eine als rhetorische Frage getarnte, passende Antwort ein. »Sind Sie schon mal mit vollem Magen auf einen hohen Turm gestiegen?«

KAPITEL 4
UNFALL ODER ATTENTAT?

Da immer nur rund ein Dutzend Personen gleichzeitig auf den Turm durfte, wurden wir gebeten, uns in eine der ausliegenden Listen einzutragen. Natürlich würde ich gerne die Aussicht genießen, aber mit leerem Magen? Der Aufzug im Foyer des Schlosses war leider nicht mit dem Turm verbunden. Daher verzichtete ich auf einen Eintrag in die Begehungslisten. Eine kleine Auszeit würde mir guttun. Ich könnte die Zeit für einen kurzen Abstecher nutzen, um auf ein Pils oder zwei in das benachbarte Restaurant »1832« zu gehen.

Eine Dame in grasgrünem Kleid, das sich aufmerksamkeitserregend mit ihren langen roten Dauerwellen biss, schaute mich schief an. Sie nahm ihre Nickelbrille ab und blickte mich eindringlich an.

»Sie sind gar nicht Klaus!«

Mist, der Grashüpfer war mit KPD per Du. Es galt, vorsichtig zu sein. »Das haben Sie richtig erkannt«, nuschelte ich leise und schaute mich vorsichtig um. »Herr Diefenbach ist kurzfristig verhindert. Ich bin für ihn in die Bresche gesprungen. Das Namensschild war leider schon gedruckt.«

Sie setzte ihre Brille wieder auf. »Und wie ist Ihr richtiger Name? Ein Untergebener von Klaus können Sie nicht sein bei dem Chaotenhaufen in Schifferstadt, wo er arbeiten muss. Keiner seiner Untergebenen könnte ihn vertreten. Alles Versager, sagt Klaus jedes Mal, wenn ich ihn treffe. Und sein Stellvertreter soll der größte Chaot sein.«

Ich zog ein breites, arrogantes Grinsen auf und verzichtete darauf, meinen Namen zu nennen. »Da haben Sie recht. Leider ist Herr Diefenbach nicht viel besser. Im Gegenteil, er ist der mieseste Dienststellenleiter, den wir je eingesetzt haben. Wir würden ihn gerne in die Provinz versetzen, aber er hat gute Kontakte zum Innenminister.«

Die rot-grüne Erscheinung hatte ich durch meine Aussage gründlich durcheinandergebracht.

»Ab…, aber Klaus sagt … äh … doch immer, dass er alles im Griff hat«, stotterte sie.

»Reine Selbstüberschätzung«, antwortete ich und grinste noch arroganter, fast schon wie ein Versicherungsvertreter kurz vor dem Abschluss. »Ich als sein Vorgesetzter im Polizeipräsidium Ludwigshafen habe meine Last mit ihm, das können Sie mir glauben. Aber das behalten Sie bitte für sich. Herr Diefenbach ist immer sehr schnell eingeschnappt, wenn man ihm die Wahrheit sagt.«

Ich nickte ihr kurz zu und ging in Richtung Treppenhaus, aber ich kam nicht weit. Quer durch den Raum rief Becker. »Herr Diefenbach, warten Sie doch einen Moment.«

Dietmar Becker kam zu mir gelaufen und zeigte in die andere Richtung. »Wir müssen den Zugang durch die kleine Küche nehmen. Die andere Tür ist wegen der Umbauarbeiten momentan verstellt.«

Ich sah ihn fragend an.

»Der Aufgang zum Turm befindet sich dort hinten. Wir müssen nur durch die Küche. Kommen Sie, die anderen warten auf uns.«

»Ich habe mich nicht eingetragen.«

»Ich weiß«, antwortete Becker. »Das habe ich für Sie getan. Sie waren so im Gespräch mit der Dame vertieft, da habe ich mir erlaubt, Sie gleich bei der ersten Gruppe gemeinsam mit mir einzutragen. Das ist doch in Ihrem Sinn, oder?«

Da die anderen offensichtlich nur auf mich warteten, beugte ich mich der Aufforderung. Die Küche, die wohl nur zur Vorbereitung der Fingerfoodplatten gedacht war, mündete in einem quadratischen Raum. An der Wand standen mehrere Steigen Wein, dahinter ein einsamer Kasten Bier. Jawohl, wusste ich es doch, dass es nicht nur ausschließlich Rebensaft und alkoholfreie Getränke gab. Wenn mein Reformationsbestreben, das ich mir für dieses Wochenende vorgenommen hatte, klappte, würde es im Restaurant ab nächster Woche eine Bierkarte geben.

In dem quadratischen Raum lagerten nicht nur Wein und Bier. Der Großteil des Raumes bestand aus einer Treppe, die in Gitterrostmanier an der Innenseite des Turms im Kreis, beziehungsweise im Quadrat nach oben führte. Außer Dietmar Becker kannte ich nur die Schlosschefin, die mit ihrem Jagdhund vorausging. Edgar schien die Metalltreppe Spaß zu machen, denn ständig rannte er einige Stufen vor, um sofort wieder zu seinem Frauchen zurückzukehren. Solch eine Begeisterung stellte sich bei mir aufgrund der vielen Stufen nicht ein. Zugegeben, es waren ein paar weniger als im Mannheimer Fernmeldeturm, den ich vor Kurzem im Alleingang treppenmäßig bezwungen hatte. Daher sollte meine Kondition diesen Turm locker wegstecken, zumal die Treppe wesentlich bequemer war als die enge und dunkle Nottreppe im Fernmeldeturm.

Es fehlten nur noch ein oder zwei Umdrehungen, da fiel mir eine Tür auf, die in der Wand des Turms eingelassen war. Ich überlegte für einen Moment, ob diese Tür zu dem zweiten obligatorischen Fluchtweg führte, der in den letzten Jahren inflationsartig bei Umbauten aller Arten von öffentlichen Gebäuden gefordert wurde. Da weitere Teilnehmer von hinten drängten, musste ich meine Gedankengänge beenden und die letzten Stufen nach oben nehmen. Mehrfach entdeckte ich männliche Turmbegeher, die sich aufgrund der Anstrengung von ihrer Krawatte befreiten.

Der Weg zum höchsten begehbaren Punkt des Schlosses hatte sich gelohnt. Die Aussicht war gigantisch. Die Sonne, die knapp über dem Pfälzer Wald stand, tauchte die Rheinebene in ein erhabenes Streiflicht.

Frau Dittrich stand plötzlich mit rotem Kopf neben mir. Bevor ich sie fragen konnte, zeigte sie nach Osten. »Sehen Sie die A65?« Sie wartete mein Nicken ab. »Wenn ich die Hinweisschilder zum Holiday Park an der Autobahn sehe, könnte ich vor Wut jedes Mal ausrasten. Auf der A61 das gleiche Spiel. Aber besonders die Ausfahrt Neustadt-Süd ist ein Ärgernis. Stellen Sie sich vor: Dort gibt es ein großes Hinweisschild zum Freizeitpark, aber keines zum Hambacher Schloss.« Zornig verschränkte sie die Arme, aber schnell beruhigte sie sich und zeigte nach oben. Drei oder vier Meter über uns flatterte mit einer ziemlichen Geräuschentwicklung eine gigantische Deutschlandfahne im Wind. »Die Fahne muss wegen der extremen Witterungsverhältnisse mehrere Male im Jahr ausgetauscht werden.« Sie wollte zu weiteren Erklärungen ausholen, Edgar hatte jedoch einen anderen Plan. Wohl angestachelt durch die Farben der Fahne versuchte er, natürlich erfolglos, zur Fahne hochzuspringen, was ich sehr lustig fand. Edgar war einwandfrei ein demokratischer Jagdhund. Die Schlosschefin konnte ihn kaum beruhigen. Da das Plateau größenmäßig begrenzt und von Menschen bevölkert war, nahm sie Edgar an die

Leine. »Ich gehe besser mit ihm runter«, sagte sie. »Bitte passen Sie nachher beim Abstieg auf.«

Von zwei Seiten des Turms konnte man auf das Schrägdach des Schlosses blicken, das sich wenige Meter unterhalb des Turmplateaus befand. Weitaus interessanter war die Fernsicht in Richtung Osten. Eine jüngere Dame mit gewöhnungsbedürftiger Igelfrisur und diversen Metallteilen an Augenbrauen und Nase diskutierte mit einem Mann, der zur Hälfte aus Bauch bestand und als ihr Vater, wenn nicht sogar als Großvater durchgehen würde. »Das da hinten ist Böhl-Iggelheim«, ereiferte sie sich. »Blödsinn«, antwortete der Bauch. »Böhl-Iggelheim liegt viel weiter nördlich. Es könnte sich um Dudenhofen handeln.« Anderen Teilnehmern ging es genauso. Nur bei der BASF und dem Mannheimer Großkraftwerk herrschte Einigkeit. Ich amüsierte mich über die Dispute, die bei manchen in schiere Rechthaberei ausarteten. Es war mir unverständlich, wie manche Menschen auf ihrem Standpunkt beharrten, der letztendlich nur eine Vermutung war, als ginge es um Leben und Tod.

Dietmar Becker war in seinem Element. Jedem, der es nicht wissen wollte, erklärte er die Entstehung der Rheinebene und warum es dort so viele Funde aus der Keltenzeit gab. Als ich an der Reihe war, unterbrach ich ihn.

»Da schauen Sie, meine Frau verlässt gerade unser Haus.«

Im ersten Moment glaubte er mir die Geschichte und blickte in die von mir vorgegebene Richtung. »Ich kann nicht einmal Schifferstadt eindeutig identifizieren, Herr Diefenbach. Wollen Sie mich auf den Arm nehmen?«

Ich sah ihn an und wollte ihn mit strenger Miene zurechtweisen, dass ich mir niemals so etwas erlauben würde und er sich besser eine Brille zulegen soll. Doch dazu kam es nicht mehr. Irgendwo von unten kam ein brennender Gegenstand angeflogen, der in Beckers Gesicht gelandet wäre, hätte ich ihn nicht in der letzten Millisekunde zur Seite gezerrt. Sichtlich entsetzt sahen wir und ein paar andere, wie das Feuer quer über den Turm flog und dann in einer ballistischen Kurve nach unten fiel. Dort schlug das Ding auf und explodierte mit einem nicht allzu lauten Knall.

»Das muss ein Molotowcocktail gewesen sein«, testierte die junge Dame mit dem Altmetall im Gesicht. Ich fragte mich, ob sie damit Erfahrung hatte. Alle anderen starrten zum Aufschlagsort hinunter, aber ich handelte logischer. Interessanter war der Abflugort. Ich drängelte mich durch die nach wie vor geschockten Menschen, um zur anderen Seite des Turmplateaus zu gelangen. Dietmar Becker tat es mir nach.

»Das Ding muss von dem Dach hochgeworfen worden sein«, sagte ich laut.

»Oder von unten wurde mit einer Kanone geschossen«, meinte Becker.

Sichtlich genervt antwortete ich. »Bleiben Sie weiterhin bei Ihren unrealistischen Krimis. Kanone? Wie soll das jemand ungesehen bewerkstelligen? Da unten laufen jede Menge Tagestouristen herum. Es ist sowieso ein großes Glück, dass sich kein Mensch in der Nähe des Explosionsortes befand.«

»Und ich?«, reagierte der Student. »Ich zähle wohl nicht? Ich könnte tot sein.«

»Ja«, antwortete ich und grummelte, weil ich ihm schon wieder das Leben gerettet hatte. Wahrscheinlich würde er mich zum Dank in seinen seltsamen Krimis in Zukunft noch präsenter und vor allem chaotischer auftreten lassen. »Vielleicht sollten Sie ermordet werden, haben Sie Feinde? Ich meine, außer den wenigen Lesern Ihrer Bücher.«

Becker schnappte nach Luft. »Denken Sie, dass der Molotowcocktail, oder was immer es war, mir gegolten hat?«

Ich zuckte wenig beeindruckt mit den Achseln. »Die Flugrichtung hat auf jeden Fall gepasst. Es kommt halt darauf an, wie gut der Werfer gezielt hat. Vielleicht war mit dem Anschlag die Fahne über uns gemeint?«

»Ganz bestimmt«, meinte Becker todernst. »Wir müssen runter zu dem Dach und Spuren sichern. Haben Sie eine Ahnung, wie man dort hinkommt?«

»Ich weiß es, Herr Becker. Ich werde dort alleine nach Spuren suchen. Sie gehen runter ins Foyer und erholen sich. Sie sehen wie ein Gespenst aus.«

Natürlich ließ sich der Hobbydetektiv nicht davon abhalten, mir zu folgen. Die Tür an der Wand des Turms, die ich beim Aufstieg bemerkt hatte, führte in den Speicher des Hambacher Schlosses. Dass wir richtig waren, erkannte ich daran, dass die Tür nur angelehnt war. Ruckartig öffnete ich sie und sah in eine andere Welt. Das Schrägdach hatte einen sehr flachen Neigungswinkel, und die Höhe des Dachbodens am First betrug maximal zwei Meter. Der lang gezogene Raum hatte den Querschnitt eines Dreiecks mit spitzen Winkeln und verlief über beide im rechten Winkel zueinander stehenden Gebäudeteile des Schlossbaus. Aufrecht zu stehen war nicht möglich: Der komplette Speicher war von einem verwirrenden Netz aus Be- und Entlüftungsleitungen, Stromkabeln, Kanälen und hundert anderen technischen Installationen durchzogen, deren Zweck ich nicht im Ansatz verstand. Unfassbar, was für ein gewaltiger Aufwand betrieben wurde, um die wenigen, zugegebenermaßen teilweise großen Räume des Schlosses für die Menschen angenehm zu machen. Wie funktionierte das im 19. Jahrhundert, als es solchen technischen Schnickschnack nicht gab? Kein elektrisches Licht, keine Lüftungsanlage, kein sonstiges Zeug. Vielleicht ein Plumpsklo im Freien ohne Waschbecken.

Selbst der Student staunte. Niemals würde ein unbedarfter Schlossbesucher solchen technischen Aufwand hinter den Kulissen vermuten.

Ich fand neben der Tür einen Lichtschalter.

»Ganz schön funzelig, die paar Lampen«, meinte Becker zu der diffusen Beleuchtung, die das Ambiente in mystisches Licht tauchte.

»Das sind Leuchten«, erklärte ich dem Studenten. »Leuchten sind die Gehäuse, wo man das Leuchtmittel oder, volkstümlich ausgedrückt, die Lampen einschraubt oder einsteckt. Sind Sie beim Schreiben Ihrer Krimis auch immer so fahrlässig?«

Becker sah mich böse an. »Sie immer mit Ihrer Klugscheißerei«, sagte er. »Ich bin Autor und kein Lektor.«

Ich hatte keine große Motivation, mich in gebückter Haltung an den Rohren und Leitungen vorbeizuzwängen, um einen mutmaßlichen Attentäter zu fangen, der längst über alle Berge war. Da Becker anderer Meinung war und mit der Durchsuchung des modernen Irrgartens begann, folgte ich ihm. Trotz erst kurz zurückliegendem Turmaufstieg konnte ich dem viel jüngeren Studenten ohne Mühe durch die engen Gänge folgen. Ein weiterer Erfolg meiner Bemühungen, fitter und schlanker zu werden? Wie zum Beweis begann mein Magen heftig zu knurren, sodass sogar Becker erschrak. Er wollte etwas sagen, als in fünf Meter Entfernung eine in ein schwarzes Cape gewickelte Gestalt hinter einem würfelartigen Kasten hervorsprang und mit zwei, drei Schritten die Tür zum Turm erreichte. Mit einem lauten Knall fiel sie zu. In dieser kurzen Zeit war es nicht möglich, die Person zu beschreiben. Durch die gebückte Haltung konnte ich nicht einmal die Größe abschätzen, vom Geschlecht ganz zu schweigen. Da das Licht noch brannte, krochen wir zurück zum Ausgang.

»Verdammt, der hat uns eingeschlossen«, fluchte ich.

»Oder sie«, antwortete Becker und versuchte ebenso erfolglos, die Tür zu öffnen. Er zog sein Handy aus der Tasche. »Das werden wir gleich haben«, sagte er. Kurz darauf fluchte er. »Mist, kein Empfang. Wahrscheinlich wegen des vielen Metalls hier oben.«

Ich überlegte, wie wir uns bemerkbar machen könnten. Irgendwann würde den anderen unser Fehlen zwar auffallen, doch ich hatte keine Lust, mehrere Stunden gemeinsam mit dem Studenten auf dem Dachboden des Hambacher Schlosses zu verbringen.

»Was ist das für eine Luke?«, sagte ich laut zu mir selbst. In dem maximal 70 Zentimeter hohen Kniestock war eine Tür eingelassen.

»Vielleicht ein Notabstieg?«, meinte Becker.

»Da geht's wahrscheinlich eher zu einem Schacht. Irgendwo müssen die ganzen Rohre schließlich verlaufen.« Dennoch, diese kleine Öffnung ließ mir keine Ruhe. Mir fiel sogar eine weitere Möglichkeit ein, eine, die mir viel besser gefiel. Ich musste meine Vermutung überprüfen. Leider war der Weg zu der Luke besonders niedrig und eng. Im Entengang watschelten wir auf sie zu. Es machte »Ratsch«. Ich wusste, das heißt, ich spürte sofort, was geschehen war. Meine auf zukünftige Diäterfolge gekaufte Hose hatte die Anspannung nicht verkraftet und war den Weg des geringsten Widerstands gegangen. Im Klartext bedeutete dies, dass eine Naht gerissen war. Es handelte sich um eine verdammt lange Naht, denn die beiden Hosenteile, die mein Hinterteil bedecken sollten, flatterten deutlich sichtbar umher. Zunächst blieb mir nichts übrig, als weiter in Richtung Luke zu watscheln. Sie ließ sich leicht öffnen, kalte Luft schlug uns entgegen.

Nachdem wir uns durch die kleine Tür gezwängt hatten, standen wir auf einem 30 Zentimeter breiten Rand zwischen der Dachbedeckung und einer niedrigen Balustrade. Mit einer Hand versuchte ich, mein Malheur zu tarnen. Die Brüstung und der schmale, begehbare Rand zogen sich um das komplette Dach. Zu meinem Vorteil war ich einigermaßen schwindelfrei. Die Brüstung reichte mir nicht viel höher als bis zum Knie. Dahinter war der Abgrund, die Außenkante des Schlosses. Das Dach selbst bestand aus einer profanen Blechabdeckung, auf dem im Abstand von wenigen Metern metallene Streben von Blitzableitern montiert waren. Ich konnte mir gut vorstellen, dass ein Aufenthalt an dieser Stelle und an dem wenige Meter höher gelegenen Turm bei einem Gewitter höchst gefährlich sein konnte.

Dietmar Becker zeigte zum Turm. »Das passt. An dieser Stelle muss der Werfer gestanden haben.«

Dieser Meinung war ich auch. Allerdings schaute ich nicht nach oben zum Turm, denn den kannte ich bereits. Mein Blick war zum Boden gerichtet. Einerseits, weil der Weg nur äußerst schmal und die Gefahr, über eine der Blitzableiterstreben zu stolpern, groß war. Andererseits hatte ich in einer Wasserpfütze ein Stück Stoff entdeckt. Ich hob es auf, natürlich darauf achtend, meine Rückendeckung nicht aufzugeben. Ich war mehr als baff, als ich das eingerissene Etwas als Krawatte identifizierte. Und zwar in den Farben Schwarz, Rot und Gold.

»Eine Demokratie-Krawatte«, sagte Becker ungläubig. »Hat die hier gelegen?«

»Nein, das ist meine«, antwortete ich und vermutete, dass es tatsächlich so war.

»Har, har, sehr guter Witz«, sagte Becker. »Sie und eine Krawatte. Aber im Ernst, von wem könnte die stammen?«

Ich war mir nicht sicher, ob dieses Stück Stoff vielleicht von dieser ominösen Studentengruppe stammen könnte. Oder war es meine? In diesem Fall würde sich die Schlosschefin verdächtig machen, schließlich war sie wenige Minuten, bevor das Geschoss beinahe Becker an die Wange geknallt wäre, vom Turm abgestiegen. Garantiert kannte sie jeden Winkel des Schlosses. Aber warum das Ganze? War Becker nur zufällig in der Flugrichtung gestanden?

Ich zog eine Plastiktüte aus meinem Jackett, in der sich einige Bonbons befanden. Stefanie hatte sie mir mit dem Hinweis mitgegeben, dass ich im Notfall ein Bonbon lutschen könnte, falls ich an Mundgeruch leiden sollte oder wegen des vermuteten Sektes, den es vielleicht gab, sauer aufstoßen musste.

»Ich mag jetzt keins«, sagte Becker, da er dachte, ich wollte ihm eines der Dinger anbieten.

»Dann eben nicht«, antwortete ich und steckte die Gutsel, wie der Pfälzer zu Bonbons sagt, ohne Tüte in die Hosentasche. Im Anschluss stopfte ich die feuchte Krawatte in die Plastiktüte und steckte diese zurück in die Tasche.

»Eine Krawatte kann man immer mal gebrauchen«, meinte ich kurzerhand zu Becker.

Dieser nickte eifrig. »Jetzt müssen wir nur herausbekommen, wem dieser Galgenstrick gehört.«

»Und wie wir von hier oben wieder runterkommen«, ergänzte ich. »Wollen Sie springen? Ist nicht sehr tief.«

Das Bellen eines Hundes lenkte uns ab. Zuerst sahen wir Edgar durch die Luke kommen, danach Uli Dittrich.

»Da sind Sie ja«, meinte sie vorwurfsvoll. »Sie dürfen hier nicht raus, das ist viel zu gefährlich. Kommen Sie bitte zurück in das Gebäude. Edgar!«, rief sie, da ihr Jagdhund mich erreicht hatte und sich an meiner Jackentasche zu schaffen machte. Er musste die Krawatte riechen. Immerhin war er gut erzogen und folgte ihrem Befehl.

»Wir wurden im Speicher eingeschlossen«, sagte Becker zur Schlosschefin, während wir im Entengang zurück zur Tür trippelten, ich natürlich wegen meiner Hose hinter Becker.

»Eingeschlossen, wo?«, fragte Dittrich überrascht zurück.

»Na, diese Tür.« Becker zeigte zur Tür, die zur Turmtreppe führte.

»Da war nicht abgeschlossen«, sagte Dittrich. »Ach so, das können Sie nicht wissen. Die Tür klemmt ziemlich stark. Man muss sich mit rabiater Gewalt dagegenstemmen, damit sie aufgeht.«

»Das habe ich Ihnen gleich gesagt«, tadelte ich den Studenten. »Wenn Sie etwas fester gedrückt hätten, wäre das nicht passiert.«

»Was haben Sie überhaupt in dem Speicher gesucht?« Frau Dittrich tat unwissend. Vielleicht war sie es sogar.

Ich erklärte ihr die Sache mit dem brennenden Gegenstand und dass beinahe Becker zum Opfer geworden wäre.

Dittrich erblasste. »Die anderen Besucher, die mit Ihnen oben auf dem Turm waren, haben mir zwar von dem seltsamen Vorfall und der kleinen Explosion unten im Hof berichtet. Dass es beinahe einen Verletzten gegeben hatte, wusste ich nicht.«

Klar, die anderen Personen hatten das Wurfgeschoss erst wahrgenommen, als es auf dem Weg in Richtung Erde war.

»Da muss jemand auf dem Dach gestanden und es hoch-geworfen haben«, sagte ich. »Die Tür zum Speicher war nur angelehnt. Kaum waren wir drin, ist eine unbekannte Person hinausgerannt und hat die Tür zugeschlagen.« Die gefundene Krawatte erwähnte ich nicht.

»Jetzt verstehe ich«, meinte die Schlosschefin. »Nun wer-den mir langsam die Zusammenhänge klar. Meine Mitarbei-terin erzählte mir, dass eine Person noch nicht vom Turm heruntergekommen ist. Bevor nicht alle Besucher der ers-ten Gruppe unten sind, lassen wir die zweite Gruppe nicht hinauf. Begegnungsverkehr auf der Treppe wollen wir aus Sicherheitsgründen, so gut es geht, vermeiden.« Sie holte kurz Luft. »Daher bin ich wieder hoch auf den Turm. Da ich niemanden antraf, vermutete ich, dass meine Mitarbeiterin nicht richtig aufgepasst hatte und die fehlende Person beim Runtergehen nicht registriert wurde. Auf die Idee, vom Turm zum Dach hinunterzuschauen, bin ich nicht gekom-men. Erst als Edgar an der Turmtür, die zum Dachboden führte, knurrte, bin ich aufmerksam geworden. Sie haben es also meinem Hund zu verdanken, dass Sie so schnell gefunden wurden.«

Ich kombinierte. Nur eine Person wurde vermisst, obwohl Becker und ich oben waren. Das bedeutete, dass der Täter nicht zur ersten Gruppe gehörte, sondern sich dazu geschmuggelt hatte. Natürlich konnte uns die Schlosschefin angelogen haben.

Ich folgte den beiden nach unten.

»Können wir uns das Wurfgeschoss anschauen?«, fragte Becker, als wir wieder festen Boden unter den Füßen hatten. Mist, ich hatte im Moment anderes zu tun, als mir das Ding anzuschauen. Hoffentlich lief niemand hinter mir vorbei.

Sie zögerte einen Moment. »Okay, ich zeige Ihnen die

Absturzstelle.« Wir verließen das Gebäude, und sie führte uns in den Innenhof. »Hier war es«, sagte sie.

»Wo?«, fragte ich zurück, denn ich konnte nichts entdecken.

»Ich habe die Scherben inzwischen entfernen lassen«, sagte sie mit leiser Stimme. »Damit sich kein Gast daran verletzen kann. Ich wusste nicht, dass es solch eine Brisanz hatte. Ich dachte an einen Dummejungenstreich. Es ist schließlich nichts passiert. Außerdem wird der Innenhof in ein paar Minuten für eine Gruppe benötigt.«

Schade, dachte ich. Sämtliche Beweismittel waren vernichtet oder zumindest unbrauchbar.

»Müssen wir wegen dieses kleinen Vorfalls die Polizei rufen?«, fragte sie zaghaft. »Oder reicht es, wenn Sie informiert sind?«

Rein beamtenrechtlich war ich verpflichtet, sofort meine Kollegen zu rufen, da eine Straftat durchaus im Bereich des Möglichen lag, selbst wenn das vermeintliche Opfer nur der Student Dietmar Becker war. Ich überlegte, was die Folgen eines Anrufs bei der Neustadter Polizei wären: Endlose Zeugenbefragungen, die den Ablauf des Wochenendes nachhaltig beeinflussen würden. Vermutlich würde das Programm des heutigen Tages ausfallen, und mein mühsam erarbeitetes Renommee als Dienststellenleiter der Schifferstadter Kriminalpolizei würde wie ein Kartenhaus in sich zusammenfallen. Selbstverständlich würde KPD davon erfahren. Wie er wohl reagieren würde, wenn er erfuhr, dass ich seinen Namen benutzt hatte und nur wegen meines Anrufs bei den Neustadter Kollegen Teile des Wochenendprogramms ausgefallen sind? Dass ich unschuldig im Sinne des Wurfs des Behälters und der Explosion war, würde ihn nicht interessieren. Ich alleine wäre der Auslöser für die seiner Meinung

nach größte Katastrophe, in die er dank meines Namens-
tausches verwickelt war.

Es gab aber eine andere Möglichkeit: Die Neustadter Polizei würde die Geschichte als unglaubwürdiges Hirngespinst
abtun und sich über mich lustig machen. Dies würde man
KPD in den nächsten Tagen brühwarm zutragen.

Ich befand mich in einer Zwickmühle. Daher nutzte ich
den Handlungsspielraum, den ich mir als legal und geset-
zeskonform einredete.

»Das müssen wir nicht an die große Glocke hängen, Frau
Dittrich. Es ist schließlich nicht wirklich etwas passiert.
Vielleicht hat nur ein Adler oder ein anderer Großvogel
irgendwo von einer Terrasse ein Marmeladenglas gemopst
und über dem Schloss fallen lassen.«

Ich sah der Schlosschefin an, dass sie erleichtert aufat-
mete. »Jaja, ich sehe das genauso, Herr Diefenbach.«

»Und ich?«, unterbrach uns Becker.

»Sie sind mir dankbar, dass ich Ihnen das Leben gerettet
habe«, sagte ich in seine Richtung. »Ich verzichte auf sämtliche Belohnungen wie lobende Erwähnungen in Ihren
schrägen Pseudoromanen.«

Frau Dittrich verabschiedete sich. »Wir lassen jetzt die
nächste Gruppe auf den Turm hoch. Sie können inzwischen
runter zu dem neuen Besucherhaus mit dem Museumsshop gehen. Dort beginnt bald der erste Workshop. Übrigens nach Ihrer Idee, Herr Diefenbach. Zwar etwas bizarr,
wie ich finde, aber warum nicht.«

»Die will mich umbringen«, flüsterte mir der Student
zu, als Dittrich außer Hörweite war.

»Jeder hat so seine Feinde«, antwortete ich lapidar, verbesserte mich aber sofort. »Sie sind paranoid, Herr Becker.
Weiß sie, dass Sie Krimis schreiben?«

»Ich glaube schon. Mein Name steht schließlich im offiziellen Programm.«

»Dann könnten Sie allerdings recht haben.«

»Womit?«

»Mit Ihrem Tötungsverdacht. Wer sollte Sie umbringen wollen, außer Ihren Lesern? Und die sind bestimmt rar gesät.«

»Wollen Sie mich auf den Arm nehmen?«

»Lieber nicht. Aber Sie müssen selbst zugeben, dass sich die Schlosschefin viel zu verdächtig macht.« Die Krawattengeschichte wollte ich nicht auch noch vertiefen. »Das würde nicht einmal in einem schlechten Kriminalroman funktionieren. Jeder Leser wäre zu Recht beleidigt, wenn Sie Uli Dittrich am Schluss Ihres Romans als Täterin präsentieren würden. Oder wollen Sie Ihre letzten Leser vergrämen?«

»Wie, äh, wieso Täterin? Und, äh, welchen Roman?«

Ich rollte mit den Augen, um dem Studenten meine Überlegenheit zu demonstrieren. »Sie wollen mir doch nicht weismachen, dass Sie über dieses kleine, unscheinbare Erlebnis nicht wieder einen Ihrer berüchtigten Krimis schreiben, in dem Sie das vorhin Erlebte dramatisieren und ausschmücken? Ruckzuck müssen Ihre armen Opfer, äh, Leser, von mehreren Anschlägen auf Ihr Leben lesen.«

»Aber, das stimmt, Herr Palz…, äh, Herr Diefenbach.«

Ich runzelte die Stirn. »Sie bestätigen, dass Sie einen neuen Krimi schreiben?«

»Nein«, wehrte sich Becker. »Das heißt ja. Natürlich überlege ich, dieses Wochenende literarisch zu verwerten. Aber ich meinte etwas ganz anderes. Auf mich wurde heute bereits ein weiterer Anschlag verübt.«

»Und das erzählen Sie erst jetzt?« Hatte ich mich getäuscht? »Wo ist das passiert?«

»Unten am Busparkplatz, als ich heute früh angekommen bin. Ich bin extra früher losgefahren, damit ich mir vorher ein wenig die Umgebung des Schlosses anschauen kann.«

»Weiter, Herr Becker. Was ist passiert?«

»Am Parkplatz stand ein junger Mann, der mich nicht hochfahren ließ, weil mein Autokennzeichen nicht auf seiner Liste stand, obwohl Herr Diefenbach mir eine Ausnahmegenehmigung besorgt hatte.«

Ich hatte Mühe, ernst zu bleiben. »Herr Becker, der Mann tut nur seine Arbeit. Es kann schließlich nicht angehen, dass jeder x-beliebige Dahergelaufene bis zum Schloss hochfährt. Die Beschilderung ist eindeutig, das haben sogar Sie hoffentlich in der Fahrschule gelernt. Und die paar Meter können Sie ruhig Ihren Koffer tragen, die Zufahrtsstraße ist nicht so lang.«

»Darum geht es überhaupt nicht, Herr Diefenbach. Mir war vorher klar, dass ich für dieses Wochenende einen Leihwagen miete, daher konnte ich mich nicht mit einem Kennzeichen anmelden.«

»Und womit hatten Sie dann ein Problem?«

»Mit der Explosion.«

»Explosion?«

»Ja! Neben dem Busparkplatz liegt auf einer kleinen Anhöhe ein Restaurant. Ich weiß nicht, ob Ihnen das aufgefallen ist. Dort habe ich geparkt. Ich bin ausgestiegen, öffnete meinen Kofferraum, und in dem Moment ging das Feuerwerk los.«

»Feuerwerk? Ich dachte, es war eine Explosion?«

Der Student verstand meine Frage nicht. »Feuerwerk oder Explosion, das ist das Gleiche. Im Ergebnis zumindest. Es war so eine Feuerwerksbatterie, wie man sie an

Silvester kaufen kann. Sie wissen doch: einmal anzünden und es kracht ein paar Dutzend Mal.«

»Und so ein Ding ist auf dem Parkplatz losgegangen?«

»Sogar unmittelbar neben meinen Füßen. Ich konnte gerade noch zur Seite springen, sonst hätten sich die Böller in meiner Kleidung verfangen.«

»Haben Sie gesehen, wie das Ding auf Sie geworfen wurde?«

»Das wurde nicht geworfen, das muss dort gestanden haben.«

So langsam wurde ich misstrauisch. »Und keine Menschenseele in der Nähe, die die Feuerwerksbatterie angezündet hat?«

»Auf der anderen Seite des Parkplatzes standen ein paar junge Leute herum. Sie schienen aber genauso erschrocken zu sein, als die Explosionen losgingen. Eine blonde Frau kam sogar zu mir und fragte, ob alles in Ordnung sei.«

Mein Verdacht erhärtete sich. »Hatten die jungen Leute Krawatten an und trugen seltsame Mützen?«

Becker nickte eifrig. »Ich habe sie gleich als Mitglieder einer Burschenschaft erkannt. Aber die haben auch niemanden gesehen, der für die Explosionen verantwortlich sein könnte.« Er überlegte. »Die trugen allesamt Krawatten in den Farben Schwarz, Rot und Gold, das ist die Verbindung zu dem Attentat auf mich auf dem Turm.«

Ich kombinierte. Die Studenten hatten zu Testzwecken oder aus anderen Motiven heraus eine Feuerwerksbatterie auf dem Parkplatz gezündet. Zufällig kam Becker hinzu und parkte neben der frisch gezündeten Batterie. Das war zwar verboten, bewertete ich aber als harmlose Spielerei. Vielleicht war heute ein isländischer Nationalfeiertag.

»Sie leben gefährlicher, als ich dachte, Herr Becker«,

sagte ich in verschwörerischem Ton. »Wenn Ihnen Ihr Leben lieb ist, fahren Sie am besten gleich nach Hause.«

»Und mein Vortrag?«

»Den halte ich für Sie. Was Besseres kann Ihnen gar nicht passieren. Dann muss ich Ihnen die Änderungen, die Herr Diefenbach wünscht, nicht erst lang und breit erklären.«

Der Student dachte tatsächlich über die von mir vorgeschlagene Option nach. Leider mit negativem Ergebnis. »Das geht nicht, Herr Palzki.«

»Diefenbach«, verbesserte ich. »So viel Zeit muss sein.«

Becker zog kurz eine Schnute, bevor er weiter sprach. »Ich werde auf mich aufpassen. Aber ich muss wissen, wer es auf mich abgesehen hat. Wenn es nicht so weit hergeholt wäre, würde ich behaupten, dieser Möchtegernkrimiautor Schneider ist dafür verantwortlich. Aber er konnte unmöglich wissen, dass ich auf dem Parkplatz des Restaurants halte.«

»Ihr Kollege will Sie umbringen?«

»Zutrauen würde ich es ihm. Er ist auf alle Autoren neidisch, die ebenfalls Krimis schreiben, die irgendwo in der Kurpfalz spielen. Im normalen Umgang ist der immer superfreundlich, aber ich kenne meine Pappenheimer. Der lässt keine Gelegenheit aus, den anderen Autoren eins auszuwischen. Das ist ein ganz Hinterhältiger!«

»Danke für diese Einschätzung«, bestätigte ich ihn. »Sie haben ab jetzt ein Auge auf Ihren Kollegen, damit nichts schief geht.«

»Kollege, pah.« Becker tat so, als würde er verächtlich auf den Boden spucken. »Wo gehen Sie hin, Herr ..., äh, Diefenbach?«

»Ins Restaurant«, erklärte ich ihm todernst, da ich ihm

nicht sagen wollte, dass ich dringend meine Hose wechseln musste. »Ich habe ein wichtiges Gespräch mit dem Chef der Betriebsgesellschaft zu führen. Gehen Sie ruhig schon mal zu diesem komischen Workshop. Ich komme nach ein oder zwei Bierchen nach.«

»Das geht nicht«, erklärte Becker.

»Und das geht doch«, setzte ich dagegen. »Es gibt nämlich Bier.«

»Bier?«, stammelte der Student. »Aber Ihr Workshop? Oder zumindest der von Herrn Diefenbach? Jeder meint, dass Sie Diefenbach sind. Die warten auf Sie mit dem Beginn des Workshops. Ich weiß sowieso nicht, wie Sie sich da aus der Bredouille ziehen wollen.«

»Wieso? Um was geht es da?« Selbstverständlich hatte ich mir die Tagungsunterlagen nicht im Detail durchgelesen. Die unverständliche Menükarte hatte mir gereicht. Zu allem anderen wollte ich mich überraschen lassen und improvisieren oder, wenn es wirklich dumm lief, vorzeitig abreisen.

Becker grinste gemein. »Das wissen Sie nicht, Herr Diefenbach? Jetzt wird mir natürlich einiges klar.« Lachend ging er Richtung Treppenweg, der nach unten zum Besucherhaus führte.

Unter diesen Umständen konnte ich mich nicht in das Restaurant zurückziehen, obwohl es das Vernünftigste gewesen wäre. Dringender war ein Hosenwechsel. Ich ging in das Kassenhäuschen und grüßte Frau Lippert, die eine kleinere Gruppe Senioren beriet. Natürlich befand sich die Ersatzhose nicht in der Reisetasche, sondern im Koffer. Stefanie hatte sie zwar akkurat gebügelt und gefaltet, doch ich zog sie ziemlich rabiat aus dem unteren Bereich des Koffers heraus. Um möglichst wenig aufzufallen, wickelte ich die Hose zu einer kleinen Rolle. »Ich muss mich umziehen«, sagte ich zu Frau Lippert. »Meine Hose hat einen kleinen Fleck.«

»Natürlich, gehen Sie hoch zur Ebene 1, dort sind die Toiletten«, antwortete sie und grinste. Ob sie mein Missgeschick längst entdeckt hatte? Frauen hatten für solche Dinge ja einen Riecher.

Der Stoffhosentausch auf der Toilette ging schnell vonstatten. Leider handelte es sich ebenfalls um eine neu gekaufte Hose, die genauso eng war wie die vorherige. Während sich die andere seit heute früh etwas, vielleicht eine Nuance, gedehnt hatte, drückte die neue unbarmherzig in der Taille und an anderen empfindlichen Stellen.

Zurück im Kassenhäuschen stopfte ich die gebrauchte Hose in den Koffer, da sie Stefanie sowieso entsorgen würde. Es war nicht nur die Naht gerissen, sondern auch der Stoff. Unglaublich, in welch schlechter Qualität heutzutage teure Hosen produziert wurden.

Nach ein paar Kraftausdrücken und etwas Schweißproduktion war der Koffer wieder verschlossen.

Ohrenbetäubender Lärm hielt mich davon ab, weiter zu gehen. Waren das die Trompeten von Jericho? Warum kamen sie aus dem Inneren des Schlosses? Wie Trompeten klang es nicht, eher wie Trommeln. Der Lautstärkepegel wuchs rasch. Was war da los? Nach einem kurzen Moment des Überlegens sah ich des Rätsels Lösung: Rund 20 Kinder traten gemeinsam mit Frau Lietz aus dem Schloss und gingen an mir vorbei zum Innenhof. Allesamt waren sie in historische Gewänder gehüllt. Mehrere Tagesbesucher waren stehen geblieben und verfolgten belustigt die kleine Gruppe. Die Hälfte der Kinder trugen Trommeln, die sie unrhythmisch mit Stöcken bearbeiteten. Ich sah, wie Carlotta Lietz eine Armbewegung machte. Sofort erstarben die lauten Trommelschläge. Neugierig, wie die anderen Besucher auch, war ich den Kindern in den Innenhof gefolgt. Dort trat eines nach dem anderen hervor und rief Sätze wie: »Wir fordern eine Verdoppelung des Taschengeldes«, oder »Kein Hausarrest für Kinder«, oder »Nie mehr Computerverbot«.

Längst hatte ich die Aktion als den von Dittrich kurz angesprochenen Kinderworkshop erkannt. Die Kinder schienen mit Begeisterung bei der Sache zu sein. Heute Abend würden sie allerdings feststellen, dass sich wohl in Sachen Taschengeld und elterlicher Verbote nichts geändert hatte. Demokratie gab es nicht von heute auf morgen.

Ich drückte mir selbst sämtliche verfügbaren Daumen und folgte Becker nach unten.

KAPITEL 5
PALZKI ÜBERTRIFFT SICH SELBST

Im Erdgeschoss des zweistöckigen länglichen Gebäudes, das sehr markant wirkte, da sein Dach nicht mit Ziegeln bedeckt war, sondern aus dem gleichen Material wie die Außenwände bestand, befand sich neben den Toiletten ein Museumsshop. Im Shop gab es Historisches und Zeitgenössisches rund um die Themen Hambacher Schloss und Hambacher Fest sowie ähnliche Themen und weitere Produkte, die für die Pfalz typisch waren.

In der Mitte des großen Museumsshops hatte man eine Freifläche geschaffen, die mit Tischen und Stühlen ausgefüllt war. An der hinteren schmalen Seite stand ein Flipchart. Auf den Stühlen saßen knapp 20 Personen, viele davon männlich. Vor dem Flipchart stand ein Managertyp mit Maßanzug und goldglänzender Armbanduhr. Er hatte als Einziger eine Krawatte umgebunden. Ich hatte noch nie so glänzende Schuhe wie bei dem Typen gesehen. Wahrscheinlich polierte er sie alle paar Minuten und behandelte sie mit einem Lackspray. Jeder Mensch pflegte so seine Macken.

»Da kommt ja endlich Herr Diefenbach«, begrüßte mich der Amerikaner Victim, den ich zu Beginn der Veranstaltung kennengelernt hatte.

»Was haben Sie gesagt?«, fragte der Krawattenträger mit fragender Miene nach. »Wie haben Sie diesen Teilnehmer eben genannt?«

»Diefenbach«, wiederholte dieser naiv. »Das ist der Dienststellenleiter der Schifferstadter Kriminalpolizei. Meines Wissens ist er Ideengeber für diesen Workshop.« Becker grinste gehässig vor sich hin.

»Das ist nicht Herr Diefenbach«, wehrte sich der Managertyp. »Ich kenne Diefenbach seit Jahren.«

Ich nutzte die mir eigene Spontaneität und Kreativität und ging forschen Schrittes auf den Anzugträger zu. Dass ich leicht rot angelaufen war, sah man in dem grellen Licht des Shops hoffentlich nicht.

»So, Sie kennen also Klaus Diefenbach persönlich?« Breitbeinig mit durchgedrücktem Kreuz baute ich mich vor ihm auf. So machte es immer KPD. Um meine Autorität weiter zu verstärken, begann ich, leicht auf meinen Fersen zu wippen. Dies hatte ich mir ebenfalls von KPD abgeschaut, bei diesem sah das immer äußerst arrogant aus.

Der Leiter des Workshops trat ehrfürchtig einen Schritt zurück.

»Das will ich meinen«, sagte er. »Mein Name ist Enrico Müller.« Seiner Stimmlage nach war er nicht mehr auf Konfrontationskurs.

»Sehr gut«, bewertete ich seine Aussage. »Dann muss ich mich nicht lange mit Erklärungen aufhalten. Geld, äh, nein, Zeit ist Geld. Einer der Lieblingssprüche von Klaus P. Diefenbach, wie Sie sicherlich wissen, wenn Sie ihn kennen. Woher übrigens?«

Mit dieser geschickten Gegenfrage drehte ich die Erklärungsnot um.

»Klaus ist ein ehemaliger Schulkamerad von mir. Inzwischen wohne und arbeite ich allerdings in Mannheim.«

Oha, ein Duzfreund von KPD. »Komisch, er hat mir nie etwas von Ihnen erzählt. Haben Sie sich mit ihm für diese Tagung verabredet?« Solange ich die Fragen stellte, konnte er keine stellen.

»Nein, nicht direkt. Aber wir haben alle im Vorfeld die Teilnehmer- und Referentenliste bekommen. Vorletzte Woche haben wir kurz telefoniert und uns auf ein Wiedersehen gefreut. Unser letztes Treffen liegt beinahe anderthalb Jahre zurück.«

Mit dieser Antwort konnte ich zufrieden sein. Dreist drehte ich mich zu der Tischrunde. »Wer von Ihnen kennt ebenfalls Klaus P. Diefenbach?«

Drei Hände, eine davon weiblich, streckten sich in die Höhe. Ich prägte mir die Gesichter ein.

»Dann will ich jetzt mal zu einer Erklärung ausholen«, begann ich. Inzwischen hatte ich genug Zeit, um mir eine haarsträubende, aber glaubwürdige Geschichte auszudenken. KPD würde sich wundern.

»Herr Diefenbach ist leider kurzfristig verhindert. Es handelt sich um einen Spezialauftrag des Innenministeriums, und der ist so geheim, dass ich Ihnen nicht einmal dies hätte verraten dürfen. Ich hoffe, Sie können mit diesem Insiderwissen, das Sie nun haben, umgehen und es vertraulich behandeln. Also, wie gesagt, Herr Diefenbach kann leider nicht an diesem schönen Wochenende auf dem Hambacher Schloss sein. Er bedauert es sehr, aber schweren Herzens hat er mich als seinen engsten Vertrauten gebeten, seinen Platz einzunehmen. Und das hat zwei Gründe: Zum einen stammen wesentliche Bausteine des Programms von Herrn Diefenbach, zum anderen ist es für seine Geheimmission unerlässlich, dass er ein Alibi hat. Und das Alibi bin ich. Das bedeutet für Sie: Ich bin das ganze Wochenende für Sie der Leibhaftige. Also der leibhaftige Klaus P. Diefenbach. Bitte prägen Sie sich das gut ein, denn Fehler dürfen nicht passieren. Achten Sie insbesondere darauf, mich korrekt anzusprechen, wenn Außenstehende dabei sind. Im weniger schlimmen Fall ist es vielleicht nur ein Pressevertreter, im schlimmeren Fall vielleicht ein Spion. Haben Sie Fragen?« Ich wartete keine Sekunde. »Nein, dann wäre alles geklärt.« Ich war von meiner Rede überzeugt. Selbst Becker schien beeindruckt.

»Eine Frage hätte ich«, meldete sich eine 40-Jährige mit langem Zopf und Nickelbrille. »Wie heißen Sie mit richtigem Namen? Irgendwie kommen Sie mir bekannt vor. Haben Sie etwas mit Literatur im weitesten Sinn zu tun?«

»Das kann ich Ihnen leider nicht sagen«, beschied ich ihr. »Nächste Woche gern, aber im Moment leider nicht.« Damit hatte ich diese Frage erfolgreich abgebügelt, hoffentlich konnte Becker weiterhin seine Klappe halten. »Ach, eine Bitte hätte ich noch: Lassen Sie die anderen Teilnehmer, die im Moment auf dem Turm sind, in dem Glauben, dass ich Klaus Diefenbach bin. Das vereinfacht die Sache sehr. Die Teilnehmer, die ihn persönlich kennen, werde ich natürlich aufklären. Ich danke für Ihr Verständnis.«

Enrico Müller hatte sich ebenfalls mit meiner Aussage abgefunden. »Schade, dass Klaus dieses Wochenende nicht kommen konnte. Aber ich weiß ja aus seinen Erzählungen, mit welchen wichtigen und oft genug staatstragenden Aufgaben und Projekten er immer zu tun hat. Klaus ist in der Disziplin der Verbrechensbekämpfung eine Koryphäe ersten Grades. Und auf diese Ideen für die einzelnen Workshopmodule, da muss man erst mal drauf kommen! Ich muss zugeben, als ich das erste Mal seine Vorschläge zu Gesicht bekam, war ich gewissermaßen bestürzt. Aber in Kombination mit seinen Anmerkungen, und wenn man die verschiedenen Module als Ganzes betrachtet, ergibt sich ein mannigfaltiger tieferer Sinn. Ich bin überzeugt, dass wir allesamt mit neuen Erkenntnissen aus diesem Wochenende gehen werden. Daher habe ich mich für die Leitung des ersten Moduls zur Verfügung gestellt.« Wohl im Unterbewusstsein prüfte er den Sitz seiner Krawatte. »In Anbetracht der neuen Situation: Wollen Sie die erste Übung selbst erläutern, Herr …, äh, Herr Diefenbach?«

Da ich keine Ahnung hatte, um was es ging und durch Beckers Kommentar vorgewarnt war, gab ich ihm eine Abfuhr. Zusätzlich baute ich mir einen Notausgang auf.

»Machen Sie das ruhig selbst wie geplant«, sagte ich zu ihm in mildem Ton. »Herr Diefenbach«, ich grinste, »der richtige Herr Diefenbach hat allergrößtes Vertrauen in Sie, wie er mir selbst berichtet hat. Allerdings gibt es ein paar aktuelle Modifikationen, die leider nicht mehr in den Tagungsunterlagen berücksichtigt werden konnten. Herr Diefenbach beauftragte mich daher, an den entscheidenden Stellen die Pläne, die von ihm stammen, anzupassen. Aufgrund meiner langen Anreise hatte ich keine Zeit mehr, die Workshopunterlagen auf den neuesten Stand zu bringen. Daher werde ich mich, Ihr Einverständnis vorausgesetzt, an gewissen Stellen einschalten, damit alles in geordneten Bahnen verläuft. Wenn Ihnen manches zunächst sonderbar erscheint, bis Sonntagmittag werden Sie alle klar sehen. Lassen Sie sich überraschen.«

Auch mir blieb nichts anderes übrig, als mich überraschen zu lassen. Jedenfalls würde ich mich am Sonntagmittag nicht mehr in Schlossnähe aufhalten. Und alles würde auf KPD zurückfallen, darauf freute ich mich wie noch nie.

Müller bedankte sich, den ich inzwischen klammheimlich »die Krawatte« getauft hatte, obwohl »der Glanzschuh« besser passen würde. »Wir freuen uns darauf, mit Ihnen einen direkten Draht zu Herrn Diefenbach zu haben. Ehrlich gesagt, ich weiß nicht, wie wir diesen ersten Workshop realisieren sollen. Klaus, also Herr Diefenbach, scheint nicht an die anwesenden Damen gedacht zu haben. Außerdem ist er laut meinen Unterlagen davon ausgegangen, dass alle Teilnehmer eine Krawatte tragen würden.«

Schon wieder dieses blöde Thema. Ich versuchte, es endgültig zu lösen. »Bei Herrn Diefenbach hat in dieser Hinsicht ein Wandel in seinen Ansichten stattgefunden. Man muss auch mal über seinen Schatten springen können und frühere Fehler akzeptieren, hat er gestern zu mir gesagt. Wer immer nur sein Leben lang auf seiner gleichen Meinung beharrt, obwohl er längst vom Gegenteil überzeugt ist, bringt die Welt nicht weiter und macht sich irgendwann lächerlich. Ich denke, da stimmen Sie mir und Herrn Diefenbach bestimmt zu, oder?«

Das Wörtchen »oder« als Fragewort am Satzende war psychologisch gesehen hochrelevant, da es in der Rhetorik meistens manipulativ eingesetzt wird. Vorausgesetzt, man lässt seinen Zuhörern keine Zeit zu einer Antwort, was aber sowieso nur äußerst selten vorkommt.

»Herrn Diefenbachs neuestes Kleidungsaxiom kommt ohne Accessoires aus, die keinen tieferen Sinn ergeben. Ich gebe Ihnen ein Beispiel: Schal oder Halstuch ist okay, da es zur Erwärmung des Körpers beiträgt. Aber eine Krawatte? Nur ein Symbol für Wichtigtuer! Diefenbach sagt klipp und klar, man soll den Wert eines Menschen an seinen Worten erkennen und nicht an seinem Aussehen.«

Ups, ich erschrak selbst über meine Worte. Eben war mal wieder der Gaul mit mir durchgegangen. Ich hatte KPDs Lebenseinstellung komplett ins Gegenteil verkehrt.

Bei KPD stand die Etikette an erster, zweiter und dritter Stelle.

»Dann weiß ich jetzt nicht mehr weiter«, meinte der Workshopleiter Enrico Müller. »Hat sich damit unser Knotentest erledigt?«

Mein Mund war bereits geöffnet, um »was für ein Knotentest?« zu fragen, glücklicherweise konnte ich meine Stimmbänder rechtzeitig bremsen, sodass nur ein undefinierbares Gurgeln zu hören war. »Fangen Sie ruhig damit an«, beruhigte ich ihn. »Ich werde mich rechtzeitig einmischen.«

Müller schaute irgendwie komisch aus der Wäsche, als er zum Flipchart ging und das Deckblatt abtrennte. Die Teilnehmerrunde nebst mir stierte auf rund ein Dutzend Zeichnungen, auf denen unterschiedlichste Krawattenknoten zu sehen waren. Darunter standen Bezeichnungen wie Halber Windsorknoten, Hannoveranerknoten oder Onassisknoten.

Nachdem alle Personen im Raum die Bilder erfasst hatten, wanderten ihre Blicke in meine Richtung. Flucht oder nicht Flucht, war im Moment meine dringlichste Frage. Dietmar Becker hatte erneut sein dämliches Grinsen aufgesetzt. Zu seinem Glück blieb er stumm.

Ich nickte zufrieden. »Bevor ich zu Herrn Diefenbachs Änderungswünschen komme, möchte ich Sie bitten, uns ein paar Sätze zu dem ursprünglich angesetzten Workshop zu sagen. Nur damit sind die Teilnehmer in der Lage, die Unterschiede zu erkennen und zu bewerten.«

Ich war stolz auf meine Idee, die sofort akzeptiert wurde.

Enrico Müller nickte. »Das will ich gerne tun. Laut meinen Unterlagen ist Herr Diefenbach der Meinung, dass es essenziell ist, bei gehobenen Gesellschaften nicht immer mit dem gleichen Krawattenknoten aufzutauchen. So wie Damen Wert darauf legen, nicht immer das gleiche Kleid anzuziehen. Bei Männern ist das laut Diefenbach schwieriger. Der Anzug ist obligatorisch, ab einer gewissen Hierarchiestufe selbstverständlich maßgeschneidert. Mit dem Hemddesign ist es zwar bedingt möglich, individuelle Akzente zu setzen, doch Diefenbach ist der Ansicht, dass die Kenntnis von mindestens zwei Dutzend Krawattenknoten zuzüglich diverser Varianten für eine wegweisende Person des öffentlichen Lebens eminent wichtig und unumgänglich ist. Klaus Diefenbach wollte in diesem Modul den Teilnehmern die wichtigsten Knoten erläutern und zum weiteren Selbstversuch anregen. Hierzu hat er ein paar Diagramme für das Flipchart vorbereitet, die die systematische Klassifizierung der Standardknoten zeigen, sowie eine diagrammartige Darstellung von 13 Klassen ästhetischer und drei Klassen unästhetischer Knoten. Ich selbst habe extra für diese Veranstaltung im Vorfeld einen Privatkurs bei einem Drei-Sterne-Schneider in Mainz besucht.«

Aufgrund der Zeichnungen hatte ich so etwas in der Richtung bereits erwartet und konnte mich entsprechend geistig vorbereiten. »Vielen Dank für Ihre Einführung, sie war ganz im Sinne von Klaus Diefenbach. Die Betonung liegt auf *war*. Inzwischen ist Diefenbach auf einer höheren Erkenntnisstufe angekommen. Diese verdankt er den Ideen Rudolf Steiners, der vor 100 Jahren die Anthroposophie begründet hat. Es handelt sich, wie Sie alle wissen, um eine spirituelle Weltanschauung.«

Mir lief der Schweiß in Sturzbächen über meinen Rücken, doch bis jetzt hatte ich alles richtig gemacht. Der Hintergrund über Rudolf Steiner war mir nur aus einem Grund bekannt: Letzte Woche musste meine Tochter Melanie ein Referat über diesen Kerl schreiben. Melanie und ich hatten köstlich über seine esoterischen Einfälle gelacht und auch darüber, welchen Humbug die Menschen im Laufe der Zeit mit seinen Ideen angestellt hatten. Melanie, die wegen des Referats natürlich tiefer in der Materie steckte als ich, meinte zu mir, dass man grundsätzlich irgendwelchen Quatsch über irgendwelche beliebigen Themen reden konnte, den Quatsch aber immer mit der Lehre von Steiner begründen konnte. Das lag vor allem daran, dass Steiner fast alle Lebensbereiche über Kunst, Soziales, Medizin, Religion, Landwirtschaft bis hin zu Ansätzen der Waldorfpädagogik in seiner Weltanschauung miteinander verwoben hatte.

»Diefenbach ist nun der korrekten Meinung, dass der Mensch im Vordergrund stehen muss und nicht der Schein. Das soll zwar keine Aufforderung sein, fortan bei Gesellschaften im Jogging-Anzug herumzulümmeln, aber die Essenz ist, dass jeder Mensch unabhängig von seinem Ansehen und der Hierarchiestufe, die er bekleidet, das tragen soll, was er möchte und was vor allem bequem ist. Offene Hemden, bequeme Sneakers, Hosen mit Gummibund sollen ab sofort gesellschaftlich akzeptiert sein. Herr Diefenbach weiß, dass es nicht einfach sein wird, diese Ideen in der Öffentlichkeit durchzusetzen, aber er möchte Sie alle ermutigen, den ersten Schritt zu tun. Seien Sie Trendsetter, gehören Sie zu den Initiatoren dieser neuen Bewegungsfreiheit, äh, Bewegung.«

Der eine oder andere lockerte seinen obersten Hemdknopf, und Julienne Matthias-Gund zog ihre Pumps aus und stellte sie demonstrativ und erleichtert auf den Tisch.

Müller, der sich nach wie vor nicht von seiner Krawatte getrennt hatte, schien nicht so recht zufrieden.

»Das ist alles schön und gut«, sagte er. »Was machen wir jetzt mit den Krawattenknoten?«

Ich musste diesen letzten Zweifler überzeugen. »Einen Knoten gibt es noch, über den wir reden müssen: den Gordischen Knoten, der in einer griechischen Sage erwähnt wurde. Dieser Seilknoten war am Streitwagen des phrygischen Königs Gordios befestigt. Auch Gordios trug keine Krawatte.«

Ich hatte keine Ahnung, ob das wirklich so war. Gordios kannte ich, weil mein Kollege Gerhard Steinbeißer des Öfteren von der Sage mit dem Gordischen Knoten schwärmte.

»Heutzutage versteht man unter der Zerschlagung des Gordischen Knotens die Überwindung von schwierigen Aufgaben mit unkonventionellen Mitteln. Und dies setzen wir im ersten Modul der Workshop-Reihe mittels Selbstreflexion um.«

»Selbstreflexion?« Krawatte war nicht restlos überzeugt. Hatte er doch, so wie es im Moment für ihn aussah, den Privatkurs in Mainz umsonst besucht.

»Genau«, bestätigte ich sein Nachäffen. »Die kluge Dame hier«, ich zeigte auf Matthias-Gund, »hat es bereits kapiert. Und die schlauen Herren, die sich gerade ihre Halsfreiheit erobert haben, sind ebenfalls mit ihrer Selbstreflexion gestartet. Aber ich warne Sie: Bis zur großen Wahrheit am Sonntagmittag ist es ein weiter Weg. Es gibt noch viele Bausteine, die wir gemeinsam erarbeiten müssen.«

Ich schaute den ehemaligen Workshopleiter dreist an. »Habe ich damit Ihre Frage beantwortet? Nehmen Sie bitte da vorn Platz.« Ich zeigte auf den letzten freien Stuhl. Widerspruchslos folgte Müller meiner Aufforderung. Soll er sich von nun an besser um seine Schuhe kümmern.

Ich spürte, dass ich sie alle in der Hand hatte, selbst Dietmar Becker. Fortan würde er mir wie die anderen aus der Hand fressen. Solange ich es nicht übertrieb, konnte ich auf dieser Schiene weitermachen. So langsam fing das Wochenende an, mir Spaß zu machen.

»Vor Ihnen liegen ein Schreibblock und ein Stift. Sie haben nun genügend Zeit, die peinlichste Geschichte, die Sie je erlebt haben, niederzuschreiben. Keine Angst, selbstverständlich anonym. Sämtliche Geschichten werden später im Schloss ausgehängt, sodass jeder Teilnehmer lesen kann, was den anderen in der Vergangenheit passiert ist, ohne zu erfahren, um wen es sich handelt. Damit gelangen wir zur Erkenntnis, dass das, was wir selbst als schlimmstes vorstellbares Unglück definieren, anderen Menschen auch, und oft genug viel dramatischer passieren kann.«

Die Teilnehmer glotzten mich zwar erstaunt an, eine Revolte konnte ich nicht ausmachen.

»Sie haben für Ihre Geschichte eine halbe Stunde Zeit, anschließend werde ich die Blätter einsammeln. Bitte achten Sie darauf, sich in dieser Zeit nicht mit Ihren Nachbarn zu unterhalten, damit die Geheimhaltung strikt gewahrt bleibt.«

Ich nickte der Gruppe zu, und Sekunden später hatte ich, schneller als seinerzeit Elvis die Konzerthallen, das Gebäude verlassen.

Nachdem ich mehrere Male erleichtert durchgeatmet hatte, ging es mir besser. Ich stellte mir vor, wie ich ohne meine Intervention in dem Workshop sitzen und Krawattenknoten lernen würde. Und das wäre erst der Beginn des Wochenendes gewesen. Wer weiß, was sich KPD noch an verrücktem Zeug hat einfallen lassen. Daher war ich mit meiner Pseudo-Rolle als Anti-Diefenbach mehr als zufrieden. Wenn etwas schief lief, konnte ich jederzeit mein Gepäck schnappen und die Heimreise antreten. Aber von der Bagatelle mit Becker abgesehen, würde dieses Wochenende, kriminalistisch gesehen, friedlich über die Bühne gehen, da war ich mir sicher. Was sollte auf dem Hambacher Schloss groß passieren? Verbrecher- oder gar Mördertypen hatte ich unter den Teilnehmern keine ausgemacht. Nicht einmal die abgedrehten Studenten kamen als Gauner infrage. Alles war bisher Friede, Freude, Eierkuchen.

Durch die gläserne Eingangstür konnte ich die schreibenden Teilnehmer beobachten. Um sie nicht in ihrer Konzentration zu stören, nahm ich den ebenen Weg nach hinten, der entlang der Ringmauer verlief. 50 Meter weiter befand sich eine Turmruine. Eine Hinweistafel erklärte, dass es sich um den Nordturm handelte. Der Zugang war mit mehreren waagerechten Metallstreben versperrt.

Von einem freien Reststück einer Wendeltreppe abgesehen, war das Innere des oben offenen Turms leer. Die baufällige Treppe endete nach einer halben Umdrehung auf einem Podest, das eher eine Fensternische war. Und genau an dieser Stelle entdeckte ich einen Gegenstand, der dort offensichtlich nichts zu suchen hatte. Um was es sich genau handelte, konnte ich nicht erkennen. Lediglich die Ecke eines blauen Kartons war sichtbar.

Neugierig, wie ich von Berufs wegen war, schaute ich mich zunächst um und stieg dann über die Absperrung. Diese sportliche Betätigung fiel mir leicht, ein weiteres Indiz meiner wachsenden Fitness. Immerhin hatte ich seit Stunden kaum bis nichts gegessen und hatte vorhin ohne große Schnauferei den Turm des Schlosses bezwungen. Ehrfurchtsvoll schaute ich kurz hoch zum Turm des Schlosses. Dort oben, fast unendlich weit entfernt, war ich gestanden, ganz ohne Aufzug oder fremde Hilfsmittel.

Ich war mir der Gefahr eines Absturzes durchaus bewusst, als ich mich die Stufenfragmente nach oben hangelte. Das Gefährdungsrisiko hielt sich aber in Grenzen, da es nicht allzu tief nach unten ging. Und so alt, dass ich auf ein Geländer angewiesen wäre, fühlte ich mich nicht.

Überrascht blickte ich auf eine Feuerwerksbatterie. »Crackling Screamer« stand groß auf der Verpackung. Neugierig las ich die Beschreibung, die daneben abgedruckt war. »Gefächerte Feuerwerksbatterie mit schwarz-rot-gelben Feuertöpfen und hochsteigenden Crackling-Pfeifern.«

Die Studenten, dachte ich sofort. Wollen die heute Nacht ein Privatfeuerwerk veranstalten? Quasi mitten im Wald? Außerhalb der Ringmauer wuchs ein dichter Baumbestand, und innerhalb der Mauern dürfte das

Abbrennen eines Feuerwerks aus gutem Grund polizeilich verboten sein. Ich beschloss, die Batterie mitzunehmen und zunächst an einem anderen Ort zu verstecken. Musste ich mich um diese Burschenschaft kümmern oder konnte mir das als Tagungsteilnehmer egal sein? Ich wusste es nicht und beschloss, die Lage im Auge zu behalten.

Wohlbehalten kam ich unten an. Ich begann gerade, über die Absperrung zu klettern, da wuselte plötzlich Edgar um meine Beine. Er versuchte schon wieder, an die Krawatte zu kommen, die ich nach wie vor mit mir herumtrug. Zur Sicherheit sprang ich hinter der Absperrung zurück in den Turm. Ratsch! Verdammt, das Jackett hatte sich an einem Mauervorsprung verheddert. Die komplette Seitentasche war ausgerissen.

»Edgar!« Der Ruf seines Frauchens schallte uns entgegen. Edgar ließ gehorsam von mir ab, und ich versteckte mich neben dem offenen Zugang im Inneren des Turms. Solange die Schlosschefin nur am Turm vorbeilief, würde sie mich nicht sehen.

»Was ist denn mit dir los, Edgar? Komm von dem Turm weg, da ist nichts. Lass die Marder in Ruhe.«

Genau, dachte ich. Ich hörte eine leise Unterhaltung. Uli Dittrich war nicht alleine. Just, als sie in der Nähe des Turms vorbeigingen, vernahm ich ein paar Satzfetzen.

»Nein, Uli, das geht nicht. Du musst mehr Vertrauen zu mir haben.«

»Auf keinen Fall«, antwortete Dittrich. »Wir machen es so, wie ich gesagt habe, basta.«

Als ich sicher war, dass die beiden nicht mehr in der Nähe des Turms waren, blickte ich vorsichtig um die Ecke. Das durfte nicht wahr sein! Uli Dittrich stand auf dem

Weg, während sich der vollbärtige Student, den ich auf dem Parkplatz kennenlernte, neben Edgar bückte und ihn kraulte.

Da die beiden weiter nach hinten gingen, konnte ich nur die andere Richtung einschlagen. An der Ringmauer entlang schlich ich zurück zum Besucherhaus. Von der Rückseite gab es einen Zugang zu den Toiletten. Da diese auch von dem Shop aus erreichbar waren, musste ich mit einem kleinen Restrisiko des entdeckt Werdens leben. Vorraum und Toilette waren leer. Ich bugsierte die Feuerwerksbatterie in den Waschtischunterschrank und versteckte sie hinter mehreren Stapeln Papierhandtüchern. Zufrieden verließ ich auf dem gleichen Weg das Gebäude und ging weiter nach vorne. Das beschädigte Jackett hatte ich ausgezogen und über den Arm gelegt.

Durch die Glasscheibe sah ich, dass alle Teilnehmer konzentriert an ihrer Aufgabe saßen. Ein Blick zur Uhr zeigte mir, dass es noch zu früh war, die Aufsätze einzusammeln. An dem Parkplatz vorbei, auf dem sich zwei freie Plätze befanden, ging ich durch das Haupttor. Ich musste später in Erfahrung bringen, ob es nachts abgeschlossen wurde.

»Psst!«

Ich zuckte heftig zusammen. Dann sah ich im Unterholz Bewegungen.

»Ist die Luft rein?«, fragte eine Stimme aus dem Gebüsch heraus.

»In der Pfalz immer«, antwortete ich, da mir längst klar war, dass es sich nur um Anhänger der bizarren Burschenschaft handeln konnte. »Die Pfalz soll übrigens demnächst umbenannt werden in Bad Pfalz. Ein Luftkurort, der für ein ganzes Gebiet gilt. Aber bitte nicht englisch aussprechen.«

Die langhaarige Elisabeth Fuchs hatte sich als Erste aus dem Gebüsch gekämpft. Sie zupfte sich ein paar Blätter aus den Haaren und schaute in Richtung Tor. »Haben Sie ihn gesehen?« Nervös drehte sie ein Büschel Haare um den Finger.

Ich nickte. »Ihr Kollege hat sich gut getarnt, ich hätte ihn fast nicht entdeckt. Was macht er da drin?«

Ich hatte richtig geraten. »Die Lage sondieren. Wir wollen heute Abend während der Theatervorführung für ein tolles Spektakel sorgen.« Sie schaute mit zusammengekniffenen Augen an mir herunter. »Was ist denn mit Ihnen passiert? Ihr Hemd ist ja ganz zerrissen!«

Mit Bestürzung stellte ich fest, dass zwar nicht mein komplettes Hemd zerrissen war, es dennoch auf eine vor mir stehende Person wirken musste, als hätte ich mit einem Bären gekämpft.

»Ich bin irgendwo hängen geblieben«, antwortete ich unbestimmt. »Wart ihr das heute früh mit der Feuerwerksbatterie auf dem Parkplatz des Restaurants?«

Maritta Stadelmaier, die sich inzwischen ebenfalls aus dem Gebüsch befreit hatte, zog reumütig den Kopf ein. »Das war meine Schuld. Ich schlug vor, sicherheitshalber einen kleinen Test zu wagen. Dass der junge Mann an dieser Stelle parkte, wo ich unmittelbar vorher die Batterie gezündet hatte, war Pech. Ihm ist aber nichts passiert, Elisabeth hat ihn extra gefragt. Hat er sich im Schloss beschwert? Die Schlosschefin ist ein scharfer Hund. Und einen Jagdhund hat sie auch. Wir versuchen, jeden Kontakt mit ihr zu vermeiden.«

»Aber warum denn?«, hakte ich möglichst naiv nach. »Ihr tut doch nichts Schlechtes, oder täusche ich mich?«

Fuchs lächelte mich an. »Natürlich nicht, wir wollen nur das neue System etablieren.«

»Was für ein System?« Hoppla, diese Frage könnte ein Fehler gewesen sein.

»Das ›Modell Island‹ natürlich. Sie haben doch die Hintergrundinformationen bekommen.«

»Ach ja, das natürlich. Island ist ein schönes Land.«

»Es geht nicht um Schönheit, sondern um den Fortbestand und die Verbesserung der Demokratie.«

»Und dafür braucht ihr die Feuerwerksbatterien?«

»Wir müssen doch …«

Von hinten kam Andreas Nothaft zurückgeschlichen, der sich vor ein paar Minuten angeregt mit der Schlosschefin unterhalten hatte.

»Hey Leute«, begrüßte er seine weiblichen Kumpels und nickte mir kurz zu. »Fast wäre ich Frau Dittrich und ihrem Jagdhund über den Weg gelaufen. Ich konnte mich gerade noch im Nordturm verstecken.«

So ein Lügner, dachte ich. Insgesamt hatte ich zwar nicht den Eindruck, dass diese jungen Leute kriminell aktiv waren, sondern eher versuchten, irgendwelche kruden Ideen an den Mann zu bringen. Ich schätzte, dass sie heute Abend versuchen würden, die Theateraufführung zu unterbrechen. Die Feuerwerksbatterien könnten eine Ablenkung sein, um ungehindert ins Schloss zu gelangen. Diese relativ harmlose Einschätzung galt allerdings nur der Gruppe insgesamt, den Vollbart musste ich als einzelnes Individuum ausklammern.

»Haben Sie Angst vor der Schlosschefin? Ich habe sie bereits kennengelernt und habe einen vernünftigen Eindruck von ihr. Das gilt auch für Edgar, ihren Hund. Der ist ein liebes Tierchen.«

»Angst?«, ereiferte sich Vollbart. »Natürlich nicht. Ich habe aber in Erfahrung gebracht, dass mit ihr nicht gut

Kirschen essen ist. Daher habe ich, als wir unsere Aktion geplant haben, meinen Mitstreitern empfohlen, ihr und ihren Mitarbeitern besser aus dem Weg zu gehen.«

Inzwischen war mir klar, dass Vollbart Uli Dittrich gut kannte, aber nicht wollte, dass die anderen davon erfuhren.

»Deswegen die Feuerwerksbatterien?«

»Irgendwie müssen wir heute Abend alle zusammen hoch ins Schloss kommen. Das Feuerwerk dauert keine zwei Minuten, alles per Funk gesteuert. Mit Funksteuerungen kenne ich mich aus. Mein Hobby sind Modelleisenbahnen. Die Fahrzeugbeschriftungen stelle ich übrigens selbst her.«

Die Blondine unterbrach uns genervt, wahrscheinlich fand Vollbart kein Ende, sobald er begonnen hatte, über sein Hobby zu erzählen. »Sag schon, was hast du alles erreichen können?«

Vollbart lächelte verschmitzt. »Ich war an der Kasse.«

Die Mädels schauten ihn begeistert an. War ich im falschen Film?

»Jeder kann an die Kasse«, sagte ich. »Das ist keine sonderlich große Herausforderung.«

»Aber nicht hinter die Kasse«, sagte der Hobbymodelleisenbahner und zog einen Sicherheitsschlüssel aus der Tasche.

Die anderen bestaunten den Schlüssel, als wäre er eine seltene Reliquie.

»Das ist der Schlüssel zum Turm«, klärte er uns schließlich auf. »Damit können wir heute Abend die Fahne austauschen.« Er sah mich an. »Sie haben unsere neue Fahne dabei?«

»Äh, ja, äh … natürlich. Selbstverständlich liegt die isländische Fahne gebügelt in meinem Koffer.«

»Die modifizierte isländische Fahne«, verbesserte mich Stadelmaier. »In Island hat es zum Schluss leider nicht geklappt. Dafür wird es in unserem geliebten Deutschland funktionieren.« Sie stimmte ein Lied an, wurde aber sofort von ihren Kameraden unterbrochen.

»Und Sie?«, fragte sie nun mich. »Haben Sie etwas erreichen können?«

»Aber klar, deswegen bin ich gekommen.« Ich machte eine kleine Kunstpause. »Ich habe mich unter die Tagungsgäste gemischt. Mit einem Kniff konnte ich mich offiziell unbemerkt als Teilnehmer eintragen. Und das Beste: Ich darf sogar teilweise moderieren. Heute Abend bin ich bei dem Theaterstück allerdings nur Zuschauer.«

Die Augen der Blondine glänzten. »Damit haben wir einen Verbündeten vor Ort. Das ist wunderbar!«

Der Vollbart drückte mir den Schlüssel in die Hand. »Es ist am einfachsten, wenn Sie die Fahne selbst austauschen, sobald das Spektakel losgeht.«

Mist, das war eindeutig ein Eigentor. »Ich werde mein Möglichstes versuchen«, sagte ich zu den Studenten. »Ach, noch etwas. Kommt mal ein bisschen näher.« In konspirativer Tonlage betrieb ich Eigensicherung. »Ich werde seit Wochen von irgendeiner fremden Macht überwacht und verfolgt. Auf der Fahrt zum Hambacher Schloss hat man versucht, mich aus dem Verkehr zu ziehen. Das ist der Grund, warum ich so spät dran war. Es kann nun passieren, dass ein anderer kommt und sich an meiner statt als Alter Herr aus München bei euch vorstellt.«

»Ach das«, sagte Stadelmaier und lachte kurz auf. »Das ist längst erledigt. Der ist kurze Zeit später aufgetaucht, nachdem wir Sie zum Schloss begleitet hatten. Wir haben sofort bemerkt, dass mit dem Kerl etwas nicht stimmt.

Der wollte uns sofort strammstehen lassen und hatte einen arroganten Kasernenhofton drauf. Das zieht bei uns nicht, wir entscheiden immer im Team und im Konsens. Das dauert zwar manchmal länger, aber am Ende sind alle zufrieden. Klar, Kompromisse muss man dabei eingehen, das ist in der großen Bundespolitik nicht anders.«

»Und was habt ihr mit ihm gemacht?« Musste ich meine Meinung über die Ungefährlichkeit der Gruppe revidieren?

»Den haben wir eingesperrt«, erklärte Fuchs. »Wir haben uns in Hambach eine Ferienwohnung als Basislager angemietet. Dort haben wir ihn im Waschkeller eingesperrt. Morgen lassen wir ihn wieder frei. Oder ist er gefährlich?«

Mit diesem Kompromiss konnte ich halbwegs leben. Ich war schließlich für diese Freiheitsberaubung nicht persönlich zuständig. »Behandelt ihn aber gut. Hat er genug zu essen?«

»Na klar«, sagte Nothaft. »Wir sind eine altruistisch denkende und handelnde Burschenschaft. Selbst zu unseren Feinden bleiben wir freundlich und friedlich.« Er schaute mir kurz in die Augen. »Wenn er eine Straftat begangen hat, werden wir natürlich die Polizei informieren.«

»Und wie wollt ihr der Polizei erklären, dass ihr den Kerl einen Tag lang eingesperrt habt? Nein, am besten, ihr lasst ihn am Sonntag frei.«

Ich schaute kurz zur Uhr und erschrak. »Oh, schon so spät? Ich muss zurück zum Workshop und mich vorher umziehen. Bis später.«

Es war tatsächlich höchste Eisenbahn. Wenn ich länger warten würde, käme der krawattentragende Duzfreund von KPD vielleicht auf die Idee, mich zu suchen.

Nicht, dass er den Studenten über den Weg lief und diese ihn ebenfalls zur Waschküche brachten. Das neue Hemd musste ein paar Minuten warten.

Ich öffnete schwungvoll die Tür zum Shop und klatschte in die Hände. »Meine Damen und Herren, inklusive Nachspielzeit hatten Sie exakt 34 Minuten Zeit, um Ihr peinlichstes Erlebnis niederzuschreiben. Ich sammle jetzt die Blätter ein.«

Während ich um den Tisch ging und leicht ungeschickt mit einer Hand die Werke einsammelte und mit der anderen auf den Riss im Hemd drückte, sah ich, dass weitere Teilnehmer ihre unbequemen Schuhe ausgezogen hatten. Es war verblüffend, wie einfach man manchmal seine Mitmenschen manipulieren konnte. Den meisten Teilnehmern sah ich an, dass sie froh waren, dass zwar nicht ihre, aber die Zeit abgelaufen war. Peinlich berührt reichten sie mir ihre diskret zusammengefalteten Zettel und verließen wortlos den Raum.

»Ich habe oben angerufen, dass die nächste Gruppe runterkommen kann«, sagte Enrico Müller, dem die Krawatte scheinbar festgewachsen war. »Brauchen Sie mich noch?«

Ich sah ihn an und reagierte kurz entschlossen. »Ich bin davon ausgegangen, dass Sie den ganzen Workshop-Baustein zu Ende bringen. Ihr Jugendfreund Klaus hat mir berichtet, wie sehr Sie sich über die Sache freuen würden. Daher würde ich vorschlagen, dass Sie die nächste Gruppe begleiten und im Sinne von Herrn Diefenbach weiterhin den Workshop leiten. Die wesentlichen Punkte kennen Sie jetzt. Ich selbst werde nun zum Schloss hochwandern und die Stationen für die nächsten Tage vorbereiten.«

Ich hatte meinen Wunsch so bestimmt an den Mann gebracht, dass er nicht Nein sagen konnte. Allein die Floskel »würde ich vorschlagen« war ein gern genommenes Scheinargument, um jemandem zu suggerieren, was er zu tun hatte, egal ob er wollte oder nicht.

»Okay«, antwortete Krawatte. »Sie haben recht. Organisatorisch dürfte das wirklich sinnvoll sein. Wohin soll ich Ihnen nachher die Geschichten der nächsten Gruppen bringen? Es sind noch zwei Gruppen, aber das wissen Sie selbst.«

»Natürlich«, bestätigte ich. »Sie finden mich oben im Schloss. Auf jeden Fall sollten Sie mir vor dem Beginn des Theaterstücks die Geschichten geben, damit ich sie rechtzeitig aushängen kann. Und achten Sie darauf, dass die Anwesenden nicht länger als eine halbe Stunde Zeit bekommen und sich mit den Nachbarn nicht unterhalten.«

Da nun die ersten Leute der nächsten Runde in den Raum kamen, verabschiedete ich mich mit einem kurzen Nicken.

KAPITEL 6
EIN WEITERES ATTENTAT?

Dietmar Becker war nicht zu sehen. Ich deutete dies als gutes Zeichen. Da ich jede Menge Zeit hatte, nahm ich nicht den steilen Stufenweg, sondern die leicht ansteigende Alternative, die sich um das Schloss schlängelte.

Im Oktagon stand Monika Lippert und unterhielt sich mit einer Kollegin über Mode. Jedenfalls verstand ich es so.

»Ich muss noch mal kurz an meinen Koffer«, unterbrach ich die beiden in ihrer wichtigen Diskussion.

»Machen Sie ruhig«, sagte Frau Lippert freundlich und nahm das Gespräch mit ihrer Kollegin wieder auf.

Für einen kurzen Moment überlegte ich, ob ich so tun sollte, als würde ich zufällig den Turmschlüssel auf dem

Boden finden. Auf der anderen Seite konnte ich diesen Plan auch morgen umsetzen. Wer weiß, wozu der Schlüssel hilfreich sein konnte.

Ich öffnete zunächst die prall gefüllte Reisetasche. Die drei als Notration zwischen den Asterix-Bänden versteckten Keksriegel fand ich schnell. Diese kleinen Schokoladehäppchen hatte ich gestern zufällig in meinem Büro gefunden. Früher, in Zeiten, als ich nicht so auf mein Gewicht und meine Fitness geachtet hatte, gab es daheim, im Büro und meinem Dienstwagen mehrere kalorienhaltige Geheimverstecke für eventuelle Unterzuckerungsanfälle. Inzwischen hatte ich diese Notverstecke allesamt aufgelöst. Manche hatte sich mein Sohn Paul einverleibt, der locker das Dreifache meiner früheren täglichen Kalorienmenge zu sich nehmen konnte, ohne nur ein einziges Gramm Fett anzusetzen. Die drei Keksriegel musste ich übersehen haben. Heute waren sie mir eine kleine Überlebenshilfe.

Nach der Reisetasche war der Koffer dran. Ausnahmsweise war ich froh, dass mir Stefanie für jeden Tag ein frisches Hemd eingepackt hatte. Nachdem ich ein Ersatzhemd gefunden und, ähnlich wie vorhin die Hose, zu einer kleinen Rolle gewickelt hatte, ging ich zu den Toiletten, um mich umzuziehen. Anschließend stopfte ich das Hemd mitsamt dem zerrissenen Sakko in den Koffer. Da sich die Inhaltsmenge aufgrund des Jacketts vergrößert hatte, musste ich mehr kämpfen.

»Alles klar?«, fragte Frau Lippert, weil ich wohl vor Anstrengung laut stöhnte. Der Reißverschluss des Koffers war aber auch so was von widerspenstig.

»Geht schon, vielen Dank.« Ich verabschiedete mich und ging ins Schloss. Im Treppenhaus studierte ich den

Wegweiser. Den Festsaal und die beiden Ebenen darunter kannte ich bereits. Ich hatte genügend Zeit, mir den Rest des Schlosses anzuschauen.

Ich mied den Aufzug, der prominent mittig in dem geräumigen Treppenhaus installiert war und mit seinen großflächigen Glasscheiben zwar zu dem modernen Treppenhausdesign passte, für eine alte Ritterburg, die das Anwesen vor Jahrhunderten unzweifelhaft war, aber einen glatten Stilbruch darstellte.

Die Treppe nach oben führte mich zu dem zweiten Saal des Schlosses, der kleiner als der Festsaal war und Siebenpfeiffer-Saal genannt wurde. Eine kleine Tafel erklärte, dass es sich bei Siebenpfeiffer um einen der Hauptredner des Hambacher Festes handelte. Ich sah drei Personen, die mit Aufbau- und Dekorationsmaßnahmen beschäftigt waren.

»Owacht emool, uffbasse do vorne«, motzte mich ein Mann mit eher hippiehaftem Aussehen an, der eine Gitarre trug.

»Was tun Sie hier?«, fragte ich ihn, nachdem ich zwei Schritte zur Seite gesprungen war.

»Wie sieht's dann aus? Do find morsche ä Hochzeit statt, unn isch bin de Beischläfer! Isch schlääf nämlisch grad die Musik bei! Do vorne«, er zeigte auf die andere Seite des Saals, der gerade festlich geschmückt wurde, »werd am Samstach die Trauung stattfinne. Un do hinne uff de annere Seit, do werd dann gfeiert. Dess wird morsche ä Rieseparty!«

Ich hoffte, dass in dem Seminarprogramm nichts von einer Hochzeitsfeier stand. Nein, es musste sich um die Parallelveranstaltung handeln, die Frau Dittrich bei meiner Ankunft erwähnt hatte. Respekt, dachte ich wegen der organisatorischen und logistischen Aufgabe, neben dem

Seminar eine Trauung nebst Hochzeitsfeier zu managen. Und nicht zu vergessen, die Führungen und die normalen Tagesgäste, die man sicherlich nicht vor verschlossenen Toren stehen lassen würde. Ich hoffte, dass KPD von dieser Hochzeit nichts wusste, beziehungsweise sie nicht in irgendeiner Form in seine kruden Workshopideen integriert hatte.

»Tschuldischung, isch hättemool e kläänes Aa'liege!«, rief mich der Gitarrist aus meinen Überlegungen zurück. »Mir hawwen do drei Meter weiter fünf dehydrierte ›Giddarischde‹ unn wann mir jetzerd weiter uffbauen wärd's ball schtaawe, so drucke is des do hinne. Des klingt jetzt vielleischt fer Auswärdische trivial, awwer Sie dee'den nit wenischer als e paar Menscheleewe rette, wann Se die Inkredenzie fer Schorle beischaffe kännten. Des is iwwerhaupt e Ding, e Hochzisch uff'm Schloss, isch sag' immer do wu's G'schiss am greeschte is' do verreisst's die Hosse am eheschte. Isch bin iwwerischens de Edsel vun de anonyme Giddarischde.«

»Anonym?«, fragte ich verwundert.

»Ajooh, jeder Pälzer braucht sei' mystischie Seit'! Isch bin de Thomas Merz, awwer des weeß aa keen Mensch.«

»Das war's jetzt aber mit der Anonymität.«

»Wer jetzterd määnt, dass er uns kennt, hot sein erschte Fehler schunn gemacht. Unn jetzt guck ämol noch de Schorle.« Er drehte sich um und stöpselte irgendwelche Kabel zusammen.

Ich verließ den Siebenpfeiffer-Saal und ging weiter nach oben und landete in der Dauerausstellung »Hinauf, hinauf zum Schloss«.

Der große Raum strahlte mit dem glänzenden Parkettboden und der punktuellen Spotbeleuchtung eine moderne und freundliche Atmosphäre aus. Die Menge der Ausstellungsstücke war wohldosiert und nicht so penetrant massenhaft, wie man es aus manchen älteren Sammlungen in Museen kannte. Die Präsentation der Exponate, oft handelte es sich um bebilderte Erklärungstafeln, war in mehrere Bereiche gegliedert, die in dem Raum wie Inseln wirkten. Interessiert trat ich näher, nickte einer jungen Dame zu, die an einer Theke für die Eingangskontrolle zuständig war, und ließ die Ausstellung auf mich wirken. Durch hohe bogenförmige Trennwände war der Raum nicht komplett einsehbar. Nach einer Weile erkannte ich die Systematik der Ausstellung. Mit »Europa in Unruhe« wurde die Zeit vor dem Hambacher Fest aufgezeigt. Andere Abschnitte erklärten die Farben Schwarz-Rot-Gold oder gaben Informationen zum Kampf um Presse- und Redefreiheit bis hin zu Parlament, Verfassung und der Entwicklung der Demokratie in Europa. Die bekanntlich heutzutage nicht mehr überall gewährleistet war.

In einer Vitrine, die nur spärlich ausgeleuchtet war, lag das Fragment einer stark zerfledderten Fahne, deren ursprüngliche Farben Schwarz-Rot-Gold nur zu erahnen waren, würde es nicht auf der Erklärungstafel stehen. Ein Original, das auf dem Hambacher Fest 1832 geschwenkt wurde.

Ich ging zur nächsten Stellwand und stolperte um ein Haar über den Studenten Dietmar Becker, der genauso zusammenzuckte wie ich.

»Herr Palzki, was machen Sie hier?«, fragte er erstaunt. »Ich dachte, Sie sind unten bei dem Workshop?« Viel zu offensichtlich versuchte er, eine Tasche vor mir zu verbergen.

»Ich bin Kriminalbeamter, Herr Becker, und immer auf

der Suche nach Gaunern. Außerdem sollen Sie mich Diefenbach nennen. Haben Sie das wieder vergessen?«

Der Student bekam große Augen. »Ich bin kein Gauner.«

»Das sagen sie alle«, ärgerte ich ihn. »Jeder hat so seine Geheimnisse, gell?«

»Woher wissen …, das stimmt doch gar nicht«, wehrte er sich mit einem Versprecher.

»Dann können Sie mir sicherlich erklären, warum Sie sich in der Ausstellung herumtreiben.«

»Ich treibe mich nicht herum, ich interessiere mich für die Geschichte der Demokratie.«

»So ein Zufall, ich auch«, antwortete ich. »Wollen wir uns die Ausstellung gemeinsam anschauen?«

Becker schien darauf keinen Wert zu legen. »Ich bin gerade fertig, Herr Palzki, und wollte im Moment wieder zum Festsaal gehen.«

»Diefenbach«, rief ich ihm halblaut nach, als er sich auf den Weg zum Ausgang machte. Ich überlegte, was er hier oben gemacht haben könnte. Für einen Dieb hielt ich ihn trotz seines kriminalistischen Interesses nicht. Hatte er sich mit jemandem getroffen? Ein konspiratives Treffen, von dem niemand erfahren sollte? Ich kam auf keine Lösung und beschloss, dieses Rätsel ungelöst zu lassen. Was ging es mich an, was dieser Student in seiner Freizeit machte? Ich schaute mir den Rest der Ausstellung an. Danach überlegte ich für einen kurzen Moment, ob ich den Aufzug nehmen sollte. Ein prüfender Griff an meine Taille ergab, dass es besser wäre, die Treppe zu nehmen. Leider war dies die falsche Entscheidung.

Nach wenigen Stufen stand der zweite Krimiautor vor mir. Harald Schneider keuchte die Treppe herauf.

»Sie sollten mehr Sport treiben«, sagte ich zu ihm, als er auf gleicher Höhe stehen blieb. »Übergewicht und mangelnde Fitness können in Ihrem Alter schnell üble Folgen haben.«

»Ich weiß«, sagte er, nachdem er zu Atem gekommen war. »Ich habe im Moment einfach keine Zeit dafür.«

»Keine Zeit zum Abnehmen?« Ich stierte ihn skeptisch an. »Ich bitte Sie, schauen Sie mich an! Heute habe ich noch keine 1.000 Kalorien zu mir genommen. Und Bewegung hatte ich mehr als genug.«

Schneiders Verhalten war typisch: Er verdrängte sein körperliches Problem und lenkte ab. »Haben Sie Dietmar gesehen? Ich suche ihn überall. Leider war ich erst in der zweiten Gruppe des Workshops dabei. Übrigens eine Supersache, Herr Diefenbach. Ich dachte schon, wir bekommen ein elend langes Referat über die Geschichte der Krawatte vorgesetzt, und nun das. Ich bin sehr neugierig, wie es weitergeht. Auf das Theaterstück nachher freue ich mich besonders.«

»Becker ist nicht oben«, antwortete ich ihm, ohne zu sagen, dass er vor ein paar Minuten in der Ausstellung gewesen war. »Was wollen Sie von Ihrem Kollegen?«

Schneider zog eine Grimasse, die nichts Gutes bedeutete. »Kollege? Eher nicht, Herr Diefenbach. Dietmar ist ein arroganter Schnösel, der nicht einmal die goldenen Grundregeln des Krimischreibens beherrscht. Er quält die Bevölkerung mit seinen kruden Geschichten. Einfach nur furchtbar.« Er schüttelte sich. »Seine Krimis sind abscheulich und unlesbar geschrieben. Ich habe zwar bisher keine einzige Seite von seinen Krimis gelesen, doch das ist mir auch so klar. Mit meinen sensiblen und fein konstruierten Geschichten kann Dietmar einfach nicht mithalten. Nicht einmal das Plusquamperfekt beherrscht er. Qualitativ liegen Welten zwischen uns. Und das Schlimmste: Er klaut mir ständig meine Ideen!«

Ich unterbrach ihn, da mir dieses Thema sonst wo vorbeiging. »Und wieso suchen Sie ihn?«

»Um ihn zur Rede zu stellen.«

»Na dann viel Spaß.« Ich ließ ihn stehen und ging nach unten. Im Foyer herrschte großer Trubel. Frau Dittrich kam auf mich zu.

»Ich habe eben erst erfahren, dass Sie gar nicht Herr Diefenbach sind«, gestand sie mir. »Aber keine Angst, ich wahre selbstverständlich Ihr Pseudonym. Mit der ersten Workshop-Runde haben Sie gezeigt, dass Sie mindestens so viel Autorität ausstrahlen wie Diefenbach selbst. Ich habe mit zwei Teilnehmern gesprochen, die Herrn Diefenbach persönlich kennen. Sie meinten, Sie beide könnten durchaus als Zwillingsbrüder durchgehen. Nicht optisch, aber charakterlich.«

Ich musste schlucken. Unter normalen Umständen wäre mir das Lob peinlich gewesen, ich würde mich sogar ärgern. Aber anscheinend hatte ich den richtigen Ton getroffen. Ich hatte in der Vergangenheit schließlich viel Zeit gehabt, KPDs Macken kennenzulernen und zu studieren.

Julienne Matthias-Gund, die Geschäftsführerin der Kurpfalz-Touristik, trat zu uns. Im ersten Moment wunderte ich mich über ihren Verlust an Körpergröße, doch dann verstand ich und schaute zu den flachen Schuhen, die sie nun trug.

Sie bemerkte meinen Blick. »Danke, Herr Diefenbach. Mit Ihren Ideen haben Sie mir das Wochenende erträglich gemacht. Wie ich sehe, haben Sie sich schon Ihres Jacketts entledigt.«

Ich lächelte zurück. »Haben Sie inzwischen den ersten Milliardär ausfindig machen können?«

»Sie suchen einen Milliardär?«, mischte sich Uli Dittrich ein, worauf Matthias-Gund errötete.

»Mal schauen«, antwortete sie verschämt, rückte nervös die Sonnenbrille in ihren Haaren zurecht und schaute verlegen.

Dittrich lachte. »Ob es für einen Milliardär reicht, weiß ich nicht. Aber Millionäre sind bei uns auf dem Schloss keine Seltenheit. Höchstwahrscheinlich finden Sie bei den Teilnehmern des Seminars den einen oder anderen reichen Mann.« Sie senkte ihre Stimme. »Wenn ich Ihnen einen Tipp geben darf, gute Frau: Versuchen Sie es bei einer Mediziner-Party der Uni Heidelberg.«

»Da war ich schon«, gab Matthias-Gund zu. »Trotzdem danke.«

Da das Gespräch unter den beiden Frauen jetzt erst richtig Fahrt aufzunehmen schien, verkrümelte ich mich unbemerkt.

Auf den Stehtischen standen zahlreiche Platten mit Fingerfood. Da mein Hunger inzwischen beträchtlich war und mein Magen knurrend rebellierte, sondierte ich das Angebot. Schnell wurde ich fündig. Brötchenhälften mit gekochtem Schinken, da konnte nichts schiefgehen. Ich dachte mit Schaudern daran, dass ich mal bei einem Empfang versehentlich ein Brötchen mit rohem Schinken griff und ewig mit den Fettstreifen zu kämpfen hatte, die sich hartnäckig in meinen Zahnzwischenräumen verfingen.

In dem Moment, in dem ich zu einer Cola-Light greifen wollte, kam von der Seite Krawatte alias Enrico Müller auf mich zu, der für mich freundlicherweise den Workshop zu Ende geleitet hatte.

»Da sind Sie ja, Herr Diefenbach«, sagte er leicht schnaufend.

Ein Blick verriet mir, dass seine Schuhe nach wie vor tadellos aussahen.

»Ohne Sakko hätte ich Sie beinahe nicht erkannt. Ich habe mir erlaubt, die Schreibzeit der zweiten und dritten Gruppe zu reduzieren, damit alle Teilnehmer ausreichend Gelegenheit haben, sich etwas zu stärken. In einer Stunde beginnt die Aufführung im Festsaal.«

Ich ließ die Flasche los, die ich bereits in der Hand gehalten hatte. »Das haben Sie absolut richtig gemacht«, lobte ich Müller. »Herr Diefenbach wird stolz auf Sie sein. Gab es irgendwelche Schwierigkeiten?«

»Überhaupt nicht. Ein Mann ist aufgestanden und gegangen, weil er, wie er behauptete, nie etwas Peinliches erlebt hätte.«

»Solche Ausreißer gibt es immer wieder mal«, beruhigte ich ihn. »Mangelnder Realismus und falsche Wahrnehmung sind weiter verbreitet, als man denkt.«

Er gab sich damit zufrieden. »Sie werden hoffentlich nicht dieses Zuckerwasser trinken, Herr Diefenbach?«

Ihm den Unterschied zwischen Light und Zucker zu erklären, schien im Moment nicht zweckmäßig zu sein. »Um Himmels willen, nein. Ich prüfte nur die Temperatur der Getränke. Da bin ich sehr sensibilisiert. Bei dieser Veranstaltung soll alles stimmen. Ich hatte einmal den Fall, da waren die Getränke mehr als 3,4 Grad Celsius zu warm.«

Er hob eine Augenbraue. »Ein Skandal. Und hier?«

»Alles einwandfrei«, testierte ich. »Auf das zehntel Grad exakt temperiert.«

»Und das können Sie nur durch das Greifen der Flasche feststellen?«, fragte Krawatte.

»Jahrelanges Training.«

»Mit Ihrem Fachwissen können Sie mir bestimmt einen Wein empfehlen. Ich würde gerne ein Gläschen mit Ihnen zusammen trinken.«

»Wie Sie wünschen«, entgegnete ich steif. »Ich organisiere uns zwei Gläser.«

Mit Unbehagen ging ich zur Weintheke und dachte an mein in Bälde beginnendes Sodbrennen. »Bitte zwei Gläser mit dem süßesten Zeug, das Sie im Angebot haben.«

Die Bedienung schaute ziemlich überrascht. »Wie bitte? Meinen Sie einen lieblichen Wein? Neuen Wein haben wir leider nicht.«

»Genau. Und zwei Stück davon. Oder besser: Geben Sie mir bitte zwei Gläser und die ganze Flasche. Den Rest bringe ich zurück.«

»Eine ganze Flasche?«

»Ich will die Temperatur prüfen. Und außerdem habe ich mordsmäßig Durst.«

Mit der Flasche und den Gläsern in der Hand ging ich zurück. »Na, ist das kein guter Tropfen?«

Interessiert studierte er das Etikett. »Nicht unbedingt das Highlight dieses Jahrgangs. Oder ist das ein Geheimtipp?«

»Haben Sie etwas anderes von mir erwartet? Herr Diefenbach ist von diesem Tropfen überzeugt. Nur auf seine Intervention hin wurde er im exklusiven Kanon der Weine aufgenommen, die an diesem Wochenende kredenzt werden.«

»Wenn das so ist.« Enrico Müller hob das Glas, steckte seinen Zinken hinein und nippte anschließend andächtig an dem Wein. »Tatsächlich«, sagte er dann. »Klaus hat damit einen guten Riecher bewiesen. Gleich nächste Woche werde ich für mich privat ein paar Steigen besorgen.«

Schamhaft schaute er mich an. »Ich habe auch einen sonderbaren Spleen«, flüsterte er mir zu.

Klar, jetzt würde er von seiner am Hals angewachsenen Krawatte und seinen Hochglanzschuhen erzählen. Doch ich täuschte mich.

»In allen Dingen, die mit Essen und Trinken zu tun haben, bin ich, wie Klaus, ein absoluter Gourmet. Aber manchmal fröne ich einer Gewohnheit, die etwas, sagen wir mal, absonderlich ist.« Er wurde eine weitere Oktave leiser. »Dann trinke ich ein Schnapsgläschen Maggi. Pur, verstehen Sie?«

Müllers Beichte schnürte mir fast die Speiseröhre zu. Das war nicht absonderlich, sondern hochgradig abnormal. Solange er aber nicht andere damit behelligte, konnte er Maggi trinken, soviel er wollte.

»Ich habe leider keinen Spleen«, antwortete ich und hob mein Glas an. Auch ich musste den Wein probieren. Voreingenommen wie vor ein paar Monaten war ich aber nicht mehr. Damals, als überzeugter Biertrinker, musste ich im Weinmilieu entlang der Deutschen Weinstraße ermitteln. Mit den diversen Erfahrungen und Erklärungen, die ich in dieser Zeit sammelte, hatte sich meine Einstellung zum Rebensaft wesentlich gebessert. Ich konnte mich inzwischen durchaus als interessierten Laien betrachten. So richtig trockener Wein war mir zwar immer noch zu sauer und verursachte mir Pein in Form von Sodbrennen. Aber viele Sorten mit niedrigerem Säuregehalt mundeten mir bisweilen. Zu einem gepflegten Bier sagte ich zwar immer noch nicht Nein, aber warum nicht in beiden Welten leben?

Der von mir persönlich ausgesuchte Wein schmeckte mir. Keine Spur von Sodbrand.

»Herr Diefenbach meint übrigens, dass es die Kluft zwischen Wein- und Biertrinker zu überwinden gilt. Das eine schließt das andere nicht aus. Deswegen stehe ich mit dem Restaurant in engem Kontakt, um ein paar Bierspezialitäten anbieten zu können. Heute hat das nicht geklappt. Mal sehen, ob wir morgen alternativ ein schönes Hefeweizen trinken können.«

»Das hat Klaus wirklich gesagt?« Krawatte stand der Mund offen. »Bier würde nur die Unterschicht trinken, hat er oft behauptet.«

»Alles Schnee von gestern«, beschied ich ihm. »Sie wissen doch, höhere Erkenntnisstufe. Steiner und so. Herr Diefenbach hält viel von dessen Erkenntnissen.«

»Aha.« Nach wie vor stand Müllers Mund offen. »Die Idee zu dem Esoterikworkshop morgen früh stammt aber nicht von Klaus. Das macht eine gewisse Silke Riehl aus Haßloch.«

»Esoterik?« Meine Stimme überschlug sich. Auch das noch! Was hatte ich in der Vergangenheit nicht schon mit Astrologen, Horoskopen, Kartenlegern, Globuli bis hin zum keltischen Baumpfad zu tun gehabt. Gab es noch mehr solche skurrilen Lebensideen?

»Haben Sie das Programmheft nicht gelesen?«, fragte er fassungslos. »Frau Riehl stellt ihr SCIO vor. Sie wissen, um was es sich dabei handelt?«

Ich hatte natürlich nicht den geringsten Schimmer. »Das muss ich überlesen haben, weil es mich nicht tangiert. Ich bin nur für die Aktualisierungen der Programmteile von Herrn Diefenbach zuständig.«

»Aber ich bitte Sie. Sie werden sich hoffentlich die Vorführung des SCIO nicht entgehen lassen? Das kann durchaus einer der Höhepunkte des Wochenendes sein.«

Wenn es mir inzwischen nicht so viel Spaß machen

würde, mich für Diefenbach auszugeben, und die Welt vielleicht nachhaltig zu verändern, wäre ich spätestens jetzt abgereist. Oder allerspätestens morgen früh vor diesem Esoterik-Zeug. Mal schauen, ob ich eine kleine Programmänderung durchsetzen konnte.

Enrico Müller öffnete seine Aktentasche, die er bei sich trug, und reichte mir einen Schnellhefter. »Das sind übrigens die Beiträge der Teilnehmer. Soll ich veranlassen, dass sie an die Wand gehängt werden? Vielleicht gleich hier im Foyer?«

»Das mache ich selbst«, antwortete ich und schnappte den Schnellhefter. »Und zwar am besten gleich.«

Mangels eines einsamen Platzes ging ich ins Untergeschoss zur Ebene 1. Der Garderobenbereich war nicht menschenleer, sodass mir nichts anderes übrig blieb, als mich auf eine Toilette zurückzuziehen.

Die Berichte über die angeblich peinlichsten Momente schockierten mich. Hatten die das wirklich erlebt? Das war noch schlimmer als das, was mir ständig passierte. Im Vergleich zu manchen Berichten, die von familiären Peinlichkeiten berichteten, hatte ich eine wahre Musterfamilie. War das Leben wirklich so chaotisch und unvorhersehbar? Bisher dachte ich immer, nur mir passieren laufend diese blöden Dinge, für die ich nichts konnte, über die ich aber ständig stolperte. Oder lag es nur an der Menge an peinlichen Erlebnissen, die ich innerhalb von wenigen Minuten gelesen hatte?

Nach der Lektüre ging es mir mental richtig gut. Durfte ich diese Geschichten veröffentlichen, oder war dies moralisch verwerflich? Anonym waren sie durchwegs, wobei es den einen oder anderen Anhaltspunkt gab, der auf die Autorenschaft Rückschlüsse ziehen ließ. Insbesondere die beiden Möchtegernkrimischriftsteller Dietmar Becker und Harald Schneider fielen aus dem Rahmen. Sie schrieben nicht über eine eigene Peinlichkeit, sondern hetzten jeweils gegen den Kollegen. Die Argumente, die eine Beleidigungsklage absolut rechtfertigen würden, waren fast zu 100 Prozent identisch. Jeder warf dem anderen das Gleiche vor. Thema eindeutig verfehlt, doch dies war nicht mein Konflikt.

Ich beschloss, die Geschichten, mit Ausnahme der unpassenden der beiden Autoren, zu veröffentlichen. Wenn alles gut lief, dachten die Teilnehmer genauso wie ich beim Lesen der Geschichten der anderen Teilnehmer. Damit würde ich allen zu einer höheren Erkenntnis verhelfen, ganz ohne den ollen Rudolf Steiner. Außerdem würde ich damit meine Reputation festigen. Das war wichtig, weil ich nicht wusste, was noch alles an diesem Wochenende über mich hereinbrechen konnte.

Ich verließ die Toilette und ging nach oben. Dort erfuhr ich, dass es in zehn Minuten losgehen würde und alle Gäste sich im vorderen Bereich des Festsaals einfinden sollen. Nach dem Intro sollten wir an den runden Bankettischen Platz nehmen, die mit Platzkarten gekennzeichnet waren. Nachteilig war dadurch, dass ich mich nicht in das hinterste Eck verkrümeln konnte. Hoffentlich saß ich nicht auf dem Präsentierteller. Zudem trugen alle Herren, außer meiner Person, ein Jackett. Ich ahnte, dass ich improvisieren müsste, zumal das grasgrüne Hemd sehr auffällig war.

Ich überlegte, ob ich ein kleines Unwohlsein vortäuschen sollte, eventuell mit dem Hinweis auf den getrunkenen Wein, doch dieser Plan ging nicht auf.

»Kommen Sie, Herr Diefenbach«, sprach mich Uli Dittrich an, die ohne Edgar unterwegs war. »Ich begleite Sie nach drüben.«

»Wo haben Sie Ihren Hund?«

Sie zwinkerte mir zu. »Ich habe Ihnen bereits erzählt, wie er auf die Farben Schwarz, Rot und Gold abfährt. Seltsamerweise aber nur in dieser Verknüpfung. Wenn nicht alle drei Farben in Kombination auftreten, passiert nichts. Daheim habe ich sogar seinen Futternapf in diesen drei Farben angestrichen, weil er das so gerne mag.«

Während wir den Festsaal betraten, sprach sie weiter. »Der Grund, warum ich Edgar nicht mitnehmen kann, sind die Fahnen, die nachher geschwenkt werden. Edgar würde sofort das Theaterstück aufmischen.«

Über die angenehme Beleuchtung war ich überrascht. Ich suchte nach den entsprechenden Strahlern, die an der Wand und der schwarzen Decke angebracht waren. Diese Beobachtung rettete wahrscheinlich ein Leben.

Aus dem Stand heraus spurtete ich nach vorne in den Saal und traf eine Dame mit einem Hechtsprung im Kreuz. Wir fielen schmerzhaft auf den Boden, und mehrere Personen im direkten Umfeld sprangen entsetzt zurück. Im gleichen Moment knallte ein schwerer Scheinwerfer unmittelbar neben der Dame und mir auf das Parkett und zersprang in 1.000 Teile.

Ein Tumult brach los, doch Frau Dittrich reagierte besonnen. »Keine Panik«, rief sie laut in den Saal hinein. »Bitte bleiben Sie, wo Sie sind.«

Die Neugierigen, also so ziemlich alle, standen diskutierend kreisförmig um den zerborstenen Scheinwerfer, mich und die Dame, die sich als Julienne Matthias-Gund herausstellte.

»Alles in Ordnung?«, fragte ich sie, die ein paar Sekunden benötigte, um das Geschehen zu verarbeiten.

»Wäre das Ding auf mich gefallen?«, fragte sie zaghaft,

während sie nach ihrer zerbrochenen Sonnenbrille griff, die neben ihr auf dem Boden lag.

»Vermutlich«, antwortete ich, »die Richtung hat gestimmt. Kommen Sie, ich helfe Ihnen hoch.«

Zunächst hatte ich selbst Schwierigkeiten, in die Senkrechte zu kommen. Ein paar blaue Flecken waren das Mindeste, was mich ein paar Tage lang an diesen sportlichen Einsatz erinnern würde. Ich war stolz wie Oskar auf mein Reaktionsvermögen und meinen sportlichen Einsatz. Erst als ich wieder stand, sah ich mein erneutes Problem: Das frisch angezogene Hemd war unter dem rechten Arm komplett aufgerissen.

Die Touristikgeschäftsführerin bedankte sich bei mir. Sie schien, von einem leichten Druckgefühl im Rücken abgesehen, unverletzt zu sein. Ich begleitete sie zu ihrem Platz und übergab sie zwei fürsorglichen Damen, die ihre Hilfe angeboten hatten.

Die Schlosschefin hatte inzwischen den Großteil der anwesenden Personen zurück ins Foyer geschickt. Alles verlief ohne den geringsten Anflug einer Panik. Ich schätzte, dass das Schlosspersonal entsprechend geschult und für größere Katastrophenfälle gut gewappnet war.

»Unser Hausmeister, Herrmann Hoch, wird gleich hier sein und nachsehen, was los ist.« Gemeinsam schauten wir hoch zur Decke. »Es ist mir unbegreiflich, wie das passieren konnte«, meinte sie kopfschüttelnd. »Die technischen Anlagen werden regelmäßig überprüft.«

Ich entschuldigte mich bei Frau Dittrich für fünf Minuten und sagte ihr, dass der Hausmeister auf mich warten solle.

Als ich das Kassenhäuschen betrat, zuckte Frau Lippert zusammen, während sie einen kleinen Gegenstand hinter dem Tisch in einer Schublade verschwinden ließ.

»Müssen Sie schon wieder an Ihren Koffer, Herr Diefenbach? Das Fest-Bankett hat bereits begonnen.«

»Nur kurz«, antwortete ich und öffnete den Koffer. Das letzte verbliebene Hemd war in einem gelblichen Farbton gehalten und sah grässlich vergilbt aus.

»Ich bin gleich zurück.« Nachdem ich meine private Umkleidekabine auf der Ebene 1 erfolgreich besucht hatte, musste ich erneut den Koffer schließen. Indem ich mich draufsetzte, ging es etwas einfacher. Lernfähig war ich, stellte ich erleichtert fest.

Zeitgleich mit dem Hausmeister kam ich bei der Schlosschefin an.

»Das ist Herrmann Hoch«, stellte sie ihn mir vor.

Er gab uns kurz die Hand und ging zum Scherbenhaufen. Anschließend schaute er nach oben. »Das kann nicht sein«, meinte er. »Irgendwo müsste doch das Zuleitungskabel hängen. Ich gehe mal schnell nach oben.«

»Ich komme mit«, ergänzte ich. »Ich bin von der Polizei.«

Hoch blickte kurz zu seiner Chefin, die zustimmend nickte.

Aus Zeitgründen nahmen wir die Treppe, da der Aufzug nicht auf der Etage stand. Kurz darauf standen wir vor einer Tür, die mit »Privat« beschriftet war. Herrmann Hoch zog einen Schlüssel aus seiner Hosentasche, mit der anderen Hand drückte er auf die Türklinke. »Was ist denn das?«, fragte er überrascht, als die Tür aufsprang. »Welcher Idiot hat da vergessen, zuzuschließen?«

»Wer hat Zugang zu diesem Raum?«

Der Hausmeister kräuselte seine Stirn. »Theoretisch alle Angestellten, praktisch aber nur ich. Oder mal ein Handwerker, wenn es was Größeres zu reparieren gibt.«

Wir landeten auf einer zwei Meter breiten Empore knapp unter der schwarzen Decke des Festsaals. Über die Brüstung hinweg konnte ich unten die Bühne und die Bankettbestuhlung sehen.

»Ich weiß, ich müsste mal aufräumen«, sagte Hoch entschuldigend.

Die Empore diente vornehmlich als Lager für 1.000 Dinge, die irgendwann mal benötigt wurden. Dazwischen Kabel, Werkzeug, defekte Stühle und vieles mehr.

Gemeinsam kämpften wir uns vor zur Brüstung. Ohne den Hinweis meines Begleiters sah ich die Stelle, wo der Scheinwerfer bis vor Kurzem befestigt war. Drei dicke Löcher, die von unten im Saal nicht zu sehen waren, zierten die schwarze Decke.

»Da waren Schwerlastdübel drin«, sagte der Hausmeister. »Von alleine sind die nicht rausgefallen. Da! Schauen Sie mal!« Er bückte sich und hob das Ende einer Stromleitung auf. »Damit war der Scheinwerfer verbunden. Ein glatter Schnitt, da muss der Täter mit einem Seitenschneider nachgeholfen haben.«

Noch war ich mit dem Ergebnis der Untersuchung nicht zufrieden. Die Befestigungspunkte des Scheinwerfers lagen ein gutes Stück außerhalb der Reichweite der Empore. Nur mit einem Hubsteiger konnte man von unten im Saal an diese Leuchte herankommen. Jedenfalls, wenn man sie berühren wollte. Doch es gab meiner Meinung nach eine andere Möglichkeit. Nach kurzer Suche wurde ich fündig und präsentierte dem Hausmeister das Ende eines langen Seils, an dem sich ein Dübel verheddert hatte.

»Da hat einer Lasso gespielt und den Scheinwerfer eingefangen«, erklärte ich ihm. »Und im entscheidenden Moment hat er so fest daran gezogen, dass der Strahler aus seiner Befestigung riss. Es muss sich wohl um eine kräftige Person gehandelt haben.«

»Muss nicht sein. Schauen Sie mal.« Er zeigte auf einen Flaschenzug, der an der Wand befestigt war. »Den brauchen wir manchmal.« Er hatte recht, das andere Ende des Seils war am Flaschenzug befestigt.

Gab es einen Zusammenhang mit dem Ding, das über den Turm flog? Für die Feuerwerksbatterien waren die Studenten zuständig, das hatte ich inzwischen herausgefunden. Im gleichen Zusammenhang könnte das explodierte Gefäß stehen, falls es sich um eine fehlgeleitete Wurfrichtung handelte. Diesbezüglich würde ich mich mit der Burschenschaft unterhalten.

Bei dem mit Gewalt herausgerissenen Scheinwerfer handelte es sich aber um eine andere Dimension. Dass ein Personenschaden beabsichtigt war oder zumindest in Kauf genommen wurde, lag auf der Hand. Zu dem Zeitpunkt des Unglücks befanden sich bereits einige Personen im Saal. Hatte der Attentäter auf eine bestimmte Person gewartet? War es überhaupt möglich, so punktgenau zu zielen? Natürlich konnte es durchaus sein, dass der Gauner den Strahler bereits gelockert hatte und es dann, sobald seine Zielperson den Saal betrat, nur noch eines kleinen Rucks am Seil des Flaschenzugs bedurfte.

Während Herrmann Hoch in meinem Auftrag Beweissicherung betrieb und Seil sowie Flaschenzug sicherstellte, überlegte ich, wie ich weiter vorgehen sollte.

Das Dilemma war das gleiche wie nach dem explodierten Gegenstand im Innenhof des Schlosses. Jetzt würde die zuständige Kriminalpolizei alleine schon aus Sicherheitsgründen das Schloss räumen. Die Theateraufführung und höchstwahrscheinlich das komplette Wochenendprogramm dürften damit hinfällig sein. War es genau das, was der Attentäter bezweckte? Hatte er es gar nicht auf eine bestimmte Person abgesehen, sondern nur auf eine Verhinderung des Seminars? Oder des »Chawwerusch« Theaters? Immer mehr kristallisierte sich ein untrügliches Gefühl heraus, dass es bei dem Anschlag um viel mehr ging. Aber um was? Wenn ich jetzt die Veranstaltung platzen ließ, was das Vernünftigste wäre, würde ich nie dahinterkommen, was hier gespielt wurde. Mein vages Gefühl würde kein Richter als Beweis gelten lassen. Und genau damit hätte der Gauner sein Ziel erreicht. Sein Motiv musste so stark sein, dass er einen oder mehrere tote Teilnehmer als Kollateralschaden hinnahm.

Natürlich musste ich an meine persönliche Situation denken, wobei ich das als Beamter selbstverständlich als zweitrangig bewertete. Ein Eingreifen der Kriminalpolizei würde KPD unmittelbar mitbekommen. Was dann los sein würde, konnte ich mir nicht einmal im Traum vorstellen.

Ich erkannte, dass sämtliche Argumente dagegen sprachen, meine hiesigen Kollegen zu rufen. Zumindest heute Abend nicht. Ich würde den Hausmeister bitten, die Empore abzuschließen, selbst wenn es unwahrscheinlich war, dass der Täter das Gleiche noch einmal versuchte. Wenn es mir gelänge, meine Argumentationskette der Schlosschefin schmackhaft zu machen, würde ich ab sofort undercover ermitteln. Das wäre gelacht, wenn ich diese Sache nicht aufklären könnte. Ein kleines Wermutströpfchen blieb: Wenn es mir gelang, den Täter zu fassen, würde KPD daran partizipieren, da ich in seinem Namen unterwegs war. Aber dazu würde mir noch etwas einfallen.

»Gehen wir wieder runter«, sagte ich zu Hoch. »Schließen Sie aber bitte gut ab.«

Auf halber Treppe kam mir der aufgelöste Dietmar Becker entgegen. »Herr Palzki, wo stecken …«

»Wie nannten Sie mich?«, unterbrach ich ihn harsch. »Ich glaube, Sie verwechseln mich.«

»Natürlich«, verbesserte der Student. Der Hausmeister ging weiter nach unten. »Herr Diefenbach, das ging erneut gegen mein Leben. Man will mich töten, da bin ich jetzt ganz sicher.«

»Ach was«, entgegnete ich. »Die Leuchte wäre auf der Dame gelandet, aber nicht auf Ihnen.«

»Das ist es ja, Herr Diefenbach.« Becker zappelte aufgeregt vor mir hin und her. »Beinahe wäre ich zu diesem Zeitpunkt an der besagten Stelle gestanden.«

Ich atmete verärgert tief aus. »Herr Becker, was soll das?«

»Nein, im Ernst. Ein paar Sekunden vorher bemerkte ich meinen offenen Schnürsenkel. Damit ich die Menschen hinter mir nicht behinderte, trat ich ein paar Schritte zur Seite, um meinen Schuh zu binden. Direkt hinter mir lief diese Frau.«

Die Aussage des Studenten klang für mich sehr glaubwürdig. In Kombination mit der Geschichte auf dem Turm sogar richtig logisch. Aber wer sollte Becker nach dem Leben trachten? Klar, ich könnte ihn jetzt mit seinen unzufriedenen Lesern aufziehen, doch dafür war im Moment nicht der richtige Zeitpunkt.

»Das könnte passen, Herr Becker. Auf jeden Fall müssen wir von jetzt an sehr vorsichtig sein.«

»Wir? Vorsichtig?«

»Sie wollen hoffentlich, dass man den Täter fängt?«

»Klar«, antwortete er. »Rufen wir die Polizei?«

»Wir sind die Polizei. Haben Sie das vergessen?« Diese Aussage war mir äußerst schwergefallen, aber ich musste

Becker mit ins Boot nehmen, so ungern ich das auch tat. »Wie viele weitaus schwierigere Fälle haben wir gemeinsam in der Vergangenheit gelöst? Da werden wir uns doch von so einem kleinen Leuchtenattentat nicht abschrecken lassen. Den Fall lösen wir selbst.«

Der Student zauderte. »Aber es geht um mein Leben.«

»Haben Sie Angst? So kenne ich Sie gar nicht.« Diese Provokation verfehlte garantiert nicht ihr Ziel. »Wenn das Leben anderer Menschen bedroht war, waren Sie auch immer dicke dabei mit Ihren Ermittlungen. Und in Ihren Büchern beschreiben Sie viel schlimmere Sachen. Und kommen Sie mir nicht damit, dass Sie Fiktion schreiben. Wir beide wissen nur zu genau, dass das nicht stimmt.«

Er gab sich geschlagen. »Okay, Sie haben mich überredet. Und wie gehen wir vor?«

»Zuerst sagen wir Frau Dittrich, dass wir zunächst keine offizielle polizeiliche Untersuchung benötigen. Wir verschweigen ihr aber, dass wir vermuten, dass Sie das Opfer sind. Das wissen nur der Täter und wir beide. Haben Sie das so weit verstanden?«

Becker nickte.

»Von nun an halten wir die Augen offen. Wir bleiben in Kontakt und berichten uns gegenseitig über unsere Beobachtungen. Morgen früh sehen wir weiter.«

Becker nickte immer noch.

Ein klein wenig Sarkasmus musste ich hinterherschieben, das lag in meinem Naturell: »Und wenn alles gut geht, das heißt, wenn Sie das Wochenende überleben, dann können Sie einen spannenden Krimi über dieses Abenteuer schreiben. Reale Attentate auf einen echten Kriminalschriftsteller. Na, damit heben Sie sich deutlich von Ihren

Konkurrenten ab.« Eine kleine Nadelspitze schob ich nach. »Das *echt* streichen wir lieber.«

Dietmar Becker schien mir die letzten Sekunden in Gedanken zu sein. Hatte ich ihn zu sehr geärgert?

»Herr Palzki …«

»Diefenbach.«

Ärgerlich winkte er ab. »Mir ist ein anderer Gedanke gekommen. Vielleicht liegt es an meinem Referat, das ich morgen halten soll? Kann es sein, dass dies verhindert werden soll?«

Dass ich der Einzige war, der dies verhindern wollte, musste ich ihm nicht auf die Nase binden. »Das kann sein. Über diese Sache müssen wir sowieso noch sprechen. Sie wissen schon, wegen der Änderungswünsche von Diefenbach. Jetzt müssen wir aber runter zu den anderen.«

Ich hoffte, dass Frau Dittrich nicht aus eigenem Antrieb die Polizei verständigt hatte, doch meine Befürchtung erwies sich als grundlos.

»Herr Diefenbach, da sind Sie ja. Herrmann Hoch hat mir bereits berichtet. Was sollen wir jetzt tun? Müssen wir wirklich die Polizei rufen?«

Anhand ihrer Frage war mir sofort klar, wie sie zu der Situation stand. Ich ging darauf ein. »Wir sollten nicht zu voreilig werden, Frau Dittrich. Ich denke, wir können den heutigen Abend abwarten. Es wäre schade, wenn das schöne Theaterstück ausfallen würde. Morgen früh werden wir weitersehen. Bis dahin versuche ich, die Lage zu sondieren. So ein bisschen undercover ermitteln, das geht immer.«

Die Schlosschefin wirkte erleichtert. »Die Sachen, die mir Herr Hoch gegeben hat, schließe ich ein, falls Sie sie für eine nähere Untersuchung benötigen. Dann werde ich jetzt eine Durchsage machen, dass wir in einer halben Stunde mit leichter Verspätung beginnen werden. Bis dahin wird unser Hausmeister die Technik im Saal kontrollieren, um ein weiteres Unglück auszuschließen.«

»Genauso machen wir es.« Dietmar Becker, der daneben stand, war ebenfalls zufrieden.

KAPITEL 7
CHAWWERUSCH IM
HAMBACHER SCHLOSS

Ich nutzte die kurze Pause, um dem benachbarten Restaurant »1832« einen Besuch abzustatten. Das Bauwerk mit den ungewöhnlichen Abmessungen wirkte von innen deutlich größer als von außen, was vor allem daran lag, dass man die Tiefe des Gebäudes von der Schlossseite nur schlecht abschätzen konnte. Durch die leichte Patina, die die Außenwände inzwischen angesetzt hatten, wirkte es nicht mehr wie ein Neubau, sondern wie ein Rest einer alten Burgmauer, in die ein Gebäude integriert war. Innen war das Restaurant modern eingerichtet, die großen Scheiben boten einen grandiosen Ausblick über die südliche Hälfte der Rheinebene. Mein Interesse galt allerdings der Theke und nicht den Tischen, die durch Tagesgäste reichlich belegt waren.

Mit »Ein Pils, bitte«, konfrontierte ich die Bedienung und bereitete mich gedanklich auf eine heiße Diskussion vor.

»Kommt gleich«, bekam ich freundlich zur Antwort. Und tatsächlich, kurze Zeit später, es waren weniger als die oft kolportierten, aber grundfalschen sieben Minuten, stand ein gepflegtes Pils mit einwandfreier Schaumkrone vor mir. Ich bedankte mich und genoss das Getränk, während ich durch die Fenster den Fernblick und die langsam aufziehende Dämmerung auf mich wirken ließ. Nach einem zweiten Pils war mein Wohlfühltank wieder gut gefüllt, und ich machte mich nach dem Bezahlen auf den Weg zu diesem ominösen Theaterstück.

Ich kam rechtzeitig zum Beginn. Die anderen Teilnehmer standen im ersten Viertel des Saals, der im Gegensatz zum Rest unbestuhlt war. Dort befand sich ein Baum, der mit seltsamen Bändern geschmückt war. Vier Schauspieler standen davor und sangen ein Lied. Kaum war es verklungen, trat eine Frau hervor und rief: »Wir freun uns, dass Ihr Euch hier um unsern Freiheitsbaum versammelt!«

Aha, das war also ein Freiheitsbaum, dachte ich mir von meinem Standpunkt in der letzten Reihe aus. Kurz war ich in Gedanken versunken, da lief die Schauspielertruppe auf uns zu und drückte jedem ein Flugblatt in die Hand. Parallel zur Verteilaktion erzählten die historisch gekleideten Schauspieler ihre persönliche Geschichte. Mir überreichte eine gewisse Maria den Zettel und erklärte, dass sie wegen Waldfrevel bestraft worden ist, trotz der letzten beiden Hungerwinter.

Jetzt trat ein Gendarm in historischer Uniform in den Saal und verlangte, den Baum zu entfernen. Während die vier mit Worten und Liedern protestierten, kamen zwei Frauen, die allerdings nicht historisch, sondern zeitgenössisch als Servicepersonal bekleidet waren und räumten den Baum weg. Die Schauspieler forderten uns nun auf, Platz zu nehmen.

Natürlich befand sich mein Stuhl am vordersten Tisch mit der geringsten Entfernung zur Bühne. Hoffentlich war es nicht Teil des Theaterstücks, irgendwelche Opfer aus dem Publikum zu zerren, die auf der Bühne zur Freude der restlichen Gäste lächerlich gemacht wurden.

Genauso schlimm war es, dass der Krawattenträger Enrico Müller neben mir saß und mich nach einer Weinempfehlung fragte. Da die Bedienung bereits mit gezücktem Kugelschreiber neben uns stand, zeigte ich willkürlich auf einen der auf der Karte gelisteten Weine.

»Gleich zu Beginn diesen Wein?«, fragte sie und hob eine Augenbraue.

»Gerade jetzt«, antwortete ich. »Man muss auch mal Konventionen durchbrechen können, um neue Highlight-Genüsse zu erleben. Nur so kann man seinen Horizont erweitern. Glauben Sie mir, dieser Wein und kein anderer.«

Und erneut schlug das Phänomen des Gruppenzwangs unerbittlich zu. Zunächst bestellten sämtliche Personen an meinem Tisch, die noch kein Getränk bestellt hatten, den gleichen Wein. Und diejenigen, die bereits bestellt hatten, änderten ohne zu zögern ihre Bestellung. Die Bedienung war professionell, sie verzog keine Miene.

Nachdem die Getränke geliefert worden waren, und meine Tischrunde mir zum Dank geschlossen zugeprostet hatte, ging es weiter. Zwei Schauspieler brachten den Baum zurück zur Bühne und unterhielten sich, angereichert mit dazu passenden Liedern, über das Verbot des Hambacher Festes, über das sie sich hinwegsetzen wollten. Der Rest der Truppe kam und mischte sich in die Diskussion ein. Schließlich wurden im Publikum Flugblätter mit einer Protestaktion verteilt. Dann kam das Servicepersonal zurück und servierte »Keschdesupp«, dem Nichtpfälzer vielleicht als Kastaniensuppe bekannt.

Der Wein passte geschmacklich nicht im Geringsten zu der Suppe. Das bemerkte sogar ich als Laie. Da ich mir die Suppe selbst eingebrockt hatte, löffelte ich sie voller Optimismus aus.

Meine Wein-Mitstreiter ließen sich nichts anmerken, im Gegenteil, der Wein wurde einhellig als sehr gut und passend gelobt. Keiner traute sich, die Wahrheit zu sagen. Es könnte natürlich sein, dass meine Geschmacksnerven unterentwickelt waren, und ich tatsächlich den Weintreffer des Abends gelandet hatte. Inzwischen hatten zahlreiche Gäste an den anderen Tischen, animiert von unserer Einheitsweinwahl, diesen ebenfalls bestellt.

»Nach der nächsten Spielrunde gibt's den Hauptgang«, erklärte mir Müller. »Es gibt geschmorten Saubraten vom Landschwein an Zwiebelsoße mit Rahmwirsing und gebratene Kartoffel-Servietten-Knödel. Ein Gedicht! Leider ohne Maggi«, fügte er süffisant an.

Bevor ich etwas wegen der Servietten sagen konnte, fuhr er fort: »Wollen wir jetzt den Wein für die Hauptspeise bestellen? Dann kann er etwas im Glas reifen.«

Ich war nahe dran, eine weitere Zufallswahl zu treffen. Da mir der Wein inzwischen gewaltiges Sodbrennen bereitete, riss ich das Ruder herum.

»Herr Kra…«, um ein Haar hätte ich ihn mit Krawatte angesprochen, »Herr Müller, nach diesem hervorragenden Rebensaft werden wir«, ich war stolz, dass mir der Plural rechtzeitig eingefallen war, »zum Gerstensaft umschwenken. Zu einem Schweinebraten mit den Dings, äh, dem ganzen Drumherum, passt am besten ein Pils. Lassen Sie uns dieses Experiment wagen, wobei ich überzeugt bin, dass es kein Experiment mit unbekanntem Ausgang ist. Lassen Sie uns zu neuen Ufern aufbrechen. Ich weiß, wovon ich spreche.«

Krawatte nickte zwar eifrig, an seiner Mimik sah ich aber deutlich, dass er von meiner Idee nicht allzu sehr begeistert war. Ich winkte der Bedienung, die zufällig an uns vorbeilief, und bestellte ein großes Pils. Meine Sitz-nachbarin zur anderen Seite, es handelte sich um die Rot-haarige mit dem auffälligen grünen Kleid, war sofort Feuer und Flamme. »Das ist ja super«, schrie sie viel zu laut. »Für mich ebenfalls ein Pils, oder noch besser, gleich zwei.«

Zum zweiten Mal machte eine einseitige Bestellung die Runde. Von zwei nichtalkoholischen Ausreißern abge-sehen, die zum Hauptgericht zudem die vegetarische Variante gewählt hatten, bestellten alle Pils. Selbst die Servicekraft schüttelte inzwischen leicht den Kopf. Auch Profis kamen an ihre Grenzen.

Nachdem die Suppe abgeräumt und die vielen Pils aus-geteilt waren, ging das Theater weiter. Die Szene spielte sich am Tag des Hambacher Festes ab und zeigte die Unsi-cherheit bei den Teilnehmern im Jahr 1832, wie es nach der Veranstaltung weitergehen würde. Während sie über einen der Redner, einen gewissen Siebenpfeiffer, sprachen, gab es einen Streit am Eingang des Festsaals, der offensichtlich nicht zum Stück gehörte, da die Schauspieler in ihrem Dia-log innehielten und neugierig in diese Richtung schauten.

Die Burschenschaft, dachte ich mir. Die hatte ich ver-drängt. Mit ihren schwarz-rot-goldenen Schärpen dräng-ten sie in den Festsaal, was mangels Sicherheitspersonal nicht schwierig war.

Die Schlosschefin Uli Dittrich trat den jungen Leu-ten halbherzig und ohne Edgar entgegen. »Das Schloss ist heute für Tagesgäste bereits geschlossen. Dies ist eine geschlossene Veranstaltung.«

Sie wollte noch mehr sagen, doch die Burschenschaf-ter gingen zielstrebig nach vorne zur Bühne. Unter dem Protest der Akteure des »Chawwerusch« Theaters roll-ten sie ein mehrere Meter langes Banner aus. »*Deutsch-*

land braucht eine neue Superdemokratie. Island muss unser Vorbild sein!«

Nicht nur Frau Dittrich schien, gespielt oder nicht, überrumpelt zu sein. Die Servicekräfte waren mit der Situation überfordert. Ein paar Blicke fielen auf mich, anscheinend dachten einige der Gäste, ich müsste jetzt den starken Bullen spielen und für Recht und Ordnung sorgen. Aber erstens hatte ich kein Hausrecht und zweitens wollte ich erst einmal abwarten, was passierte. Solange diese Halbwüchsigen nur ein paar Thesen loswerden wollten, ohne gewalttätig zu werden, trug dies in erster Linie zur zusätzlichen Auflockerung des Abends bei.

Der Burschenschafter Andreas Nothaft begann, laut in den Saal zu rufen. »Das Hambacher Fest war schon mal ein guter Anfang. Nur eine Demokratie ist eine gute Regierungsform. Nun wird es Zeit für Reformen. Schaut, wie die Demokratie bröckelt in Ungarn, Polen und der Türkei! Und in vielen weiteren Ländern auch. Wir wollen die Demokratie reformieren, bevor es zu spät ist. Es wird Zeit für einen Hambacher Frühling.«

Nun übernahm seine Kollegin Elisabeth Fuchs das Wort. »Wir wollen dem Beispiel Islands nacheifern. Das isländische Althing ist das älteste noch bestehende demokratische Parlament der Welt. Sie haben es geschafft, eine neue Superdemokratie zu entwickeln. Ein Konzept, das uns Deutschen und allen anderen demokratischen Ländern gut stehen würde.«

Während die dritte Burschenschafterin, Maritta Stadelmaier, mit einem mir unbekannten Studenten weiterhin das Banner straff vor der Bühne hielt, teilten die anderen Flugblätter aus. Ich las die Überschrift »*Island und die Superdemokratie*«, faltete es und steckte es ein. Ich war mir sicher, an diesem Wochenende nicht das letzte Mal mit dieser skurrilen Gruppe zu tun zu haben.

Im Innenhof vor dem Fenster des Festsaals explodierte ein Böller. Kurz darauf ein zweiter. Eine bunte Fontäne, wie man sie zu Silvester sah, funkelte durch die Fenster.

»Warum geht das Zeug jetzt erst los? Ich dachte, du bist Spezialist?«, herrschte die Blondine den Vollbart an. Dieser zog den Kopf ein und nuschelte etwas, was ich aus der Entfernung nicht hören konnte. Ihr Plan, zeitgleich zur Explosion der Böller den Überraschungseffekt zu nutzen und den Saal zu stürmen, war nach hinten losgegangen. Aber auch ohne dieses Feuerwerk hatten sie ihr Ziel erreicht und für Aufmerksamkeit unter den Gästen gesorgt. Ich hielt mich weiterhin im Hintergrund, um möglichst nicht erkannt zu werden. Die Burschenschafter rechneten schließlich damit, dass ich jetzt auf dem Turm die deutsche gegen die isländische Fahne austauschen würde. Abgesehen davon, dass ich keine Fahne besaß, wusste ich nicht einmal, wie man eine solche am Fahnenmast auswechselte.

Frau Dittrich und zwei ihrer Mitarbeiterinnen gingen nun etwas entschlossener und vor allem konzertierter vor. Den verblüfften Burschenschaftern nahmen sie kurzerhand das Banner ab und falteten es zusammen. »Bitte gehen Sie jetzt«, sagte sie in forschem Ton, und die Gruppe folgte ihrer Aufforderung. Während sie den Saal verließen, sangen sie ein fremdländisches Lied, das durchaus isländischen Ursprungs sein konnte.

Dittrichs Mitarbeiterinnen folgten dem Studententrupp wahrscheinlich bis zum Außentor, sie selbst sprach zu uns.

»Ich möchte mich für diese kleine Panne entschuldigen. Es ist das erste Mal, dass eine Veranstaltung auf dem Hambacher Schloss durch eine Demonstration gestört wurde.

Sehen wir es den jungen Leuten nach: Gewaltlos setzen sie sich für ihre eigenen Ziele ein. Ziele, die nicht einmal egoistisch sind, sondern dem Gemeinwohl dienen. So, wie damals die vielen Teilnehmer des Hambacher Festes.« Mit einer Handbewegung deutete sie auf die Schauspieler des »Chawwerusch« Theaters. »Ich denke, ihr könnt nun ungestört fortfahren.«

Applaus brauste auf, Uli Dittrich hatte die richtigen Worte getroffen, ohne sich selbst in Verlegenheit zu bringen.

Es folgten zwei weitere Szenen. In der ersten warteten die Schauspieler auf den Ausgang des Prozesses, da damals die meisten Redner nach dem Fest in Untersuchungshaft kamen.

Passend zum Nachtisch »Rostige Ritter an Dornfelder-Pflaumen« bestellte ich mir ein zweites Pils, was nicht mehr alle anderen, aber eine sichere Mehrheit der Anwesenden kopierte.

Im anschließenden Epilog, der eine unbestimmte Zeit nach dem Hambacher Fest spielte, diskutierten die Schauspieler, die sich an verschiedenen Stellen im Saal verteilt hatten, über Erfolg und Misserfolg ihrer Bemühungen. Diese Schlussszene fand ich sehr lehrreich. Die Burschenschafter hätten sie ebenfalls hören sollen.

Der Schlussapplaus nahm kein Ende. Er war meiner Meinung nach absolut verdient. Allein die auswendig zu lernende Textmenge war imposant.

Theo Wieder machte eine kurze Ansage, die ich fast überhörte.

»Liebe Teilnehmer des Seminars. Ich hoffe, es hat Ihnen Spaß gemacht und Sie fanden das Theaterstück interessant. Nun ein paar organisatorische Hinweise. In einer Viertelstunde fahren unsere Shuttlebusse vor dem Besucherhaus ab und bringen uns ins Hotel. Falls jemand sein Gepäck hier oben im Schloss haben sollte, wovon ich aber nicht ausgehe, da das Prozedere in den Seminarunterlagen steht, sollte er es schleunigst nach unten bringen, damit es in den Shuttle eingeladen werden kann.«

Na klasse, dachte ich wütend. Hätte man das nicht heute Mittag noch mal persönlich erwähnen können?

Natürlich war das Oktagon verschlossen, und ich musste Frau Dittrich suchen, die sich ein Grinsen nicht verkneifen konnte. Als Revanche drückte ich ihr die niedergeschriebenen peinlichen Momente der Workshopteilnehmer in die Hand. »Würden Sie diese bitte im Foyer aufhängen?«

Sie nahm mir den Stapel Blätter ab und reichte ihn an ihre Mitarbeiterin weiter. »Würden Sie das bitte morgen früh erledigen? Ich muss runter, da ich auch im Hotel übernachte.«

Danach half sie mir, mein Gepäck zu tragen.

KAPITEL 8
TÖDLICHES HOTEL

Es war spät geworden, und ich war rechtschaffen müde, um ausnahmsweise einmal diese Ironie zu bemühen. Das Theaterstück mit dem »Chawwerusch« Theater hatte mir mächtig imponiert. Bisher bin ich solchen Veranstaltungen meist aus dem Weg gegangen, ohne zu wissen, was ich in meinem Leben verpasst hatte. Mit dieser Erkenntnis konnte ich etwas für mich persönlich mit nach Hause nehmen: Lernwillig war ich, und meine Meinung war, von wenigen Dingen wie zum Beispiel die über meinen Chef einmal abgesehen, nicht in Stein gemeißelt.

Die Shuttlebusse, die uns am Besucherhaus abholten, waren erstklassig ausgestattet. Neben mir saß, wie bereits den ganzen Abend, KPDs Spezi und einzig verbliebener Krawattenträger und las in einem dicken Schinken, der irgendetwas mit der Demokratiebewegung des 19. Jahrhunderts zu tun hatte. Selbst die Schlosschefin fuhr mit, um die Teilnehmer bei Fragen tatkräftig zu unterstützen.

Das Hotel sah von außen sehr luxuriös aus. Manche Teilnehmer nickten anerkennend, als wir aus den Shuttles stiegen und in das Gebäude gingen. Mehrere Angestellte holten das Gepäck aus den Kleinbussen, während wir in ein Restaurant geführt wurden. Hoffentlich gab's jetzt nichts mehr zu essen, dachte ich.

Man hatte Erbarmen mit uns. Eine Bedienung lief umher und bot uns ein Gläschen Sekt an, wobei es auch Sekt-Orange und eine alkoholfreie Variante gab.

Ein dezenter Gong ertönte. Ein Mann und eine Frau baten um Aufmerksamkeit.

»Wir wünschen Ihnen einen angenehmen und erholsamen Aufenthalt«, begann der männliche Part. »Mein Name ist Matthias Thon. Gemeinsam mit meiner Geschäftspartnerin, Amelie Steiner, zeichne ich für dieses Hotel verantwortlich.« Er zeigte auf die Frau, die daraufhin seine Rede fortsetzte. »Bereits meine Großeltern haben dieses Hotel geführt, und Matthias Thon und ich freuen uns sehr, dass wir heute solch prominente Gäste beherbergen dürfen. Morgen früh erhalten Sie in unserem hoteleigenen Restaurant ein Frühstücksbuffet der Extraklasse. Morgen Abend, an diesem Tag erwarten wir Sie bereits gegen 20.00 Uhr, werden wir Sie mit einem Fünf-Gänge-Menü verwöhnen.«

Amelie Steiner erzählte noch etwas über die Historie des Hotels und welche Prominenten bei ihnen bereits übernachtet hatten. Schließlich wurde sie von ihrem Partner, Matthias Thon, unterbrochen.

»Aber jetzt genug der langen Worte. Sie werden bestimmt müde sein. Wer will, kann aber gerne unsere Bar besuchen, nachdem er sein Zimmer bezogen hat. Frau Steiner wird Ihnen an der Rezeption die Schlüssel aushändigen. Sie müssen, da Sie eine geschlossene Gesellschaft sind, nicht einzeln einchecken, sondern nur Ihren Namen sagen. Es ist alles bestens vorbereitet.«

Wir spendeten höflich Beifall. Die ersten drängten sofort an die Rezeption, sodass ich kurz warten musste. Nachdem der Amerikaner, der vor mir stand, seinen

Schlüssel ausgehändigt bekommen hatte, war ich an der Reihe.

»Klaus P. Diefenbach?«, wiederholte Amelie Steiner, nachdem ich ihr mein Pseudonym genannt hatte. »Dieser Name ist in der Liste gestrichen. Moment mal bitte.« Sie rief nach ihrem Partner.

»Gibt es ein Problem?«, fragte der smart reagierende Hotelchef Matthias Thon.

»Dieser Herr ist Herr Diefenbach«, erklärte Steiner.

Thon bekam große Augen. »Sie sind Herr Diefenbach?«, fragte er überrascht. »Sie haben bei mir vor ein paar Tagen telefonisch abgesagt.«

Jetzt war ich an der Reihe, überrascht zu sein. Matthias Thon hatte sich schnell wieder unter Kontrolle. »Tut mir leid, unsere Königssuite ist inzwischen leider belegt. Durch ein Hochzeitspaar, das zwar erst morgen auf dem Hambacher Schloss getraut wird, aber wir sind in dieser Hinsicht nicht päpstlicher als der Papst.«

Amelie Steiner mischte sich ein. »Wir haben leider nur noch das kleine Kabuff frei, das Sie als Ersatz für einen Ihrer Mitarbeiter gebucht haben, der für Sie anreisen sollte. Das Zimmerchen ist aber eigentlich unzumutbar. Dort stellen wir manchmal die Koffer unserer Gäste ab.«

Hass und Wut stiegen in mir auf. Hatte KPD doch noch versucht, Geld zu sparen auf Kosten seiner Mitarbeiter. Für diese Sauerei würde er büßen müssen. Meine letzten Hemmungen, mich für Klaus P. Diefenbach auszugeben, waren gefallen. Von jetzt an würde ich noch rücksichtsloser seinen Ruf ruinieren.

Während ich dastand und im Geiste Mordgedanken hegte, studierte die Hotelchefin den Belegungsplan. »Sie könnten sich ein Zimmer mit Herrn Dietmar Becker teilen, der ein Doppelzimmer als Einzelzimmer nutzt, wenn Ihnen das nichts ausmacht. Herr Becker ist übrigens ein sehr bekannter Krimiautor.«

Das wurde ja immer schlimmer. Lieber in einem Kabuff stehend übernachten, als mit diesem Archäologiestudenten gemeinsam in einem Zimmer sein. Autoritär zog ich den Belegungsplan zu mir. Die Gegenwehr war gering, wahrscheinlich war Amelie Steiner die Situation peinlich.

»Was ist mit diesem Schneider?«, fragte ich ihn. »Der hat ein Einzelzimmer und ist ebenfalls Krimiautor, wie ich mir habe sagen lassen.«

Matthias Thon, der danebenstand, bestätigte mit einem kurzen Blick auf den Plan meine Feststellung.

»Wir verlegen den Schneider zu diesem Becker. Die beiden können sich von mir aus die ganze Nacht irgendwelche kriminelle Geschichten ausdenken. Vielleicht bringt der eine den anderen um oder sie murksen sich gegenseitig ab.«

Der Hotelchef verstand den Sarkasmus nicht. »Ich müsste die beiden Herrn natürlich erst fragen, ob sie einverstanden sind.«

»Das übernehme ich für Sie«, antwortete ich. »Geben Sie mir nur die Schlüssel für die beiden Zimmer. Den Schlüssel für das Doppelzimmer gebe ich an die Krimiautoren weiter.«

Zögernd, aber sichtlich erleichtert, die Angelegenheit gelöst zu haben, überreichte mir Thon die Schlüssel. »Melden Sie sich bitte, wenn es nicht klappt.«

Ohne zu antworten, verließ ich die Rezeption.

Becker und Schneider standen nur wenige Meter entfernt und diskutierten lautstark. Dass es dabei nicht um das Wochenende ging, sondern um ihre eigenen Befindlichkeiten, war mir sofort klar. »Da, euer Zimmerschlüssel«, sagte ich in flapsigen Ton.

»Wie, *unser* Schlüssel?«, fragte Harald Schneider nach.

»Genauso, wie ich es gesagt habe«, antwortete ich bestimmend. »Das Management des Hotels findet es gut, wenn gleiche Berufsgruppen zusammen untergebracht werden. Ist das nicht toll? So können Sie sich die ganze Nacht über Ihre neuen Projekte austauschen.« Ich grinste sarkastisch. »Nun nehmen Sie schon den Schlüssel. Wenn Sie das nicht möchten, es gibt alternativ nur ein kleines Kabuff, das als Kofferlager dient.«

Mit einem Blick, der alles sagte, schauten mich die beiden an. »Okay«, sagte schließlich Schneider. »Es ist ja nur für ein paar Stunden.« Er drehte sich zu Becker. »Was meinst du? Sollen wir schnell die Koffer ins Zimmer stellen und anschließend an der Bar einen Absacker trinken?« Nachdem Becker sofort zugesagt hatte, fragte Schneider mich.

»Nein danke«, wehrte ich das Ansinnen ab. »Ich muss in ein paar Stunden fit sein für meine Rolle als Dienststellenleiter der Schifferstadter Kriminalinspektion. Morgen wird ein interessanter Tag.«

Eine Viertelstunde später war ich geduscht und hatte meinen Schlafanzug an. Mein persönlicher Absacker hieß »Kampf der Häuptlinge« und war ein Asterix-Band. Irgendwann musste ich bei der Lektüre eingeschlafen sein. Ich träumte, wie ich, auf einem Schild stehend, gegen KPD kämpfte. Das Schlagen der Schwerter hörte sich allerdings nicht blechern an, sondern hölzern.

»Herr Palzki, ach, ich meine, Herr Diefenbach!« Ich schnellte aus meinem Bett hoch. Es klopfte an der Tür. 4.30 Uhr, wie mir ein Blick zur Wanduhr verriet.

Verdattert öffnete ich nach ein paar Kreislaufkomplikationen die Tür.

»Wir haben einen Toten«, flüsterte mir Becker zu. »Unten in der Hotelbar.«

Enttäuscht sah ich, dass Schneider neben ihm stand. Matthias Thon und Amelie Steiner komplettierten das Quartett.

Da meine Sinne noch nicht alle einsatzfähig waren, folgte ich sofort den zappeligen Personen. Dass ich als Einziger einen Schlafanzug trug, dazu mit einem auffälligen Blümchenmuster, bemerkte ich erst später.

In der Hotelbar hatte man die Reinigungsbeleuchtung eingeschaltet, was den Raum in ein ungemütliches Licht tauchte. An einem Holzbalken baumelte der Amerikaner Jimmy Victim. Um seinen Hals hing ein grobes Seil, das an dem Balken befestigt war. Vor ihm auf dem Boden lag ein umgeworfener Stuhl. Stutzig machte mich sofort das blutverschmierte Messer neben dem Stuhl. Der Tote hatte eine entsprechende Wunde im Herzbereich, die stark geblutet haben musste. Entsprechend verunreinigt sah der Boden aus.

»Sofort die Polizei rufen«, befahl ich den beiden Hotelchefs. Bei Mord hörte der Spaß auf. Meine Rolle als Klaus Diefenbach konnte ich nun vergessen. Den Rest des Seminars ebenfalls. Bis alle Teilnehmer befragt waren, würden viele Stunden vergehen. Zwangsläufig würden der heruntergefallene Deckenleuchter im Festsaal und das vermutete Attentat auf Becker zur Sprache kommen. Ging es letztendlich nur um Victim, der tot an der Decke hing? Eine simple Verwechslung mit dem Studenten dürfte aufgrund optisch deutlicher Unterschiede eher unwahrscheinlich sein.

»Mein Schädel«, brummte Schneider. »Haben Sie eine Schmerztablette für mich?«, fragte er den Hotelchef.

»Mir geht es genauso«, fiel ihm Becker ins Wort. »Irgendjemand muss mir heimlich etwas ins Glas geschüttet haben.«

»Mir auch«, jammerte Schneider und hielt sich die Hand an den Kopf. »Wahrscheinlich K.o.-Tropfen«, ergänzte er. »Laut meiner Uhr war ich über drei Stunden bewusstlos.«

Becker nickte. »Harald wurde kurz nach mir wach. Wir entdeckten sofort Jimmy Victim.«

Amelie Steiner kam mit bleichem Gesicht zurück. »Die Polizei wird gleich eintreffen. Wir sollen nichts anfassen und am besten die Bar verlassen.«

»Keine Sorge, ich bin Kriminalbeamter, wie Sie wissen«, sagte ich zu Amelie Steiner und Matthias Thon, der neben seiner Partnerin stand. »Ich kenne die Vorgehensweise.« In der Zwischenzeit wollte ich mir selbst einen Überblick über den Vorgang verschaffen. Ich schaute mich um, dabei fiel mir etwas Entscheidendes auf. »Wo haben Sie beide gesessen?«, fragte ich die Krimiautoren, die sofort und ohne zu überlegen auf einen kleinen runden Tisch zeigten, unweit von dem toten Victim entfernt.

»Sie haben gesagt, dass man Ihnen ein Betäubungsmittel verabreicht hat?«

»Klar«, sagte Becker, »nur so kann es gewesen sein.« Er schaute flüchtig zum Tisch und dann entdeckte er es auch, beziehungsweise nicht. »Die Gläser«, schrie er. »Die Gläser sind verschwunden.«

Der Tisch, an dem beide gesessen hatten, war, von einer Tischdecke und einer Kerze abgesehen, leer.

»Was haben Sie getrunken?«, fragte ich weiter.

»Pils«, antwortete Becker, während Schneider »alkoholfreies Weizenbier« antwortete.

»Wie viele Gäste waren außer Ihnen in der Bar?«

Die beiden überlegten. »Zu Beginn, als wir in die Bar gegangen sind, waren es ungefähr zehn. Außer einem Pärchen ganz hinten in der Ecke waren es ausschließlich Teilnehmer des Seminars. Auch der Ami war in der Bar.«

Schneider ergänzte Beckers Feststellung: »Am Ende waren wir die Einzigen. Die Bedienung brachte uns die letzten Getränke. Die Dame fragte uns, ob sie Feierabend machen könne. Sie zeigte uns zum Abschied den Lichtschalter. Und dass wir bitte nichts den beiden Chefs verraten sollen.« Er blickte zu Thon und Steiner, die keine Miene verzogen, aber innerlich kochten. Thon reichte den beiden wortlos je eine Schmerztablette.

So langsam kristallisierte sich das Geschehen heraus. »Dann muss Ihnen vorher das Mittel in die Gläser geschüttet worden sein, als noch Gäste anwesend waren. Wer kam alles an Ihren Tisch?«

»Niemand«, sagte Schneider zögerlich. »Nur die Bedienung, glaube ich.«

Ich betrachtete den Toten. Seine rechte Hand war blutverschmiert. Könnte das ein Hinweis auf …

Dietmar Becker kam mir zuvor. »Das ist eindeutig ein Suizid. Jimmy Victim hat sich selbst umgebracht.«

»Der Meinung bin ich auch«, bestätigte ihn Harald Schneider. »Er hat sich auf den Stuhl gestellt, den Strick um den Hals gelegt, am Balken befestigt und sich das Messer ins Herz gerammt. Er ist auf Nummer sicher gegangen. Üble Sache.«

Meine Überlegungen waren in die gleiche Richtung gegangen. Was mich neben dem Fehlen eines Abschiedsbriefes stutzig machte, war die Übereinstimmung bei den Möchtegernkrimiautoren, was in keinster Weise zu ihnen passte. Dass sie beide betäubt wurden, nahm ich ihnen ab. Doch den Suizid, den beide so einträchtig als gegeben ansahen, nicht. Mein Bauchgefühl sagte mir, dass beide, höchstwahrscheinlich unabhängig voneinander, eindeutige Beweise entdeckt hatten, dass ein Kapitalverbrechen vorlag. Ich grinste. So musste es sein. Beide verheimlichten sich gegenseitig ihre Erkenntnis. Mit Sicherheit würden in ein paar Monaten, wie zufällig, zwei Regionalkrimis erscheinen, die von einer Mordserie auf dem Hambacher Schloss und in diesem Hotel handelten. Ich beschloss, den beiden zunächst ihren Spaß zu lassen.

Ich untersuchte die Leiche und die Umgebung näher, ohne irgendetwas zu berühren. Ich wollte bereits aufgeben, da entdeckte ich den kleinen und unscheinbaren Blutfleck an der Rückenlehne eines Stuhls direkt am Nachbartisch, an dem die beiden Autoren gesessen hatten. Wurde das Opfer auf diesem Stuhl ermordet und anschließend aufgehängt? Die Spurenlage ließ diese Option durchaus zu. Die Möglichkeit eines Kapitalverbrechens schätzte ich sowieso höher ein als einen Suizid. War diese Feststellung meine Aufgabe? Eher nicht. Die Kollegen würden diese Spuren ebenfalls finden und daraus ihre Schlüsse ziehen.

Da Amelie Steiner die Vorhut der Spurensicherung ankündigte, verließ ich mit ihr und den beiden Autoren die Bar. Zunächst wollte ich mich im Hintergrund halten. Meine Identität würde früh genug bekannt werden. Während die beiden Hotelchefs die Beamten begrüßten, streifte ich im Erdgeschoss des Hotels herum, wobei ich in Räume kam, die für die Gäste nicht zugänglich waren. Schließlich sah ich den offen stehenden Hintereingang, der in einen Innenhof führte. Eine offene Tür um diese Uhrzeit? Außer Thon und Steiner war ich bisher keinem weiteren Mitarbeiter begegnet. Neugierig schlich ich, Wand und parkende Autos als Deckung nehmend, nach vorne in Richtung Straße. Gerade rechtzeitig konnte ich mich hinter einem Müllcontainer verstecken, als auf der Straße eine Person vorbeiging, die mir bekannt war: der Vollbartstudent Andreas Nothaft von der Burschenschaft. Was hatte dieser Kerl um solch unchristliche Uhrzeit hier zu tun? Ich schlich die letzten Meter zur Straße und beobachtete, wie er in einen Wagen stieg und davonfuhr. Ich dachte nach, als ich von hinten angesprochen wurde.

»Herr Diefenbach, sind Sie das?«

Ich drehte mich um und sah Uli Dittrich mit Edgar.

»Sind Sie schlafgewandelt?«, fragte sie.

»Ich, wie, äh, wieso?« Jetzt erst bemerkte ich meine unpassende Bekleidung. Statt ihr von dem Vorfall zu erzählen, stellte ich eine Gegenfrage. »Wo kommen Sie her? Warum schlafen Sie nicht?«

Sie bückte sich und streichelte Edgar. »Wegen dem da. Er war den ganzen Abend allein in meinem Büro. Deswegen ist er ein wenig durch den Wind. Vor einer Stunde hat er mich geweckt. In so einem Fall hilft nur Gassi gehen. Als Jägerin bin ich das frühe Aufstehen aber gewohnt.«

»Ist Ihnen eine Menschenseele begegnet? Im Hotel oder draußen?«

»Wieso? Wird einer der Gäste vermisst?« Sie schaute auf die andere Straßenseite, wo die Vorhut der Kriminalpolizei parkte. »Hat das was mit dem Hotel zu tun? Die sind mit einem Affenzahn an mir vorbeigerast. Ich war vorne an der Kreuzung und wollte die Straße überqueren.«

Die Aussage von Dittrich kam zwar flüssig und selbstbewusst, dennoch glaubte ich, dass sie sich heimlich mit dem Burschenschafter getroffen hatte. Doch warum? Die Demonstration war in den Augen der Studentengruppe ein voller Erfolg gewesen. Oder ging es um mehr?

»Auf welchem Weg haben Sie das Hotel verlassen? War der Eingang verschlossen?«

Jetzt wurde sie verlegen. »Es war tatsächlich abgeschlossen, Herr Diefenbach. Es gibt zwar eine Klingel, ich wollte aber niemanden wecken. Da habe ich einfach den Lieferanteneingang genommen und die Tür offenstehen lassen. Um diese Uhrzeit merkt das keiner. Von Schlafwandlern mal abgesehen.«

Gemeinsam gingen wir zurück ins Hotel. Ich klärte Dittrich kurz über die Lage auf.

»Ich habe wirklich nichts bemerkt«, sagte sie schockiert. »In der Bar war ich gar nicht.«

»Kannten Sie das Opfer?« Sie verneinte, während wir im Flur Amelie Steiner in die Arme liefen, die sich mit einer Beamtin unterhielt. Die Beamtin schaute mich trotz ihrer geringen Größe von oben herab skeptisch an.

»Sind Sie ein Gast?«, fragte sie mürrisch. »Gehen Sie am besten gleich ins Bett. Sie stören uns nur.«

»Aber das ist doch Herr Diefenbach! Kennen Sie ihn nicht? Liegt es vielleicht am Schlafanzug?«

»Diefenbach?«, wiederholte diese. »Der Diefenbach aus Schifferstadt?«

Ich wollte zu einer Erklärung ausholen, aber sie ließ mich nicht zu Wort kommen. Ihre Miene verfinsterte sich. »Mein Name ist Karin Zimmermann und ich leite diesen Einsatz. Ich habe viel von Ihnen gehört, Herr Diefenbach.« Ihrem Gesichtsausdruck nach nur Negatives, was ich absolut nachvollziehen konnte. »Ich bin erst vor ein paar Wochen in dieser verrückten Pfalz gelandet«, erklärte Zimmermann. »Im Gegensatz zum Rest Deutschlands hat man in der Pfalz ein Alkoholproblem, wenn man weniger als ein Promille hat.« Sie lachte gekünstelt.

Dass Zimmermann keine Pfälzerin war, hatte ich bei ihrem ersten Satz bemerkt. Ihr Dialekt war leicht österreichisch gefärbt, aber lange nicht so brutal wie bei dem bayerischen Parkwächter.

»Ich werde mich jetzt zurückziehen, wie Sie es empfohlen haben«, sagte ich, ohne auf ihre Provokation einzugehen. Wahrscheinlich täuschte ich mich bei ihrem Dialekt und sie war eine missgünstige Saarländerin.

Zimmermann verstellte mir den Weg. »Bleiben Sie doch, Herr Diefenbach. Ich würde gerne sehen, ob Sie wirklich so ein Chao…, äh, eigenwilliger Beamter mit eigensinnigen Ermittlungsansätzen sind, wie man überall erzählt. Gehören Sie zu der Seminargruppe?«

Es soll wohl so sein, dachte ich. Wenn sie erpicht darauf war, den wahren Diefenbach kennenzulernen …

Ich ließ das Hosengummi schnalzen. »Machen wir uns an die Arbeit, Kollegin. Haben wir schon Kaffee bekommen?«

Der Hotelchef Matthias Thon schaute fragend zwischen uns hin und her. »Die Bar ist gesperrt. Ich könnte welchen im Restaurant machen lassen. Ich muss sowieso ein paar Mitarbeiter wecken.«

»Kannten Sie den Toten?«, fragte mich die leitende Beamtin.

»Nur vom Sehen. Er ist ein Import aus Amerika, heißt Jimmy Victim und war Amtsleiter einer Gemeinde. Welche, weiß ich nicht. Haben Sie mit den beiden Krimiautoren gesprochen?«

»Welche Krimiautoren?«

Ich setzte eine genervte Mimik auf. »Mit Dietmar Becker und Harald Schneider. Sie schreiben beide krude Kriminalgeschichten und haben Victim gefunden.«

»Was? Der bekannte Krimiautor Dietmar Becker? Ich wohne zwar erst seit Kurzem in der Pfalz, seine Krimis habe ich aber längst alle gelesen. Sie haben mir sehr dabei geholfen, damit ich mich mit diesem seltsamen Menschenschlag, der diese Region bewohnt, arrangieren konnte.«

Ich sagte ihr nicht, dass ihre angelesene Einschätzung bezüglich der Pfälzer Mentalität keinesfalls der Realität entsprach.

»Von dem anderen Autor habe ich bisher nichts gelesen«, sprach Karin Zimmermann weiter. »Ist der auch bekannt?«

»Nicht so, wie Sie meinen. Beide sind ausschließlich für ihre Irrealität bekannt.« Ich hatte keine Lust, mich weiter über dieses Thema zu unterhalten. »Haben Sie bereits mit Ihnen über die Leiche gesprochen?«

»Ja«, antwortete Zimmermann. »Beide sind davon überzeugt, dass ein Suizid vorliegt. Nach meinem ersten Eindruck und dem des Arztes könnten die beiden recht haben. Wie sehen Sie das, Herr Diefenbach?«

»Da Krimiautoren meistens nicht die Realität und schon gar nicht die harte Polizeiarbeit abbilden, würde ich deren Aussagen hinterfragen. Vielleicht sind sie in den Fall verwickelt? Ein Alibi und falsche Spuren basteln, dafür dürften die beiden prädestiniert sein.«

Zimmermann nervte die ganze Zeit mit einem verschlissenen Notizblock, in den sie ständig hineinschrieb. »Als Täter sehe ich die zwei eher nicht. Wichtige Zeugen sind sie für uns trotzdem. Vielleicht haben sie indirekt mit dem Todesfall zu tun. Herr Becker erwähnte beiläufig, dass es auf dem Schloss zwei Attentate auf ihn gab. Haben Sie davon Kenntnis, Herr Diefenbach?«

Ich gab ein kurzes, arrogantes Lachen von mir. Ein bisschen Diefenbach-Feeling machte mich als Person unauffälliger. »Attentate! Sie wissen doch, wie Krimiautoren immer übertreiben. Das erste Mal stand er zufällig in der Wurfrichtung eines Böllers oder etwas Ähnlichem. Und als die altersschwache Leuchte im Festsaal auf den Boden fiel, kniete er meilenweit davon entfernt und band sich seine Schuhe. Nein, Becker will sich nur wichtig machen. Das ist symptomatisch für ihn, ich kenne ihn leider schon zu lang.«

»Danke für Ihre Einschätzung, Herr Diefenbach. Warum haben Sie einen Schlafanzug an?«

»Weil es mitten in der Nacht ist und auch ein Leiter einer Kriminalinspektion mal schlafen muss. Die beiden Hotelchefs haben mich geweckt, da blieb keine Zeit, um mich anzuziehen. Es hätte ja sein können, dass der Täter noch in der Nähe ist.«

Unterdessen waren wir langsam, Schritt für Schritt, in Richtung Bar gegangen. Dort wuselte es von Beamten.

»Wir nehmen den kompletten Gläserbestand mit, Frau Zimmermann«, sprach sie eine junge Polizistin an. »Vielleicht finden wir Spuren einer Chemikalie.«

»Es reicht, wenn Sie die Pilsgläser und die Weizenbiergläser mitnehmen«, mischte ich mich ein. »Das waren die letzten Getränke der Zeugen. Ich glaube allerdings, dass der Täter die Gläser mitgenommen hat.«

»Oder gereinigt hat«, parierte Zimmermann.

»Eher nicht«, konterte ich. »Der Täter stand unter großer Anspannung und Stress. Außerdem wollte er garantiert nicht gesehen werden. Da wird er sich wohl kaum hinter die Theke gestellt und Gläser gespült haben.«

»1:0 für Sie«, sagte Zimmermann.

Ich nickte erfreut über meinen verbalen Vorteil. Seit ich die Bar zum zweiten Mal betreten hatte, machte mich etwas stutzig. Der Stuhl mit dem Blutfleck stand nun mehrere Meter entfernt vor der Theke, und der Tisch und die weiteren Stühle dieser Einheit waren zur Seite geräumt. Hatte dies die Spurensicherung veranlasst, um besser an den Toten ranzukommen? Dann hätte sie nur sehr oberflächlich und unvollständig gearbeitet, da der Blutfleck nicht mit einem Nummernschild gekennzeichnet war. Oder hielt sich der Täter in der Nähe auf und hatte, kurz bevor die Spurensicherung kam, den übersehenen Beweis so gut es ging außer Sichtweite gebracht?

Zimmermann ging zum Notarzt, der seine Tasche schloss. Die Leiche lag in der offenen Zinkwanne. »Haben Sie neue Erkenntnisse?«

Der Arzt, der die erste Leichenschau vorgenommen hatte, schüttelte den Kopf. »Ich kann keine Indizien für eine Fremdeinwirkung sehen. Nicht nur deswegen ist das Ganze außerordentlich mysteriös. Die Leiche hat ein paar Abschürfungen an den Händen und im Gesicht, die potenziell auf einen Kampf schließen lassen könnten. Ob diese im Zusammenhang mit dem Tod stehen, kann ich Ihnen nicht sagen.« Der Arzt verabschiedete sich.

»Wie machen wir jetzt weiter, Herr Diefenbach? Sie kennen doch die ganzen Leute.«

»Das ist schon ein recht bunter Haufen«, erläuterte ich pauschal. »Kennen ist aber zu viel gesagt. Außerdem sind noch andere Gäste im Hotel untergebracht. Und sogar Personal.«

»Da kommt jede Menge Arbeit auf uns zu«, sagte Zimmermann. »Könnte der Täter von draußen gekommen sein?«

Amelie Steiner, die im Moment gerade zurückkam, gab die Antwort an meiner Stelle. »Das ist ausgeschlossen. Sämtliche Zugänge sind nachts verschlossen. Ich habe mich eben davon überzeugt.« Um Komplikationen und Zusatzarbeit zu vermeiden, ließ ich ihre Aussage zunächst unwidersprochen.

»Können Sie mir eine Gäste- und Personalliste anfertigen?«

»Selbstverständlich, Frau Zimmermann. Dürfen meine Mitarbeiter im Restaurant das Frühstücksbuffet vorbereiten?«

Ich hatte eine Eingebung. »Das ist eine gute Idee«, bemerkte ich. »Beim Frühstück haben wir sämtliche Gäste in einem Raum. Da können wir eine grundsätzliche Ansage machen und mitteilen, dass jeder in den nächsten Tagen eine Einladung zu einer Befragung erhält.«

»Manche Gäste kommen erst spät zum Frühstück«, gab der Hotelchef zu bedenken.

»Das macht nichts«, bügelte ich seinen Einwand weg, »die Seminarteilnehmer werden sehr früh geweckt, damit sie die Shuttlebusse nehmen können, und die Spätaufsteher kann man später informieren.«

»Meinen Sie wirklich, Herr Diefenbach?«, zweifelte Zimmermann. »Ich wollte alle Gäste heute Vormittag im Hotel vernehmen. Einzeln und der Reihe nach.«

»Haben Sie eine Ahnung, wie lange das dauert? Außerdem muss das Seminar weitergehen. Sie wissen gar nicht, welche Prominenz in diesem Hotel schläft. Das kann schnell zu politischen Verwicklungen bis hinauf in die höchsten Kreise führen, wenn Sie alle Teilnehmer unter Generalverdacht stellen.«

Karin Zimmermann schien kein allzu starkes Rückgrat zu besitzen. Matthias Thon und Amelie Steiner unterstützten mich. Wahrscheinlich hatten sie Angst um den guten Ruf ihres Hauses.

»Herr Diefenbachs Vorschlag ist für die Gäste am wenigsten unangenehm.«

»Also gut«, gab sich Zimmermann geschlagen. »Würden Sie bitte einen Tisch im Restaurant reservieren? Für Herrn Diefenbach und mich.« Sie sah mich an. »Ich gehe davon aus, dass Sie mit mir gemeinsam die Gäste informieren werden?«

Mist, aus der Nummer kam ich so schnell nicht mehr raus. Hoffentlich verplapperte sich keiner der Seminarteilnehmer und lüftete mein Pseudonym.

Wegen der fortgeschrittenen Uhrzeit verabschiedete ich mich und ging zurück ins Hotelzimmer. Schlafen machte nicht mehr wirklich Sinn. Ich zog mich aus, dabei bemerkte ich, dass meine Schlafanzughose auf der Rückseite ein ziemlich langer Riss zierte. Ich hatte keine Ahnung, wo ich hängen geblieben war.

Ich duschte und zog mich an. Die gute Stunde, die ich Zeit hatte, verbrachte ich mit dem Lesen eines Asterix-Bandes. Die Rede Beckers, die ich als Lesestoff alternativ dabei hatte, würdigte ich keines Blickes.

»Herr Diefenbach!« Ich schreckte hoch. Es klopfte lautstark an der Tür. »Ist alles in Ordnung mit Ihnen? Die anderen sind längst beim Frühstück.«

»Nur noch schnell Schuhe anziehen«, nuschelte ich leise im Halbschlaf. »Komme sofort«, ergänzte ich lauter.

Bevor ich das Zimmer verließ, stopfte ich meine Wäsche und Hygienesachen unkontrolliert in Koffer und Reisetasche. Viele Seminarteilnehmer hatten mitgedacht und eine größere Tasche dabei, die für die nächste Nacht im Hotel verbleiben konnte, sowie eine kleinere, die sie als Handgepäck mit zum Schloss nahmen. Ich gehörte, mangels Erfahrung mit Wochenendkursen, nicht zu diesen *vielen*.

Ich war der Letzte, der von unserer Gruppe in das Restaurant kam. Karin Zimmermann winkte mir mit einem angebissenen Brötchen von ihrem Platz aus zu. Da mein Magen ähnlich laut knurrte wie ein Elch in der Brunftzeit, machte ich zunächst einen Abstecher zum reichhaltigen Buffet. »Frühstücken wie ein Kaiser«, dieses Sprichwort ging mir durch den Kopf, während ich meinen Teller mit einem Potpourri an Köstlichkeiten überlud.

»Guten Morgen, Herr Diefenbach. Sie haben sich sogar umgezogen«, frotzelte eine sichtlich gut gelaunte Zimmermann, als ich mich zu ihr und ihrer Assistentin an den Tisch setzte. »Haben Sie den Fall bereits gelöst?«, fragte sie nach.

»Wie kommen Sie darauf?, antwortete ich mit vollem Mund und freute mich zugleich, dass mein Pseudonym nicht gelüftet war.

»Man kolportiert, dass Sie immer schnell eine Lösung parat haben«, schmunzelte sie. »Na, wer ist der Täter?«

»Sie«, antwortete ich verärgert und ohne zu überlegen. »Ich habe schon lange keine Polizeibeamtin mehr festgenommen.«

Zimmermann streckte mir symbolisch die Hände hin. »Sie haben sogar Humor«, fuhr sie fort. »Sie sind irgendwie ganz anders, als überall erzählt wird.«

»Gerüchte sind das, was sie sind: Gerüchte. Aber sprechen wir doch von Ihnen. Wie haben Sie es als Nichtpfälzer geschafft, die hohen Qualitätsanforderungen in unserem Bundesland zu meistern? Ging da alles mit rechten Dingen zu?«

Zimmermann errötete. Klasse, hatte ich mal wieder die Wahrheit erahnt. Meine These, dass jeder Mensch, von mir natürlich abgesehen, in irgendeiner Art und Weise Dreck am Stecken hatte, erhielt frische Nahrung.

»Lassen wir das Thema«, lenkte sie ab. »Ich habe mit Herrn Wieder gesprochen. Er wird in ein paar Minuten eine kurze Ansprache halten. Ich habe lange mit ihm diskutiert. Das Seminar auf dem Hambacher Schloss wird mit circa zwei Stunden Verzögerung fortgeführt. Das ursprünglich von dem Krimiautor Dietmar Becker in dieser Zeit angesetzte Referat wird auf den Sonntag verschoben. Der Rest des Programms bleibt unverändert. Es kann natürlich sein, dass ich auf dem Schloss erscheine, falls kurzfristig Fragen auftauchen oder sich die Lage ändert. Einen weiteren Todesfall wird es hoffentlich nicht geben.«

Becker, dachte ich erleichtert und atmete tief aus. Dass sein Referat heute als Erstes auf der Agenda stand, war mir bis eben unbekannt. Ich hatte nun ein paar Stunden Zeit gewonnen, um dessen Rede anzupassen. Ich schielte hinüber zum Tisch, an dem Becker und Schneider einträchtig saßen und diskutierten. Kein Mord, kein Totschlag, nicht einmal ein Streit? Hatte der nächtliche Vorfall die beiden zur Vernunft gebracht?

Nachdem ich mir einen Kaffee geholt hatte, widmete ich mich dem Frühstück. Ich war so vertieft in die Nahrungsaufnahme, dass ich erst aufsah, als Theo Wieder mit mir zugewandtem Rücken neben mir stand und die Teilnehmer des Seminars ansprach.

»Meine sehr geehrten Damen und Herren«, begann er, »manche Dinge sind leider nicht vorhersehbar. Wie Sie bereits wissen, hat es heute Nacht einen bedauerlichen Todesfall in diesem Hotel gegeben. Aus ermittlungstaktischen Gründen können Ihnen hierzu weder die anwesende polizeiliche Ermittlungsbeamtin, Frau Karin Zimmermann«, er drehte sich kurz um und zeigte auf meine Sitznachbarin, »noch ich etwas sagen. Es lässt sich leider nicht umgehen, dass Sie in den nächsten Tagen eine Vorladung zu einer Zeugenbefragung erhalten. Selbstverständlich nehmen wir auf Ihren Wohnort Rücksicht, sodass diese im Regelfall in einer Ihnen naheliegenden Polizeiinspektion stattfinden kann. Falls Ihnen in dieser Nacht etwas Besonderes aufgefallen ist, so bitte ich Sie, mit Frau Zimmermann zu sprechen. Natürlich können Sie sich auch anonym an eine beliebige Polizeidienststelle wenden. Ich hoffe auf Ihr Verständnis.«

Theo Wieder ließ sich Zeit, um das Gesagte wirken zu lassen.

»Nach dem Frühstück wird uns der Shuttle hinauf zum Schloss bringen. Unser heutiges Programm beginnt um 11.00 Uhr mit dem ersten Workshop. Das Referat von Herrn Becker wird auf Sonntagfrüh verlegt. Ich wünsche uns einen ebenso spannenden und lehrreichen Tag wie gestern. Vielen Dank.«

Es folgte ein freundlicher Applaus, den der Hotelchef nutzte, um in eigener Sache vorstellig zu werden. »Lassen Sie mich Ihnen bitte versichern, dass Ihre Gesundheit in unserem Hotel zu keinem Zeitpunkt gefährdet war oder ist. Nur durch einen unglücklichen Zufall, den wir nicht zu vertreten haben, kam es zu diesem nächtlichen Polizeieinsatz.«

Er hatte sichtlich mit seiner Contenance zu kämpfen. Man sah ihm unverkennbar an, dass er für sein Hotel lebte. Seine Partnerin, Amelie Steiner, stand ebenso betreten daneben.

Die kurze Pause nutzte nun wiederum Zimmermann aus, die aufstand und sich neben die beiden Hotelchefs stellte. »Mehr ist momentan nicht zu sagen. Lassen Sie es mich zur Sicherheit noch mal wiederholen: Keiner von Ihnen wird verdächtigt, es geht nur um reine Zeugenaussagen. Wenn Sie möchten, können Sie sich gerne an meinen Schifferstadter Kollegen, Herrn Klaus Diefenbach, wenden. Ich arbeite eng mit ihm zusammen.«

Entsetzt sprang ich von meinem Stuhl auf. Bei dem einen oder anderen Seminarteilnehmer erkannte ich handfeste Regungen. Jeden Moment würde mein pseudomäßiges Kartenhaus einstürzen.

»Vielen Dank, Frau Zimmermann«, sagte ich schnell. »Namen sind bekanntlich Schall und Rauch, wie Sie wissen«, ich zwinkerte den Anwesenden verschwörerisch mit einem Auge zu, was ich aber noch nie richtig konnte, und daher immer ein bisschen bizarr aussah, »steht der Name Diefenbach für schnelle polizeiliche Ermittlungserfolge. Diejenigen unter Ihnen, die mich nicht kennen: Ich bin von Beruf Kriminalhauptkommissar. Das ist belegbarer Fakt. Unter welchen Namen wir das verkaufen, ist erst mal nicht entscheidend. Wichtig ist das, was am Ende des Tages rauskommt. Wenn Sie also heute Nacht irgendetwas gesehen haben, sprechen Sie mich nachher auf dem Schloss an, damit ich, als einer der besten Kriminalbeamten, frühzeitig meine Schlüsse ziehen kann. Jetzt freuen wir uns auf einen interessanten Tag. Ich möchte Sie nun bitten, das Frühstück zu beenden, damit wir rechtzeitig zu Beginn des Workshops oben sind.«

Der Gruppenzwang war mein Freund. Niemand brachte die Differenzen bezüglich des Namens Diefenbach ins Gespräch.

Alle anderen standen mehr oder weniger gleichzeitig auf, ich hingegen setzte mich zurück zu Karin Zimmermann.

»Jetzt haben Sie so gesprochen, wie Sie laut meinen Neustadter Kollegen immer reden würden«, sagte sie. »Aber was meinten Sie mit ›*Namen sind wie Schall und Rauch*‹?«

»Ach das«, antwortete ich gespielt langweilig. »Das ist ein interner Running Gag, der am gestrigen Tag entstanden ist. Absolut belanglos und nicht wirklich lustig. Ich habe es nur erwähnt, um die Leute aus ihrer Lethargie zu reißen, denn heute wartet ein stringentes und anspruchsvolles Programm auf uns.«

Karin Zimmermann gab sich mit meiner Erklärung zufrieden. Nachdem die anderen das Restaurant verlassen hatten, verabschiedete auch ich mich.

KAPITEL 9
DIE HEXE SIRI

Dietmar Becker grummelte ein paar Sitzreihen hinter mir, wie ich mit einem kurzen Blick feststellen konnte. Gut so, warum musste er sich immer so wichtig machen? Das Gleiche galt für seinen Krimikonkurrenten Harald Schneider. Dass beide einer Meinung waren, was den angeblichen Suizid von Jimmy Victim betraf, machte die beiden unglaubwürdig. Sie benahmen sich ansonsten wie Katz und Maus. Futterneid ohne Ende. Ich sah im Geiste die Aufkleber auf ihren nächsten Krimis: »Authentischster Krimi der Kurpfalz« und kurz darauf beim anderen: »Der realistischste Kurpfalzkrimi aller Zeiten«. Ob die Leserschaft das glaubte? Wie sollten ausgerechnet die beiden Möchtegernschriftsteller, die von der diffizilen Polizeiarbeit nicht die geringste Ahnung hatten, einen Kriminalroman schreiben, der auch nur ansatzweise meinen Alltag und den meiner Kollegen beschrieb? Vielleicht sollte ich über meinen Schatten springen und selbst einen Krimi schreiben? Endlich würde nicht mehr mein skurriler Chef im Vordergrund stehen. »Palzkis neuer Fall« sah ich bereits im Geiste vor mir. Und darunter der Autorenname »Reiner Palzki«. Mit dieser Konstellation bräuchte man nicht einmal mehr einen Buchaufkleber auf dem Cover, um den Lesern klar zu machen, dass mehr Realität nicht geht.

Viel zu schnell hatte der Shuttle das Schloss erreicht. Hinter dem Haupttor war Endstation. Hier wurden das Tagesgepäck der Teilnehmer sowie mein Komplettgepäck in einen Wagen geladen, um es nach oben zu bringen. Wir liefen zum Schloss und ich schaute zum Himmel. Der sonnenwarme gestrige Tag war einem trüben, wolkenverhangenen Samstag gewichen. Eine Dame, die im Bus neben mir saß und fast die ganze Zeit auf einem Smartphone herumgewischt hatte, sagte mir, dass es gegen Abend zu vereinzelten Gewittern kommen könnte.

Plötzlich stand Dietmar Becker neben mir. »Ich finde es demütigend, dass ich heute früh mein Referat nicht halten darf. Ich hätte das genauso gut im Hotel machen können.«

»Herr Becker, seien Sie froh. Wir haben das nur auf morgen verschoben. Bis dahin haben wir die Änderungswünsche von Herrn Diefenbach eingearbeitet. Ich lese das Ding nachher in Ruhe fertig.« Dass ich nicht einmal damit begonnen hatte, musste er nicht wissen.

»Und wenn mir heute wieder nach dem Leben getrachtet wird?«

Meine anarchistische Idee, dass ich an seiner statt das Referat halten könnte, behielt ich für mich. »Sie sind die ganze Nacht unbehelligt geblieben. Was wollen Sie mehr?«

Becker grummelte weiter vor sich hin. »Wenn das im Hotel nicht so lange gedauert hätte, wären wir früher zum Schloss gefahren und ich hätte meine Rede halten können.«

»Es war ja nur ein Suizid«, meinte ich. »Stellen Sie

sich einmal vor, die Polizei in Neustadt hätte Fremdeinwirkung festgestellt. Dann hätte man uns noch viel
länger im Hotel festgehalten. Zum Glück haben Sie
und Ihr Kollege Schneider die Polizei tatkräftig mit
Argumenten unterstützt, dass es sich um einen Suizid handelt.«

»Harald ist nicht mein Kollege«, antwortete er ange-
säuert. »Der hat mir nur alles nachgeäfft. Wie jedes
Mal.«

»Wie auch immer«, beendete ich das nervige Thema,
»ich freue mich jetzt auf einen spannenden Tag mit
neuen Ideen und Impulsen, die ich nach der Diefenbach-
Methode modifizieren werde. Und Sie verhalten sich
still, sonst gibt es wirklich jemanden, der Sie töten
wird.« Ich schaute ihm möglichst ernst ins Gesicht.

Dietmar Becker ließ sich davon nicht beeindrucken.
»Bisher hat meiner Meinung nach alles gepasst. Das
›Chawwerusch‹ Theater war sehr gut, ebenso die Idee,
statt Krawattenknoten binden zu lernen, die peinlichsten selbst erlebten Momente aufzuschreiben. Stammt
das wirklich von Herrn Diefenbach?«

»Aber selbstverständlich. Wie können Sie daran zwei-
feln? Ich als kleiner Untergebener mache nichts ohne
Rücksprache mit meinem Chef. Ich setze doch meine
Pension nicht aufs Spiel.«

Becker war jetzt hoffentlich davon überzeugt, dass
alles mit Genehmigung von KPD lief. Wie naiv der Student doch war.

»Jetzt gehen wir erst mal zur Hexe SiRi. Darauf bin
ich sehr gespannt. Die meisten der anderen Teilnehmer
sind der Meinung, dass es sich um einen weiteren Höhepunkt des Wochenendes handelt.«

»Hexe SiRi?«, fragte ich verdattert.

Becker nickte eifrig. »Sie scheinen wirklich das Programm nicht gelesen zu haben. Es gibt nicht nur von Herrn Diefenbach initiierte Workshopbausteine und Referate, sondern auch von anderen. Das ›Chawwerusch‹ Theater war auch nicht von Ihrem Chef.«

»Lenken Sie nicht ab, wer ist Hexe SiRi?«

»SiRi ist ein Kunstname, zusammengesetzt aus den erweiterten Initialen von Silke Riehl. Sie ist freiberufliche Gesundheitsberaterin und Reiki-Lehrerin und -Meisterin.«

Mir blieb vor Schreck der Mund offen stehen. Sofort dachte ich an Doktor Matthias Metzger, den verrücktesten Not-Notarzt, den ich kannte. Als Freiberufler mit zurückgegebener Kassenzulassung konfrontierte er die Menschheit mit seinen abartigen Heilmethoden, die mit der Schulmedizin nichts, aber auch gar nichts zu tun hatten. Bisher war mir dieser Quacksalber erspart geblieben. War SiRi das gleiche Kaliber?

»Und warum Hexe? Gibt es nachher im Innenhof eine zünftige Hexenverbrennung?«

Becker blieb stehen. »Wo denken Sie hin? Das ist heutzutage nur sehr schwer durchzusetzen.« Er machte eine kleine Pause. »War nur ein Scherz.«

»Gut, dass Sie es erwähnten. Für Humor sind Sie nicht gerade bekannt.«

Er ging auf meine Kritik nicht ein. »Mit dem Innenhof haben Sie allerdings ins Schwarze getroffen. Dort wird SiRi ihr SCIO vorstellen.«

SiRi, SCIO, Hexe, ich hatte fürs Erste genug gehört. Ich entschloss mich, diesen Programmpunkt zu schwänzen. Ich würde die Zeit nutzen, um an einem einsamen

Ort Beckers Rede anzupassen oder neu zu schreiben. Das würde ein Spaß werden!

Zunächst gab es im Foyer das unvermeidliche Fingerfoodbuffet. Inzwischen traute ich mich sogar an Häppchen, deren Zusammensetzung mir unbekannt war, obwohl ich erst reichlich gefrühstückt hatte.

»Na, Herr Diefenbach«, sprach mich Enrico Müller, der Krawattenträger, an. »Die Gunkanmaki-Sushi mit Rogen, Muschelfleisch und die andere Sorte mit Seeigelpaste scheinen Ihnen gut zu schmecken. Daran erkennt man den wahren Gourmet.«

Um ein Haar wäre ein Unglück passiert. Allein das Wissen, dass mit Rogen Fischeier gemeint waren, schnürte mir meinen Magen zu. Wobei Seeigel und Muschel auch nicht besser waren. Seltsamerweise hatten mir die Dinger sehr gut geschmeckt, aber nur so lange, wie ich nicht wusste, um was es sich handelte. Dann fiel mir Müllers Faible für Maggi ein. Ich schnappte mir einen Stapel Servietten, den ich mir vor den Mund hielt, und nickte Krawatte kurz zu.

»Wo wollen Sie denn hin?«, fragte in diesem Moment Uli Dittrich, die seitlich zu mir trat. Diesen Satz hatte ich in den letzten knapp 24 Stunden bereits einige Male gehört. Musste ich immer und überall Rechenschaft ablegen, wohin ich ging?

»Gleich fängt der Workshop an. Den wollen Sie sich sicherlich nicht entgehen lassen. Im Innenhof ist bereits alles aufgebaut. Soll ich Sie mit Frau Riehl bekanntmachen?«

Widerstand war zwecklos.

Unauffällig ließ ich die gefüllten Servietten in einen Abfalleimer fallen und folgte der Schlosschefin. Edgar schien inzwischen einen Narren an mir gefressen zu haben, er wich mir nicht von der Seite. Ich hatte den Eindruck, als würde Dittrich für einen Moment eifersüchtig zu mir blicken.

Auf mehreren Tischen lagen Dinge, die ich nicht kannte und auch nicht kennenlernen wollte. Auf der linken Seite war ein kleiner Esoterik-Verkaufsshop aufgebaut. Dort befanden sich Sachen wie Kartenspiele und knallbunte Bücher mit lebensbejahenden Überschriften wie »So werden Sie glücklich und steinalt« oder »Ratgeber für ein besseres Karma« oder »Selbsterkennung nach der Diefenbach-Methode«. Diefenbach-Methode? Mir blieb die Spucke weg. Entsetzt schnappte ich mir das dünne Büchlein und überflog den Klappentext. Autor Klaus P. Diefenbach. Das durfte nicht wahr sein! Solch ein schwachsinniges Buch passte zwar durchaus zu meinem Chef, im Moment kam mir das Ding aber äußerst ungelegen. Ohne mir etwas anmerken zu lassen, schob ich das Buch heimlich unter den Nachbarstapel mit diversen Horoskop-Ratgebern.

Hinter den Tischen stand eine rothaarige Mittvierzigerin, die meiner Meinung nach außer der Haarfarbe nichts mit einer Hexe gemein hatte. Freundlich lächelnd unterhielt sie sich mit Julienne Matthias-Gund. Da sie sich duzten, mussten sie sich anscheinend kennen.

»Frau Riehl, darf ich Sie bitte mal kurz unterbrechen?«, fragte Uli Dittrich höflich. »Ich möchte Ihnen gerne Herrn Diefenbach vorstellen.«

Riehl kam zu uns und schaute mich mit einem hypnotisierenden Blick an. Wollte sie mich unter geistige Kontrolle bringen? Das mag bei ihren leichtgläubigen Kunden funktionieren, bei mir als realistisch denkendem Zeitgenossen sicherlich nicht.

»Das ist Herr Diefenbach«, sagte die Schlosschefin. »Die meisten Workshops sind nach seinen Ideen entstanden.« Sie drehte sich zu mir. »Herr Diefenbach, das ist Silke Riehl, die Expertin in Sachen Reiki und SCIO.«

Sie gab mir die Hand und lächelte mild. »Sind Sie zufällig mit Klaus P. Diefenbach verwandt?«, fragte sie.

Uli Dittrich versuchte, das Missverständnis aufzuklären. Schließlich wusste sie um mein Pseudonym. Silke Riehl ließ sie aber nicht zu Wort kommen. »Natürlich müssen Sie es sein. Ich habe Ihren Namen in den Unterlagen gelesen. Entschuldigen Sie, dass ich Sie nicht gleich erkannt habe.«

Die Schlosschefin wollte abermals ansetzen, um die Sache aufzuklären. Dieses Mal machte ihr Edgar einen Strich durch die Rechnung. Ihr Jagdhund hatte einen seltsam geformten, wohl esoterischen Gegenstand entdeckt, der in seinen Lieblingsfarben Schwarz, Rot und Gold lackiert war. Uli Dittrich zerrte ihren Edgar von dem Tisch weg. »Entschuldigen Sie bitte«, sagte sie und brachte nach einem tiefen Seufzer Edgar, den wahrscheinlich weltweit einzigen demokratischen Jagdhund, weg.

Die Esoterikerin, die von Becker *Hexe* genannt wurde, strahlte über beide Wangen. Ob sie bewusstseinserweiternde Drogen nahm?

»Ich freue mich, Sie kennenzulernen, Herr Diefenbach«, säuselte sie. »Ihren Ratgeber finde ich als eines der gelungensten Bücher zu diesem Thema.« Sie kruschelte in ihrer Buchauslage und fand schließlich das von mir unzureichend versteckte Buch. »Ihre Methodik ist so einfach wie genial. Ich habe mich schon öfters gefragt, warum da niemand früher darauf gekommen ist. Inzwischen berate ich die meisten meiner Kunden nach Ihrer Diefenbach-Methode. Ich beginne immer, so wie Sie es empfehlen, mit der speziellen Selbstreflexion. Nur so werden meine Kunden in die Lage versetzt, über sich nachzudenken und schlummernde Probleme zu erkennen.«

Selbstreflexion, dachte ich sprachlos. Niemals hätte ich vermutet, dass dieses Wort zu KPDs Wortschatz gehörte. Mein Chef war immer und ständig davon überzeugt, der Allerbeste zu sein, egal was er machte oder sagte. Wozu sollte er deshalb selbstreflektieren?

»Fast alle meine Kunden haben die Behandlungen durchlaufen und meine Empfehlungen umgesetzt und sind sehr zufrieden. Ich«, sie lächelte mich an und verbesserte sich, »wir verhelfen mit dieser Methodik den Menschen zu mehr Achtsamkeit, Energie und Wohlbefinden.« Sie schaute mir tief in die Augen. »Nicht viele Menschen sind so wie wir beide, die die Kraft der feinstofflichen Energie nutzen. In meiner Funktion als Gesundheitsberaterin und Reiki-Lehrerin kann ich das behaupten. Schließlich habe ich den entsprechenden Überblick und viele Jahre Erfahrung.«

Mit seligem Blick blätterte sie durch KPDs Buch. »Wann wird die Fortsetzung erscheinen, die Sie im Nachwort erwähnen? Ich habe erfolglos im Buchhandel versucht, sie vorzubestellen.«

Gemeinheit und Boshaftigkeit gehörten standardmäßig nicht zu meinem sozialen Repertoire. Nun hatte ich die einmalige Gelegenheit, meinem Chef so richtig eins auszuwischen.

»Sie haben leider die verhunzte Erstauflage in der Hand, Frau Riehl«, sagte ich und nahm ihr das Buch ab. »Die dürfte überhaupt nicht auf dem Markt sein, da das Lektorat viele sinnentstellende Fehler gemacht hat. Leider hatte ich damals das Manuskript aus Zeitgründen nicht mehr gegengelesen. Erst als ich das fertige Buch sah, bin ich aus allen Wolken gefallen. Der Verlag hatte mir versprochen, dass die Auflage eingestampft wird. Daher bin ich mehr als überrascht, dass Sie eines dieser Bücher besitzen.«

»Sogar mehrere«, unterbrach mich Riehl. »Ich verkaufe sie ja auch. Die Bücher kann man nach wie vor jederzeit über den Großhandel beziehen.« Sie zog mir das Buch aus der Hand. »Ich finde die Beschreibung Ihrer Methode logisch und stringent. Fehler sind mir keine aufgefallen, meine Kunden sind jedenfalls äußerst zufrieden.«

Von der Seite trat Dietmar Becker zu uns. Er nickte Silke Riehl freundlich zu, dann entdeckte er das Buch. »Darf ich mal?«, fragte er und nahm ihr das Buch ab. Er schnappte nach Luft. »Klaus P. Diefen…« Weiter kam er nicht. Sein Brüllen schallte durch den ganzen Innenhof. Mein Feind konnte sich nicht mehr aufrecht halten. Er ging in die Knie und lachte wie noch nie. Silke Riehl und einige andere, die sich bereits für den Workshop eingefunden hatten, blickten pikiert auf den Archäologiestudenten.

»Epileptischer Anfall«, erklärte ich den Umstehenden. »Er hatte eine schwere Kindheit. Bitte sprechen Sie ihn nicht darauf an, er wird in seinem Zustand schnell aggressiv.« Sein Krimikollege Harald Schneider stand mit einem gemeinen Grinsen in der Nähe.

»Kümmern Sie sich um Becker«, befahl ich ihm. »Bringen Sie ihn irgendwo unter. Am besten weit weg.«

Schneider gehorchte. Becker, der nach wie vor an einem Lachkrampf litt, den man aber auch anders interpretieren konnte, war zur Gegenwehr nicht fähig.

Zwecks Ablenkung lächelte ich die Esoterikerin an. »Das kann immer mal passieren.« Ich schaute auf die Uhr. »Ich glaube, Sie sollten mit Ihrem Dingsda anfangen.«

Für die Zuhörer hatte man im Innenhof Stühle aufgestellt. Der Himmel war inzwischen durch eine geschlossene Wolkendecke verhangen, und die Temperatur hatte spürbar einen Sprung nach unten gemacht. Es war alles bis auf den letzten Platz belegt.

Restaurantmitarbeiter trugen die Fingerfoodplatten durch die Reihen, und Silke Riehl machte sich bereit für ihren Vortrag. Mein ursprünglicher Plan, in der letzten Reihe zu sitzen, wurde durch die Kurpfalz-Touristik-Geschäftsführerin vereitelt. »Neben mir ist ein Platz frei«, sagte Matthias-Gund, und ich hatte keine Ausrede.

Zuerst erzählte Riehl Allgemeines zu ihrer Person, danach wurde sie konkreter. »Ich bin sehr froh, Ihnen heute meine Tätigkeitsschwerpunkte vorstellen zu dürfen. Ursprünglich war ich dieses Wochenende für den astrologischen Notdienst der Kurpfalz eingeteilt, doch ich konnte mit einer Branchenkollegin tauschen.« Sie trank ein Schluck aus einem Glas, in dem es rot-gelblich schimmerte. »Reiki ist eine sehr alte und etablierte Methode, um durch sanftes und bewusstes Handauflegen Lebensenergie zu übertragen. Damit werden bei den Behandelten der Energiefluss gesteuert und die Reinigungs- und Selbstheilungskräfte aktiviert.«

Ich schloss meine Augen und versuchte das gleiche mit den Ohren. Wenn ich wenigstens mit einem Asterix-Album in der letzten Reihe sitzen könnte, wäre diese Zeit nicht vergeudet. Ich konnte mich noch so sehr anstrengen, immer wieder drangen Reiki-Informationen in mein Gehirn.

»Reiki ist ein wunderbarer Weg, um Disharmonien im Körper auszugleichen. Nur wer Körper, Geist und Seele gleichberechtigt in sich zulässt, kann ein wirklich ausgeglichenes Leben führen. Reiki ist übrigens japanisch und bedeutet ›universelle Lebensenergie‹.«

Irgendwann bekam ich im Halbkoma mit, dass sie von der Diefenbach-Methode sprach und sich freute, dass der Autor anwesend ist. Das Nächste, was ich wahrnahm, war ein Rütteln am Oberarm.

»Herr Diefenbach, ist Ihnen nicht gut?«

Julienne Matthias-Gund schaute besorgt. Hoffentlich hatte ich nicht geschnarcht.

»Das geht in Ordnung«, flüsterte ich ihr zu. »Ich habe mich nur in mich vertieft, um die Lebensenergie zu spüren.« Ich hoffte, dass es an diesem Wochenende keinen Esoterik-Workshop gab, der auf KPDs Idee fußte.

»Und nun kommen wir zum Hauptthema«, sagte Riehl und ich fragte mich, ob sie vielleicht doch eine Hexe sei.

»Mein SCIO ist ein computergesteuertes Analyse- und Behandlungsgerät, das auf der Ebene der Bioenergetik arbeitet. Das SCIO-Biofeedbacksystem nimmt über Elektroden eine Verbindung zum menschlichen Körper und seinem Unterbewusstsein auf.«

Sie zeigte auf einen unscheinbaren, grauen rechteckigen Kasten mit den Maßen einer kleinen Keksdose. Auf der blauen Vorderseite waren einige LEDs sowie zwei Computerbuchsen eingelassen. Eine der Buchsen war über ein Kabel mit einem Notebook verbunden. An der anderen Buchse hing ein längeres Kabel, das sich in mehrere dünnere Leitungen aufteilte. An deren Ende befanden sich Manschetten mit Klettverschlüssen.

Wahnsinn, die Hexe wird doch hoffentlich nicht mit Stromstößen foltern wollen? Ob sie überhaupt eine fundierte Ausbildung besaß, um mit dem in meinen Augen potenziell gefährlichen Apparat arbeiten zu dürfen?

»Na, wer will das SCIO einmal testen?«, fragte sie, und

sofort schnellten einige Arme nach oben. Frau Riehl ging zu meiner Sitznachbarin. »Sind Sie sicher, dass Sie wollen?«

Nanu, wunderte ich mich. Vorhin hatten die beiden sich geduzt. Da ist irgendetwas oberfaul an der Sache. Ich kam mir vor wie bei einer Seniorenkaffeefahrt, wo meistens ein paar Anheizer im Publikum sitzen, um die anderen suggestiv zu unüberlegten Käufen zu überreden. Gruppenzwang mit kriminellem Hintergrund. War es hier genauso? Waren die beiden ein geübtes Vertriebspaar, das nach der Vorführung versuchen würde, diese Geräte zu verkaufen? Oder zumindest sauteure Behandlungen mit dem SCIO? Ich beschloss, aufmerksam zu bleiben und beizeiten einzugreifen.

Julienne Matthias-Gund stellte sich vor und durfte auf einer Liege Platz nehmen, die vor dem Tisch in der Nähe des Gerätes stand. Silke Riehl band Manschetten an die Hand- und Fußgelenke ihres Opfers. Zum Schluss wickelte sie ihr eine zusätzliche Manschette um den Kopf, was sehr martialisch aussah.

»Ich beginne mit 3.000 Volt«, sagte sie trocken, verbesserte sich aber sofort. »Das war natürlich nur ein Scherz. Die Ströme sind so gering, dass man davon nichts bemerkt.«

Sie schaltete das Gerät ein und drückte ein paar Tasten auf dem Notebook, auf dessen Monitor ein buntes Tortendiagramm aufleuchtete.

»Mit dem SCIO kann man unzählige Auswertungen fahren, je nach Wunsch und vorgeschlagener Behandlungsweise. Das energetische System scannt vom Körper elektrophysiologische Reaktionen, die man mit schulmedizinischen Methoden nicht erheben kann. Das Gerät ermittelt, analysiert und optimiert Stressfaktoren und Blockaden im menschlichen System.«

Ich seufzte vor mich hin. Ob sie wirklich an dieses Zeug glaubte?

»Damit wird eine Brücke zur informellen und unbewussten körperlichen, mentalen, emotionalen und spirituellen Ebene geschlagen.«

Mit aller Kraft musste ich mich zusammenreißen, um diesen Ort nicht schleunigst zu verlassen.

»Hier sehen Sie das Stressprofil von Frau Matthias-Gund. 250 energetische Stressreduktionsmöglichkeiten lassen sich daraus ableiten. Je größer der Tortenausschnitt, desto relevanter.«

Silke Riehl vergrößerte das Diagramm. »Ich sehe, Frau Matthias-Gund, dass Zucker bei Ihnen der größte Stressauslöser für die Gesundheit ist. Kann es sein, dass Sie zu viel Süßigkeiten essen?«

Ihr Opfer nickte.

»Ich sehe außerdem, dass Sie zwar nicht unter Bewegungsarmut leiden, aber zu häufig am Computer sitzen. Sie sollten Yoga oder progressive Muskelentspannung machen.«

Die Hexe erklärte den Zuhörern weitere Diagramme, bei denen Frau Matthias-Gund jedes Mal zustimmend nickte. Zum Schluss, nachdem die Manschetten entfernt wurden, drückte Riehl ihr ein paar Blätter in die Hand, die aus einem kleinen Drucker gerauscht kamen.

»Das sind die Detailergebnisse«, sagte sie stolz.

»Vielen Dank«, antwortete die Kurpfalz-Touristik-Chefin. »Alles, was Sie über mich gesagt haben, trifft zu 100 Prozent auf mich zu. Ich bin schwer beeindruckt.«

Nachdem der übermäßige Applaus abgeflacht war, sprach Silke Riehl weiter.

»Ich freue mich, dass wir einen Autor unter uns haben,

dem ich viel verdanke. Seine Methodik ist so verblüffend wie einfach umzusetzen. Herr Diefenbach«, sie kam auf mich zu, »würden Sie mit mir gemeinsam die wesentlichen Aspekte vortragen? Ich würde mich sehr darüber freuen.«

Spontan simulierte ich heftige Bauchschmerzen. Ich drehte mich zu Matthias-Gund und sagte so laut, dass es die Hexe mitkriegen musste. »Ich muss leider dringend meine Medikamente nehmen, die Krämpfe, Sie verstehen.«

Beide sahen mich ratlos an und ich ergänzte: »Es tut mir sehr leid, es geht jetzt wirklich nicht.« Mit schmerzverzerrtem Gesicht stand ich auf und achtete darauf, dass mich alle Zuhörer sahen. Später würde ich Ihnen von meiner Spontanheilung erzählen. Die ersten Regentropfen fielen.

KAPITEL 10
EINE AUSGEFALLENE TRAUUNG

Ich flüchtete vom Innenhof ins Schloss. Möglichst weit nach oben, da dort die Wahrscheinlichkeit meiner Meinung nach geringer war, einem Teilnehmer zu begegnen, der irgendetwas von mir wollte oder mich fragte, wo ich denn hinging.

Bereits im Treppenhaus wunderte ich mich über die relativ vielen Menschen, die allesamt festlich angezogen waren. Auf dem Stockwerk des Siebenpfeiffer-Saals ging es zu wie in einem Bienenstock. Klar, die Hochzeit, fiel mir ein. Ein schrilles Rückkopplungspfeifen aus dem Saal ließ mich zusammenzucken. Sekunden später kam dieser Edsel von den »Anonyme Giddarischde« aus dem Saal gestürmt und rannte mich beinahe um. Es machte »ratsch« und ich wusste, dass auch diese Hose im Schritt gerissen war.

»Aus'm Weg, do vorne, Luft, isch brauch Luft! Des glaabt uns kään Mensch. De liewe Gott prüft uns hart, des därfen'se glaawe!«

Da ich nicht wusste, was er meinte, blieb ich stumm.

»So ebbes hab ich noch nie erlebt. Erschtemool hot der Saal e' Escho wie de' Dom vun Schpayer, dass'de alles dreimool heerscht unn' dann kann jetzterd kääner mer noi!«

»Wieso denn das?« fragte ich den Sänger, der prompt zu einer gewohnt kompakten Antwort ansetzte:

»Des is' so: Mir kriegen jo immer widder mool Hausmacher Worscht uff die Biehn gebrocht, weil mer uns halt

gut mit de' Metzger verstehe. Do hawwe' mer klare Priori-
täte'! Jetzt is' unsern Mischael net nur kään Koschtveräsch-
ter, sondern er losst halt aach nix umkumme unn' Reschte
macht der dreimool net! So wie der de' Teller leeresst
misst's ganze Johr die Sunn' scheine! Kän Schpaß! Ja wie
mir dann vor – loss misch iwwerleege – drei Woche, ajoh,
des is schunn drei Woche her, in Hertlingshause g'schpielt
hänn, do hot mer uns en ganze Ring Lewwerworscht an
die Biehn gebrocht.«

Edsel redete mit beinahe missionarischem Eifer weiter: »Jetzt sinn jo die Giddarischde do e bissl im Vorteel,
die können nämlisch kaue beim schpiele. Als Sänger geht
des nur schwer. Uff jeden Fall war, wie des Konzert rum
war, noch en schääne Ranke Worscht iwwerisch. E' gutes
halwes Pfund unn' isch hätt' jo aachemool gern prowiert.
S'war awwer so, dass die Worscht irgendwann ääfach fort
war unn' grad ewe' hämmer'se g'funne. De Misch'l wollt
sisch noch e bissl was mit uff de Weg mitnemme unn' hot
sisch de Rescht in de' Gidarrekoffer g'schteckt. Unn dann –
hot' ers vergesse! Vor drei Woche! Bei dem Wetter! Im
Auto!«

Das letzte Wort ließ der Sänger nachklingen und ich
nutzte die kurze Pause zu der ungläubigen Frage: »Da
drinnen, im Saal?«

Die Antwort kam sofort: »Ajoh, was määnscht warum
de Rescht vum Quintett die Kepp' aus'm Fenschter hängt
unn noch Luft schnappt? Der Saal is olfaktorisch konta-
miniert, do brauschte'n Atemschutz! Wann die do drin
Hochzeit feiern, dann laafen' der die Kärsche vun de Tort!
Der Geruch beißt jo schunn in de' Aache! Isch saach
der: bei dere Kabell kannschte was erlewe. De Schleifer,
unser'n Roadie hot sisch noi getraut unn' fangt grad die

Worscht widder ei'. Die hot jo sischer schunn interschtellare Kontakt uffgenumme! Des is'n Held, unsern Schleifer, so ebbes geheert emool uffg'schriwwe! Jetzt wollen die Leit in de Saal. Do drin rieschts wie e Mischung aus'me rallische Fleeschwolf unn' äänere alte Worschtkisch. Wann do ääner die Braut entfiehre will braucht' der erschtemool en G'fahrgutschoi!«

»Was für einen Gutschein?« Trotz der vielen Jahre, die ich in der Pfalz lebte, praktisch seit meiner Geburt, konnte ich nicht alles verstehen.

»Oha!« kam die Antwort: »Der Herr redd hochdaitsch! Aller dann, Wer immer die Braut entführen möchte, der bräuchte wohl einen Ge – fahren – gut – schein. Das is' des Zertifikat mit dem mer Giddarischde in unser'm Zuschtand im Auto transportiere' därf. Gell do guggen'se! Uff jeden Fall esst jeder, wu do drin war die näkschte zwee Woche nur noch Salat, des kännen'se mer glaawe!«

Jetzt verstand ich, warum die Hochzeitsgäste die ganze Zeit im Treppenhaus standen. »Während unser'n Roadie noch die Worschtbomb entschärft, kännte' mer jo schunnemool Saundtscheck mache« sagte der Sänger und ging, nur flach atmend in den Saal.

Langsam folgten ihm die ersten Hochzeitsgäste in Richtung Saaleingang. »S'is wie wann mer ääner fahre' loßt! Wer zuerscht komisch guggt iss'es gewese!«, rief Edsel mir und den Gästen noch nach.

Ich wartete ein paar Minuten und folgte dann den anderen in den Saal. Der Gestank war immer noch bestialisch, trotz weit geöffneter Fenster. Todesmutig wagte ich mich in Richtung Bühne und lief Edsel erneut über den Weg. »Wann geht's denn los mit der Musik? Wie lange dauert Ihr Auftritt?«

Edsel blickte auf seine Armbanduhr. »Eischentlich wär die Trauung jetztert grad fertisch und mir deden die erschte Runde spiele. Gebucht sinn mer bis heit owend. Awer de Bräutigam taucht net uff. Vielleicht isser verlore gange in dem riesische Schloss?«

Ein vermisster Bräutigam? Ich lachte innerlich über diesen uralten Witz, wobei in den Witzen oft genug auch die Braut die eigene Hochzeit verpasste.

Ich schaute nach vorne, wo sich an einem Tisch, der wohl für die Trauzeremonie gedacht war, der Pfarrer mit einer Person unterhielt. Und diese Person kam mir bekannt vor. Ich musste einen Moment überlegen, bevor ich wusste, woher ich die zu klein geratene Sean-Connery-Kopie kannte. Klar, das war Gunter Engler, der mir vor einer Weile geholfen hatte, in Ludwigshafen-Edigheim den Nibelungenschatz zu finden. Der Schatz war inzwischen zum Großteil geborgen, was in der Öffentlichkeit aus Sicherheitsgründen zurzeit geheim gehalten wurde.

Engler hatte mich ebenfalls entdeckt und winkte mir freudestrahlend zu.

Ich verabschiedete mich von Edsel, der mich aber kaum noch registrierte.

»Hallo, Herr Palzki«, begrüßte mich Gunter Engler mit Handschlag, nachdem ich den Saal, immer schön an der Wand entlang, durchquert hatte. Stolz drückte er seine Brust heraus. »Gehören Sie zu den Tagungsteilnehmern?« Er überlegte kurz. »Oder sind Sie mit dem Bräutigam bekannt?«

»Ich bin nur zufällig im Siebenpfeiffer-Saal gelandet. Ich muss gleich runter zu den anderen. Wir haben das ganze Wochenende volles Programm.«

»Darf ich Ihnen meine Frau, Beate Bootz-Engler, vorstellen?«, fragte Engler und zeigte auf eine Frau, die auf uns zukam. In der Hand hielt sie eine Schachtel Zigaretten.

»Ich bin um das Schloss gelaufen, habe ihn aber nirgendwo entdeckt«, sagte sie zu ihrem Mann. »Es hat übrigens zu regnen begonnen.«

Dieser ging auf ihre Nachricht nicht ein. »Beate, das ist Herr Palzki. Du weißt schon, ich habe dir mehrfach von ihm erzählt. Die Sache mit dem Nibelungenschatz.« Er schaute verschwörerisch in die Runde.

Auch Beate Bootz-Engler gab mir die Hand. »Angenehm, Herr Palzki. Sie glauben nicht, was Sie mit dieser Sache angerichtet haben. Mein Mann lebt nur noch für diesen Schatz. Am liebsten würde er es allen Mitmenschen sagen, aber er darf ja leider nicht. Vielleicht bekommt er einen guten Posten, wenn eines Tages das Nibelungenmuseum in Ludwigshafen gebaut wird.«

Aus den Augenwinkeln heraus sah ich, wie sich zwei junge Damen lachend unterhielten. Eine der beiden zeigte mit ihren Fingern ungeniert auf mich. So gut es ging, drehte ich mich zur Seite, um ihnen diese Belustigung zu versagen. Da ich sowieso nicht wusste, was ich hier noch sollte, versuchte ich mich in kurzem Small Talk, um mich rasch verabschieden zu können. »Nett, dass ich Sie mal wieder getroffen habe, Herr Engler. Sind Sie mit einem der beiden Glücklichen, die heute heiraten, verwandt?«

»Ach so«, sagte Gunter Engler. »Woher sollen Sie das auch wissen?« Er drehte sich um und rief in den Saal: »Judith? Kommst du mal bitte?«

Aus einem Pulk mehrerer Personen trat die Braut heraus, die ich bisher nicht wahrgenommen hatte. Sie trug ein bordeauxfarbenes Kleid in einem flotten, sportlichen Schnitt. »Papa, wu bleibt dann Hagen Siegfried?« Die Braut trat ungeduldig von einem Fuß auf den anderen. »Ob der Kerle mich versetzt hot?«

»Ach was«, antwortete ihre Mutter. »Wer dich versetzt, muss verrückt sein. Außerdem haben wir ihn vor einer guten Stunde gesehen. Vielleicht sitzt er mit Durchfall auf der Toilette?«

»Oder der Hagen Siegfried hot ä anneri gfunne!«, sagte sie starrköpfig.

»Liebes Kind«, sagte Beate Bootz-Engler und legte den Arm um ihre Tochter. »Werde nicht schon wieder paranoid. Er wird gleich kommen.«

In diesem Moment kam zwar nicht der Bräutigam, aber der Pfarrer hinzu. »Es tut mir sehr leid, aber in spätestens einer Stunde muss ich fort. Ich habe einen dringenden Anschlusstermin in meiner Gemeinde.«

»Wird jemand vermisst?« Ich mischte mich mit einer Frage ein, obwohl ich die Antwort kannte.

»Judiths Bräutigam ist verschwunden«, erklärte Gunter Engler. »Wir haben bereits überall nach ihm gesucht.«

Da ich keinen Zusammenhang mit den Vorgängen unter den Seminarteilnehmern sah, beruhigte ich die Familie. »Ich werde mich ebenfalls mal umschauen.« Ich wandte mich an die Braut. »Er wird bestimmt bald kommen.«

Mit einem mulmigen Gefühl drehte ich mich herum, um den Saal zu verlassen.

»Wo wollen Sie hin?«, rief mir eine Person nach. Schon wieder, verflixt. Wer war das jetzt schon wieder?

»Bleiben Sie doch, Herr Diefenbach.«

Dietmar Becker. Wo kam der jetzt her? Ich dachte, Harald Schneider hatte ihn ruhiggestellt.

Gunter Engler, der uns beobachtet hatte, wiederholte ungläubig: »Herr Diefenbach?«

»Ja, nein«, antwortete ich ambivalent. »Das ist mein Deckname für dieses Wochenende, aber bitte nicht weitersagen.«

Engler bekam große Augen. »Sie ermitteln verdeckt? Hier auf dem Schloss? Wie kann ich Ihnen helfen?« Seine Hände begannen spürbar zu zittern, dabei blickte er mich mit großen Augen hoffnungsvoll an.

Dietmar Becker, der Gunter Engler ebenfalls von den Ermittlungen in Sachen Nibelungen kannte, lachte. »Das ist nicht so, wie Sie denken, Herr Engler. Herr Palzki gibt sich nur für seinen Chef aus, da dieser verhindert ist. Das ist aber eine lange Geschichte.«

»Schade«, sagte Engler.

»Na ja«, legte der Student nach. »Bis auf die zwei Mordattentate auf mich und einen Seminarteilnehmer, der sich letzte Nacht selbst umgebracht hat, ist bisher nicht viel passiert.«

Am liebsten hätte ich Becker wegen dieser Indiskretion ans Schienbein getreten. Jetzt würde garantiert ein weiterer Möchtegerndetektiv im Hambacher Schloss herumschnüffeln.

Gunter Engler reagierte wie erwartet. »Ich bin den ganzen Nachmittag und den Abend einsatzbereit. Wenn es später werden sollte, kann Beate alleine heimfahren. Judith übernachtet sowieso in einem Hotel in der Nähe.«

»Es gibt nichts zu ermitteln«, antwortete ich ihm. »Alles Zufälle, sonst hätte ich längst meine Kollegen informieren müssen, da ich privat auf dem Hambacher Schloss bin.«

Ich drehte meinen Blick zum Studenten. »Und was wollen Sie bei der Trauung?«

Becker klatschte sich seine Hand an die Stirn. »Das hätte ich beinahe vergessen. Ich bin hochgekommen, um Steffen zu begrüßen. Erst vor ein paar Minuten habe ich erfahren, dass er hier ist.«

»Meinen Sie Herrn Boiselle, den Karikaturisten?«, fragte Engler. »Den haben meine Frau und ich als Hochzeitszeichner engagiert. Er zeichnet auf Wunsch die Gäste. Nach der Trauung wird er live das Brautpaar porträtieren. Da hinten sitzt er.«

Die beiden gingen zu dem Karikaturisten, der einen eigenen Verlag besaß und für die Sonntagsausgabe der »Rheinpfalz« regelmäßig die Cartoons des »100% PÄLZER« zeichnete. Als guter Freund von Dietmar Becker hatte er diesem in der Vergangenheit bereits mehrfach geholfen, mich bei meinen Ermittlungen zu behindern.

Notgedrungen schnappte ich mir von einem der vielen Stehtische eine der ausliegenden Menükarten und hielt sie lässig mit ausgestreckten Armen fest, die ich hinter meinem Rücken verschränkte. Das musste für einen Außenstehenden vielleicht etwas eigenwillig aussehen, erfüllte aber seinen Zweck.

»Hallo, Dietmar«, begrüßte der Zeichner seinen Freund. »Bist du zur Hochzeit eingeladen?«

»Nein, ich bin Referent bei dem Managementseminar im Festsaal«, antwortete er stolz.

»Ui!«, frohlockte Boiselle. »Herzlichen Glückwunsch. Da soll angeblich die Crème de la Crème anwesend sein. Und du mittendrin.« Der Zeichner und Cartoonist stand auf und verbeugte sich spaßeshalber.

Becker fühlte sich geschmeichelt. Er blickte auf die Zeichnung, die sein Freund gerade anfertigte. »Das sieht richtig gut aus, machst du das öfters?«

»Zeichnen?«, fragte dieser überrascht. »So ab und zu schon.« Er setzte ein breites Grinsen auf.

»Nein, ich meine auf Hochzeiten und so.«

»Das wird immer mehr, so langsam spricht sich mein Angebot herum. Ich mache das sehr gerne. Und es gibt gutes Essen dazu.« In dem Moment nahm er mich wahr. »Herr Palzki, Sie auch hier? Sagen Sie bloß, sind Sie auch auf dem Seminar?«

»Diefenbach«, sagten Becker, Engler und ich gleichzeitig,

Steffen Boiselle verstand die Welt nicht mehr, und so sah seine Mimik aus.

»Er ist auf geheimer Mission«, quatschte Gunter Engler dazwischen. »Aber keine Angst, sein Auftrag hat nichts mit der Hochzeit zu tun.«

Diese Auskunft veränderte Boiselles Gesichtsausdruck nur minimal.

»Dummes Zeug«, fuhr ich dazwischen. »Ich bin nur als Vertretung für meinen Chef gekommen. Dass mich alle mit Diefenbach ansprechen, ist ein permanentes Missverständnis.«

»Das haben Sie mir aber anders erklärt«, sagte der Student, womit er sich von mir einen bösen Blick einhandelte.

»Und die Attentate?« Jetzt hatte Engler nachgelegt.

Der Cartoonist zog seine Schlüsse. »Also doch eine Undercover-Aktion. Alles andere hätte mich gewundert.« Er blickte zu seinem Freund. »Dietmar, ich kann dich nachher in meiner ersten Pause gerne unterstützen. Und heute Abend selbstverständlich auch. Es spielt keine Rolle, um welche Uhrzeit ich heimkomme.«

Es war kaum zu glauben. Ich hatte keinen Ton davon gesagt, dass ich beruflich auf dem Hambacher Schloss war, und die beiden taten so, als würde ich ein Dutzend Schwerverbrecher jagen.

»Tun Sie, was Sie nicht lassen können«, mischte ich mich harsch in die Diskussion über die weitere Vorgehensweise ein, in die sich Engler ebenfalls eingebracht hatte. »Ich gehe jetzt jedenfalls ins Restaurant ›1832‹ zum Mittagstisch. Und anschließend leite ich den nächsten Workshop. Mal schauen, um was es dabei geht.«

Ich ließ die drei Hobbydetektive zurück. Mein nächster Halt war allerdings nicht das Restaurant, sondern das Oktagon, der achteckige Kassenraum.

»Guten Morgen, Herr Diefenbach«, begrüßte mich Monika Lippert, die einen Ständer mit Zeitschriften und Prospekten sortierte. »Müssen Sie wieder an Ihr Gepäck? Ich habe es sicherheitshalber gleich vorne auf das Regal gestellt.« Sie zögerte einen Augenblick. »Darf ich Sie mal etwas fragen, Herr Diefenbach?«

»Nur zu. Um was geht es denn?«

Sie zog ein Heft aus dem Ständer. Ich las den Titel: »Vielpfalz«.

»Dieses Magazin gibt es seit etwa zwei Jahren. Es erscheint alle zwei Monate und beinhaltet unter anderem tolle Reportagen über die Pfalz. In der aktuellen Ausgabe habe ich Sie entdeckt.«

»Mich?«, fragte ich verwundert.

»Da schauen Sie. In dem Artikel geht es um die Schifferstadter Polizei. Nur mit der Bildunterschrift stimmt etwas nicht. Ihr Name steht bei einer anderen Person.«

Ich nahm ihr das Heft ab. Es war eine Gruppenaufnahme unserer Dienststelle, die vor ein paar Monaten gemacht wurde. Im Vordergrund stand KPD, der in der Legende korrekt mit Klaus P. Diefenbach bezeichnet wurde. Ich selbst stand im Hintergrund, man konnte nur meinen Kopf sehen.

»Tatsächlich«, sagte ich. »Immer diese Reporter, die bringen alles durcheinander. Ich werde den Fehler in der nächsten Ausgabe korrigieren lassen.«

»Das ist nett«, sagte Frau Lippert. »Ich lese das Magazin sehr gerne und habe mich auch bei dem Newsletter angemeldet.«

Ich gab ihr das Heft zurück. »Ich muss mich für den nächsten Workshop umziehen.«

»Gehen Sie nicht zum Essen ins Restaurant? Der Küchenchef Ben Pauls gibt demnächst einen Einblick über das Buffet und dessen Herstellung.«

»Natürlich«, entgegnete ich ein wenig abgelenkt, da ich in dem Moment beim Wühlen im Koffer erkannte, dass ich nur noch eine Jeans dabei hatte, die mir Stefanie für den Notfall eingepackt hatte, falls es zu einem Geländespiel oder Ähnlichem kam.

Ich nickte Frau Lippert zu und ging ins Schloss. Dabei hielt ich die Jeans so, dass sie mein Malheur nicht sehen konnte.

In der mir bereits zur Genüge bekannten Toilette zog ich mich um. Die Jeans, die bereits ein paar Jahre auf dem Buckel beziehungsweise auf den Beinen hatte, war eindeutig bequemer als die engen Stoffhosen, die Stefanie wahrscheinlich sofort in die Altkleidersammlung geben würde. Mit Erfolg konnte ich sogar meine Hand zwischen Hosenbund und Bauch stecken. Meine Diätbemühungen und mein Bewegungsdrang schienen sich bereits merklich auf meinen Bauchumfang auszuwirken.

Gut gelaunt wollte ich den Toilettenraum verlassen und die Tür zum kleinen Vorraum mit den Waschbecken öffnen, da hörte ich zwei mir wohlbekannte Stimmen, die sich erregt unterhielten.

»Das muss heute Nacht laufen, egal was passiert«, herrschte Uli Dittrich den Burschenschafter an.

»Mach nicht so einen Stress, Uli. Wir konnten schließlich gestern Abend auch nicht die Fahne auf dem Turm hissen.«

»Das ist deine Sache«, erwiderte die Schlosschefin. »Ich habe dir den Schlüssel für den Turm gegeben. Wenn du ihn an unzuverlässige Leute weitergibst, so ist das deine Sache. Wir hatten eine klare Abmachung, und daher geht es jetzt um mein Projekt. Heute Nacht muss das Ding ausgetauscht werden. Mir ist egal, wie du das deinen Studentenfreunden beibringst.«

Da die Unterhaltung nun leiser geführt wurde, konnte ich nichts mehr verstehen. Um bei einer Konfrontation keine peinliche Situation entstehen zu lassen, ging ich zurück zur Toilette und drückte die Wasserspülung. Dann knallte ich die Tür zu und räusperte mich laut. Wie erwartet, war der Vorraum mit den Waschbecken menschenleer. Ich hatte keine Idee, in welche Machenschaften die Schlosschefin verstrickt war. Die Burschenschaftsdemo bewertete ich zwar als harmlos, aber da gab es noch etwas anderes, wie mir das eben belauschte Gespräch bewies.

Im Flur erwartete mich die nächste Überraschung: Dietmar Becker und Gunter Engler schlichen auffällig unauffällig herum und schnüffelten in allen Ecken herum.

»Auf dem Klo ist er nicht, der Bräutigam«, machte ich mich über die beiden lustig. »Habt ihr auf dem Damenklo geschaut?«, fragte ich die beiden flapsig.

»Da muss was passiert sein«, erwiderte Becker. »Warum sollte der Bräutigam sonst verschwinden?«

Die Gründe, die mir einfielen, behielt ich für mich und machte mich weiter lustig über die beiden Detektive.

»Habt ihr schon in diesen Raum geschaut?«

»Da steht ›privat‹ drauf und ›Zutritt verboten‹, Herr Palzki«, erwiderte Engler.

Becker flüsterte ihm etwas zu.

»Jaja«, verbesserte sich der Brautvater. »Herr Diefenbach, natürlich.« Er zwinkerte mit einem Auge, was aber nicht so doof aussah wie bei mir.

»Seit wann nehmen Sie Rücksicht auf Verbote?«, provozierte ich die beiden weiter. »Haben Sie Ihre Dietriche dabei, Herr Becker? Die Tür ist garantiert abgeschlossen.« Wie zum Beweis drückte ich die Klinke, und die Tür sprang auf.

»Nanu«, rief ich erstaunt. Die Neugierde siegte, ich öffnete sie komplett. Becker und Engler kamen mir unangenehm nah, da sie ebenfalls in den unbekannten Raum blicken wollten.

»Ein Flur und ein paar Technikräume«, erklärte ich. Warum ich die Tür nicht gleich schloss, sondern den Lichtschalter drückte, weiß ich nicht. Jedenfalls sahen wir sofort die Blutstropfen auf dem Boden, als das Licht aufflammte.

Darauf achtend, nicht auf das Blut zu treten, eilte ich in den Flur, der nach kurzer Zeit einen Knick nach links machte. Halb im Flur und halb im Türrahmen, der zu einem Versorgungsraum führte, lag der Bräutigam auf dem Boden und krümmte sich vor Schmerzen.

»Da, da, das ist er!«, rief Engler und wollte an mir vorbeistürzen.

»Nicht so voreilig«, raunzte ich ihn an. »Keine Spuren verwischen.«

Mein erster Eindruck täuschte mich nicht. Da ich, wie

alle Polizeibeamten, eine Erste-Hilfe-Ausbildung besaß, die regelmäßig aufgefrischt wurde, bemerkte ich schnell, dass der Bräutigam mit dem ungewöhnlichen Namen Hagen Siegfried kurz vor seinem Ableben stand. Puls und Herzschlag waren soweit okay, nur der Blutverlust gab mir zu denken.

»Herr Engler, gehen Sie hoch und rufen einen Notarzt. Herr Becker, wir müssen die Wunde abbinden.«

Becker war mir ausnahmsweise eine große Hilfe. Engler rannte in den öffentlichen Bereich, und der Student besorgte innerhalb weniger Sekunden einen Verbandskasten. Keine Ahnung, wo er den so schnell her hatte. Es handelte sich nur um eine einzige Wunde im Unterbauch. Es gelang uns, den Blutfluss einigermaßen zu stoppen.

»Was ist denn hier los?« Eine tiefe Stimme ließ uns hochschrecken: Der Hausmeister des Schlosses kam angelaufen.

»Wir haben ihn eben erst gefunden«, erklärte ich ihm schnell. »Der Notarzt wird gerade verständigt.«

»Ist das jemand von der Hochzeitsgesellschaft?« Herrmann Hoch, der Hausmeister, trat näher.

»Der Bräutigam«, erklärte Becker.

»Lassen Sie mich mal ran. Ich habe früher als Rettungssanitäter gearbeitet.«

Sowohl Becker als auch ich waren froh, den Job an eine kompetente Person weitergeben zu können.

»Das sieht böse aus«, bewertete Hoch den Zustand des Schwerverletzten. »Der hat ganz schön viel Blut verloren.«

Während Becker weiter neben Hagen Siegfried kniete, stand ich auf. Beziehungsweise, ich wollte aufstehen. Irgendetwas kam mir dabei in die Quere und warf mich um. Erst nach einer Schrecksekunde hatte ich registriert, dass in dem Raum, in dessen Türrahmen der Bräutigam mehr oder weniger lag, eine weitere Person gewesen sein musste. Diese hatte die Situation ausgenutzt, um mit einem Blitzstart aus ihrem Versteck zu hechten und über uns drüberzuspringen. Da ich gerade aufstehen wollte, kam es zur Kollision. Und weil die andere Person wesentlich mehr kinetische Energie innehatte, zog ich den Kürzeren, was rein physikalisch bedingt war.

»Das muss der Mörder sein!«, schrie Becker und rappelte sich zusammen mit mir auf. Auch wenn *Mörder* im Moment der falsche Begriff war, so musste es sich zumindest um den Täter handeln. Leider verlief das Ganze so schnell, dass ich, da die Person in ein Cape gehüllt war, nicht einmal sagen konnte, ob es ein Mann oder eine Frau war. Aufgrund der Kraft des Zusammenpralls ging ich zwar von einem männlichen Gegner aus, sicher war dies aber nicht.

Da der Hausmeister den Verletzten gut im Griff hatte, konnte ich, natürlich gemeinsam mit Becker, die Verfolgung aufnehmen.

Die vermummte Person war zum anderen Flurende gerannt. Dort knickte der Flur abermals ab. Es ging an einem Lagerraum vorbei, der mit allen möglichen Dingen vollgestopft war. Eine zweite Tür führte ins Freie hinter das Schloss. Schräg unten sah ich das Besucherhaus mit dem Museumsshop. Becker, der hinter mir aus der Tür kam, sah sich suchend um.

»Dorthin!«, schrie ich ihm zu. Tatsächlich hatte ich gesehen, wie der Täter links herum um das Schlossgebäude gelaufen war. Das Cape, dachte ich. Es war das gleiche wie auf dem Dach des Schlosses. Ich musste nachher unbedingt klären, ob der Bräutigam zufällig in unserer Turmbesichtigungsrunde war. Damit könnte ich den vermuteten Anschlag auf Becker endgültig widerlegen.

Wir rannten um das Schloss herum und kamen zu dem Weg, den die Besucher nahmen, die nicht den Treppenweg laufen wollten. Die unbekannte Gestalt flüchtete allerdings nicht in Richtung Schlosseingang, sondern verschwand in einer unscheinbaren schmiedeeisernen Tür, die offen stand und in das ungewöhnlich geformte Restaurantgebäude führte. Dieser Teil des Neubaus war mir bis jetzt unbekannt. Der Zugang führte nicht wie erwartet in das Restaurant, sondern über eine Freitreppe nach oben auf eine Terrasse. Auf der Treppe gelang es Becker, mich zu überholen, er war ja ein paar Jahre jünger. Dennoch hielt ich mich für mein Empfinden tapfer, auch wenn mir der Pulsschlag inzwischen im Kopf hämmerte.

Die Terrasse mündete in das Obergeschoss des Restaurants, das nur aus einem kleineren Raum bestand und gemütlich als Lounge mit bequemen Sitzgruppen eingerichtet war.

Becker und ich sahen es bereits von der Terrasse: Die Lounge hing, ähnlich wie die Empore im Festsaal, nur über einem Teil des unteren Restaurantgeschosses. Eine Balustrade begrenzte die Räumlichkeit.

»Jetzt haben wir ihn!«, schrie Becker, und ich hörte, dass auch er schwer mit seiner Kondition zu kämpfen hatte.

Nachdem wir die Terrasse verlassen und die Lounge des Restaurants betreten hatten, erkannten wir unseren Irrtum: Hinten links gab es nicht nur einen Aufzug, sondern auch eine Treppe, die ins Erdgeschoss führte.

Becker, der, weil er zu spät bremste, zunächst an der Treppe vorbeigerannt war, war wieder mit mir gleichauf. Im Erdgeschoss hatten sich inzwischen die meisten Seminarteilnehmer eingefunden. Manche saßen, doch die meisten standen mit Sektgläsern herum. Der von uns Gejagte konnte die Schrecksekunden zu seinen Gunsten verbuchen. Rüde rempelte er sich den Weg frei. Durch diesen Umstand bedingt, standen uns die unfreiwillig Behelligten noch mehr im Weg und schauten blöderweise auch noch in die andere Richtung, dorthin wo die Person geflohen war.

»Polizei!«, rief ich, so laut ich konnte. »Aus dem Weg, wir verfolgen den Kerl.«

Die Anwesenden gingen im ersten Reflex nicht aus dem Weg, sondern drehten sich nur zu uns um, was die Sache nicht einfacher machte. Alle sprachen durcheinander, und es schienen keine allzu freundlichen Worte zu sein. Da mich dieses Stimmengewirr im Moment nicht sonderlich interessierte, bahnte ich mir einen Weg. Becker, der die Orientierung in der Menschenansammlung verloren hatte, folgte mir. An der Theke entlang ging die Jagd rechter Hand nach hinten in den Mitarbeiter- und Küchenbereich.

Ein Koch stand mit offenem Mund mitten im Flur. Mein psychologisches Gespür sagte mir, dass er Kontakt mit dem Täter gehabt hatte.

»Wohin?«, fragte ich ihn in der kürzest möglichen Version.

Er verstand auf Anhieb und zeigte auf eine Treppe, die mit relativ vielen Stufen in den Keller führte. Am Fuß der Treppe landeten wir in einem lang gezogenen und gebogenen Flur, der der Form des darüber liegenden Restaurants folgte.

Die Entscheidung für rechts oder links wurde uns abgenommen. Aus dem linken Flurflügel hörten wir Klirren von Glas sowie eine aggressive und laute Stimme: »Was zum Teufel soll das?«

Sekunden später hatten wir den Ort erreicht. Auf dem Boden lag ein Schiebewägelchen, das zur Seite gekippt war.

Den Scherben nach zu urteilen, musste der Wagen voll mit Gläsern beladen gewesen sein. Inmitten des Scherbenhaufens saß eine jüngere Frau auf dem Boden, die im Begriff war, wieder aufzustehen.

»Gehört der Verrückte zu Ihnen?«, fragte sie schwer atmend.

»Wo ist er hin?«

Ihr Blick genügte mir. Er war in den hinteren Flurbereich geflohen. Hatte er den offenen Ausgang, der unmittelbar neben dem Scherbenhaufen ins Freie hinter das Restaurant führte, nicht gesehen? Es handelte sich offensichtlich um den Lieferantenzugang. Wäre die Gestalt dort hinausgerannt, hätten wir die Verfolgung aufgeben können. Im sackgassenartigen Keller konnte sie uns niemals entwischen.

»Langsam«, zischte ich Becker zu. »Wir gehen ab sofort systematisch vor.« Dies war nötig, da einige Türen in den Flur mündeten. Der Reihe nach öffneten wir sie und blickten in diverse Lager, Waschräume, Sozialräume und Technikräume. Nirgendwo konnten wir den Gauner finden.

»Jetzt bleiben nur noch die Kühlräume übrig«, sagte der Student.

»Da wird er sich wohl kaum versteckt haben«, entgegnete ich. »Schauen wir zur Sicherheit trotzdem mal nach.«

Warum es nicht nur jeweils einen Kühlraum und Frostraum gab, sondern mehrere, verstand ich nicht. Alle miteinander waren sie gut mit Lebensmitteln und Getränken bestückt. Bisher waren wir getrennt vorgegangen. Einer von uns beiden untersuchte den jeweiligen Raum, der andere passte im Flur auf, damit uns der Täter nicht auf anderem Weg entwischte.

Während ich im letzten Frostraum, der besonders viele

Verstecke bot, nachsah, dachte ich darüber nach, ob Becker vielleicht den einen oder anderen Raum zu oberflächlich durchsucht hatte und wir deswegen erfolglos geblieben waren.

Dietmar Becker kam nun ebenfalls in den Frostraum hinein. »Das ist der letzte Raum, Herr Palzki. Ich habe keine Ahnung, wo er sich versteckt haben könnte.«

Eine Sekunde später wussten wir es. Mit einem lauten Knall wurde die Tür zum Frostraum zugeschlagen und, wie wir sofort feststellten, von außen verriegelt. Das Licht ging im gleichen Moment aus.

»Schöne Scheiße«, fluchte ich. »Warum sind Sie nicht draußen geblieben, Sie Hobbydetektiv? Wegen Ihnen werden wir nun jämmerlich erfrieren. Oder uns zumindest eine satte Erkältung einfangen, wenn wir nicht schnell genug gefunden werden.«

Becker sagte nichts. Ich hörte, wie er etwas aus seiner Tasche zog und kurz darauf leuchtete ein Licht auf. »Mein Handy«, sagte er kurzerhand. »Taschenlampenfunktion.«

»Sauber«, antwortete ich sarkastisch. »Nun können wir uns beim Erfrieren zuschauen.«

Gut, zugegeben, dieses eine Mal hatte er eine gute Idee. Man muss auch mal über seinen Schatten springen können und Menschen, die man nicht besonders gerne mag, loben.

Becker leuchtete neben der Tür auf einen roten Taster. »Der Notalarm«, sagte er und drückte auf den Taster. »Ist seit Jahren für Fosträume vorgeschrieben. Habe ich mal für einen Krimi recherchiert.«

Kurz darauf öffnete ein höchst erstaunter Ben Pauls die Tür. Wir waren gerettet. »Was ist passiert?«, fragte er.

Offensichtlich hatte er ein gewaltiges Informationsdefizit.

»Drüben im Schloss wurde der Bräutigam überfallen. Wir beide haben den Täter verfolgt. Leider ist er uns entkommen.«

»Da ist eben jemand an mir vorbeigerannt. Ich habe aber nicht erkennen können, wer es ist«, meinte Pauls.

»Können Sie ihn wenigstens beschreiben?«

Der Küchenchef schüttelte den Kopf. »Das ging alles viel zu schnell. Soll ich die Polizei rufen?«

»Das ist bereits veranlasst«, entgegnete ich.

Ich sah Pauls an, dass ihm etwas Wichtiges auf dem Herzen lag. »Können Sie zu dieser Sache etwas sagen?«

»Nein, leider nicht«, entgegnete er. »Es ist nur so, oben warten die Seminarteilnehmer auf die Eröffnung des Buffets.«

Jetzt hatte ich verstanden, warum er so nervös war. »Gehen Sie nur hoch und halten Sie Ihre Rede. Das ist sogar ganz gut, wenn in der nächsten Stunde nicht so viele im Schloss herumlaufen. Dann hat die Polizei weniger Arbeit. Sobald ich meine Aussage gemacht habe, komme ich nach. Halten Sie mir bitte oben einen Platz frei.«

Gemeinsam gingen wir nach vorne.

»Ihr Hemd ist ja ganz zerrissen«, bemerkte Pauls und zeigte mir die Stelle.

»Danke für den Hinweis«, antwortete ich und atmete tief durch.

KAPITEL 11
EIN EREIGNISREICHER NACHMITTAG

Mit diesem Riss im Hemd wollte ich nicht im Restaurant bei den anderen auftauchen. Ich hatte zwar eine gute Begründung, aber im Moment wollte ich alles vermeiden, was irgendwie den Ansatz von Peinlichkeit besaß. Pauls und Becker gingen die Treppe nach oben, ich dagegen nahm den Lieferanteneingang im Keller. Ich lief um das Restaurantgebäude herum zum Oktagon, wo sich mein Gepäck befand. Es waren zwar nur ein paar Meter, doch ein böiger Wind und der inzwischen mit voller Wucht einsetzende Regen sorgten dafür, dass ich pitschnass im Kassenraum ankam. Drei Hemden hatte ich dabei, alle drei waren nicht mehr brauchbar. Ich war froh, gegen Stefanies Veto ein Sweatshirt eingepackt zu haben.

Auf der Ebene 1 waren die Sanitäter und der Notarzt dabei, den Verletzten transportfähig zu machen. Ich gab mich als Polizeibeamter zu erkennen.

»Wie steht's um ihn?«

Der Notarzt zuckte mit den Achseln. »Wir müssen uns beeilen, dann hat er eine realistische Chance. Leider konnten wir auf die Spurenlage keine Rücksicht nehmen, die Polizei braucht ein paar Minuten, bis sie da ist.«

Ich ging den Trage tragenden Sanitätern aus dem Weg. Sie nahmen den Weg durch den Technikbereich am Lastenaufzug entlang, da der Rettungswagen auf der Nordseite des Schlosses parkte.

Im Moment konnte ich nicht viel unternehmen. Dem Hausmeister Herrmann Hoch gab ich auf, darauf zu achten, dass keine unbefugten Personen den Flur betraten. Ich ging zur Toilette, um mich umzuziehen. Jeans und Pullover, so liebte ich es. Der alte und verzogene Pulli war vielleicht nicht unbedingt das Kleidungsstück der Wahl für solch eine Veranstaltung, aber irgendwie würde ich mich für den Rest des Wochenendes durchmogeln. Ging ja alles auf KPDs Kosten. Die Aussicht, meinen Chef bis zu seinem Lebensende zu blamieren, befriedigte mich im Moment seltsamerweise nicht so sehr wie gedacht. Meine Gedanken kreisten um das Opfer. Warum ausgerechnet der Bräutigam? Und was hatte das Attentat auf dem Turm damit zu tun? Gab es vielleicht sogar eine Verbindung zu dem Toten im Hotel? Im höchsten Grade verwirrt verließ ich die Toilette. Im Garderobenbereich stolperte ich über Uli Dittrich. Edgar kam zu mir und schnüffelte an meinem Hosenbein. Trotz anderer Kleidung hatte er mich sofort erkannt.

Dittrich stutzte und sah langsam an mir herab und anschließend wieder hoch. »Was haben Sie vor, Herr Diefenbach?«, fragte sie und ergänzte, ohne auf meine Garderobe einzugehen, »Sie werden gesucht.«

»Von wem?«

»Im Restaurant. Ben Pauls hat gerade das Buffet vorgestellt. Nach dem Essen geht es weiter mit dem nächsten Programmpunkt des Seminars. Oder fällt der jetzt aus?«

»Nein, auf keinen Fall«, beruhigte ich sie. »Ich muss leider erst ein paar wichtige Dinge erledigen. Meine Kollegen kommen gleich wegen der Sache mit dem Bräutigam. Können Sie in meinem Auftrag Herrn Müller bitten, das ist der mit der Krawatte«, ergänzte ich, obwohl es nicht nötig gewesen sein dürfte, »nach dem Essen schon mal mit dem nächsten Programmpunkt zu beginnen. Änderungswünsche bringe ich später vor, wenn ich zu Ihnen stoße. Vielleicht schaffe ich es zum Essen.« Hunger hatte ich in der Tat.

»Ich werde es versuchen«, sagte Dittrich. »Im Moment ist die Lage im Schloss etwas unübersichtlich. Ein Schwerverletzter, Notarzt, Sanitäter, die Polizei, ein Pfarrer, der dringend wegmusste und die Hochzeit, die nun wohl ausfällt. Von dem Seminar ganz zu schweigen. Und zu allem Überdruss zieht auch noch ein schweres Gewitter auf.«

Im Treppenhaus kamen mir reihenweise Gäste entgegen, die aufgrund der ausgefallenen Trauung und des Regens den Heimweg antraten.

»Herr Palzki«, sprach mich der Brautvater Gunter Engler an, als er mich entdeckte. Dann stockte seine Stimme. »Sweatshirt?«, fragte er irritiert.

»Was dagegen?«, antwortete ich.

Er schüttelte den Kopf. »Ich meine nur, wegen des Aufdrucks.«

»Was soll damit sein? Den Pulli besitze ich seit Jahrzehnten.« Das hätte ich aufgrund seiner Optik wohl nicht extra erwähnen müssen. »Er ist sehr neutral gehalten. Grüne Farbe und eine rote Zahl. Sonst nichts.«

»Neutral? Na ja.«

Der »Anonyme Giddarischd« Edsel kam hinzu und entdeckte meinen Pulli ebenfalls sofort. »Geil. So ä Ding hätt ich a gern. Wu kann mer des kaafe? Bei Beate Uhse oder so? Wäscht was? Do schreib ich glei ä Lied driwwer.«

»Was habt ihr denn?«, fragte ich irritiert. »Da steht nur 69 drauf und sonst nichts. Das hat absolut nichts mit meinem Alter zu tun.«

»Des wisse mer schunn«, sagte Edsel. »Des hot jo a ä ganz anneri Bedeitung.« Er grinste unverhohlen.

Ich schaute in den sich langsam leerenden Siebenpfeiffer-Saal. »Bauen Sie und Ihre Kollegen wieder ab? Ist bald keiner mehr da.«

»Awwer uff känn Fall«, brüskierte sich Edsel. »Mer sinn fer de ganze Dach gebucht unn a schun bezahlt worre. Mer schpiele uff jeden Fall. Was anneres bleibt uns jo a gar net iwwerisch. Unsre Inschtrumente kenne mer bei dem Reche gar net in unserm Wage eilade, do ded jo alles nass werre.«

Gunter Engler unterbrach den Band-Chef. »Edsel lässt sich nicht davon abbringen, den Auftritt zu machen. Er spielt auch ohne Publikum, hat er mir vor ein paar Minuten gesagt. Okay, ganz leer wird es nicht, ein paar Gäste wollen bleiben, bis der Regen aufhört.« Er senkte seine Stimme. »Wissen Sie schon etwas bezüglich Judiths Mann?«

Fast-Mann, wäre mir beinahe herausgerutscht, doch ich hatte meine Stimmbänder im Griff. »Der Täter ist uns leider entkommen. Ich gehe aber davon aus, dass er sich nach wie vor im Schloss oder der näheren Umgebung aufhält. Was werden Sie jetzt tun, Herr Engler?«

»Ihnen helfen«, meinte er stolz. »Meine Frau Beate ist mit Judith ins Krankenhaus gefahren. Unsere Tochter will bei ihrem Hagen Siegfried sein. Ich selbst habe mich mit Steffen Boiselle zusammengesetzt und über die Situation diskutiert. Wir wollen nachher Dietmar Becker suchen. Vielleicht kommen wir gemeinsam dem Mörder auf die Spur.«

»Mord ist es im Moment keiner«, erwiderte ich. »Am liebsten wäre mir, wenn Sie sich alle drei etwas im Hintergrund halten würden. Der Täter ist sehr gefährlich.«

Edsel war zu seinen Bandmitgliedern gegangen. Aus

den Augenwinkeln sah ich, wie er auf mich zeigte und daraufhin sich die komplette »Anonyme Giddarischde«-Gang vor Lachen bog.

Ich ließ den verhinderten Brautvater stehen und verließ den Saal. So viele Hobbydetektive auf einem Haufen und zusätzlich noch der Schneider dazu, der garantiert ebenfalls herumschnüffelte. Hatten die in ihrer Kindheit alle zu viel Enid Blyton gelesen?

Ich nahm die Treppe nach unten, dann die wenigen Schritte zum Schloss hinaus und ins Oktagon rein. Dort stopfte ich das zerrissene Hemd in die Reisetasche.

»Herr Diefenbach«, sagte Monika Lippert zu mir. »Ich soll Ihnen ausrichten, dass die Polizei soeben eingetroffen ist.«

»Vielen Dank«, antwortete ich. »Darf ich bitte mal telefonieren?«

»Aber sehr gerne.« Sie zeigte auf das Telefon.

Es war Zeit, ein paar Dinge zu klären. Da es Samstag war, hatte es keinen Zweck, auf der Dienststelle anzurufen. Klar, ich konnte irgendeinen diensthabenden Beamten auffordern, für mich ein paar Daten in der Polizeidatenbank zu checken. Was ich benötigte, waren aber tiefer gehende Recherchen. Ich rief Jürgen an. Jürgen war unser jüngster Teamkollege und arbeitete mit Gerhard, Jutta und mir zusammen. Seine Mutter ging ans Telefon. Jürgen wohnte nach wie vor bei seiner Mama, was für viel Spott sorgte, aber Jürgen steckte den Hohn immer gelassen weg. Seine Mutter sagte mir, dass ihr Sohn mit ihr »Mensch ärgere dich nicht« spielen würde, und ich später noch mal anrufen solle. Jürgen hatte das mitbekommen und nahm seiner Mutter den Hörer ab.

»Wer da?«, fragte er.

»Ich bin's. Reiner«, antwortete ich.

»Was ist passiert?«

»Könntest du für mich ein paar Sachen recherchieren? Du weißt, ich bin im Moment auf dem Hambacher Schloss und habe keinen Computer. Sonst könnte ich das selbst machen.«

Ein lautes Lachen dröhnte aus dem Lautsprecher. »Guter Witz, Reiner. Um was geht's?«

Ich schätzte, dass Jürgen froh um diese Ablenkung war. Nachdem ich ihm meine Informationen und die dazugehörenden Fragen durchgegeben hatte, meinte er trocken: »Ist das alles? Hast du nicht mal was Schwieriges für mich?«

»Wie lange brauchst du?«

»Vielleicht eine Stunde. Sind alles nur Standardsachen.«

»Prima, ich rufe dich wieder an. Und noch viel Spaß beim ›Mensch ärgere dich nicht‹.«

Ich gab Frau Lippert das Telefon zurück und schaute nach draußen: Der Regen hatte an Intensität weiter zugelegt. Da ich relativ durchnässt war, machte mir das wenig aus. Ich stellte mir vor, ich müsste bei dem Wetter in Hemd und Krawatte rumlaufen. Das würde jetzt fürchterlich aussehen. Ich fragte Frau Lippert: »Gibt es einen trockenen Weg, um vom Schloss ins Restaurant zu gelangen? Unterirdisch, irgendein früherer Geheimgang oder so etwas in der Richtung?«

»Bedaure«, war die Antwort. »Der Untergrund besteht aus massivem Felsen. Soll ich Ihnen einen Schirm leihen?«

Ich lehnte ab und verließ das Oktagon. Auf der Ebene 1 traf ich auf eine Kollegin aus Neustadt. Karin Zimmermann oder andere Beamte, die ich letzte Nacht im Hotel kennengelernt hatte, waren nicht anwesend.

»Sie sind also Herr Diefenbach?«, fragte die leitende

Beamtin, ohne sich selbst namentlich vorzustellen. Sie musterte mein Sweatshirt. »Was wissen Sie über die Sache?«

»Nicht viel«, antwortete ich, ohne meinen Namen richtigzustellen. Ob ich für die forsch blickende Dame Diefenbach oder Palzki war, was machte das in dieser Situation groß einen Unterschied? »Ich habe den Bräutigam zwar gefunden, ihn aber vorher nie gesehen. Ich schätze, dass ich für Sie der falsche Ansprechpartner bin. Sie sollten bei der Hochzeitsgesellschaft nachfragen, bei seinen Eltern oder seiner Braut. Falls noch Gäste da sind«, ergänzte ich.

»Wie meinen Sie das?«, fragte sie und wirkte dabei auf mich überfordert.

Ich machte eine gestenreiche Bewegung in Richtung Aufzug. »Sie haben mit Sicherheit bei Ihrer Ankunft gesehen, dass ziemlich viele Leute im Moment das Schloss verlassen.«

»Und?«, fragte sie, und ich überlegte, ob die Beamtin über eine gewisse Berufsreife sowie kriminalistische Erfahrung verfügte.

»Die Menschen, die im Moment dabei sind, das Schloss zu verlassen, sind alle sehr festlich angezogen.« Ich wartete einen Moment, konnte aber bei ihr nach wie vor keine Zeichen eines Erkenntnisgewinns feststellen, von fiktiven Fragezeichen in ihrem Gesicht abgesehen.

»Die Hochzeitsgesellschaft löst sich auf. Dass die Trauung nicht stattfinden kann, hat sich inzwischen herumgesprochen. Die Braut, ihre Mutter und wahrscheinlich die Eltern des Opfers sind ins Krankenhaus gefahren. Der Rest der Gesellschaft fährt gerade heim. Vermutlich wegen des Unwetters, das immer stärker wird.«

Nun hatte sie es kapiert. »Warum haben Sie die Menschen nicht daran gehindert?«, fragte sie harsch.

Oha, dachte ich mir. Wieder mal jemand, der eigene Versäumnisse nicht bemerkt und die Schuld stets bei den anderen sucht. »Tut mir leid für Sie«, sagte ich in einem Tonfall, der ganz anders klang, »ich nehme nur als Privatperson an einem Seminar teil und habe mit der Hochzeitsfeier nicht das Geringste zu tun. Und kommen Sie mir nicht mit *Beamte sind immer im Dienst*. Ich habe den Täter verfolgt. Beinahe hätte ich ihn geschnappt.«

Nachdem sie zwei Beamte hochgeschickt hatte, um den kümmerlichen Rest der Gesellschaft aufzuhalten, baute sie sich vor mir auf, was eine gewisse Verhaltensähnlichkeit mit KPD hatte. Mit der Ausnahme, dass es bei ihrem zierlichen Körperbau kurios wirkte.

»Mit Ihrer Hilfe können wir wenigstens ein Phantombild anfertigen. Den Kerl werden wir schnell schnappen.« Sie schaute mich nachdenklich an. »Meine Kollegin Karin Zimmermann hat recht. Zuerst wollte ich ihr nicht glauben, als sie mir vorhin telefonisch von ihrem Aufeinandertreffen in der letzten Nacht berichtete. Sie sind wirklich nicht so kleidungsmäßig extrem aufgedackelt, wie man bei uns in der Inspektion erzählt. Obwohl, extrem ist das schon.« Sie musterte erneut mein Sweatshirt.

»Meine Kleidung ist dem Einsatz angepasst«, entgegnete ich. »Außerdem benötige ich dieses Outfit für den nächsten Workshop des Seminars, aber damit will ich Sie nicht belasten.«

Die beiden Beamten, die sie nach oben geschickt hatte, kamen zurück und teilten ihrer Chefin mit, dass nur eine Handvoll Gäste abgefangen werden konnte.

»Na ja«, sagte sie, nachdem sie über diese Situation

nachgedacht hatte. »Es wird wohl eine Gästeliste geben, die werde ich besorgen lassen. Herr Diefenbach, können Sie sich vorstellen, dass der Suizid von Jimmy Victim letzte Nacht im Hotel irgendetwas mit dieser Sache zu tun hat?«

Ich schüttelte demonstrativ den Kopf. »Völlig abwegig. Es handelt sich um zwei vollkommen getrennte Personengruppen.« Den heruntergefallenen Leuchter und das Geschoss auf dem Turm verheimlichte ich ihr und hoffte, dass sie davon nicht aus anderer Quelle erfahren hatte.

»Nun denn«, schloss sie. »Die Spurensicherung wird kurz den Raum aufnehmen, in dem man den Bräutigam gefunden hat. Viel Hoffnung mache ich mir da aber nicht. Wichtig ist, dass Sie schnellstmöglich ein Phantombild des Täters erstellen lassen. Können Sie das bei sich in Schifferstadt machen und mir per E-Mail zuschicken?«

»Selbstverständlich«, antwortete ich und verhielt mich weiterhin passiv.

»Dann werden wir in ein paar Minuten unsere Sachen packen und schauen, dass wir den Berg runter kommen«, meinte sie. »Da braut sich hübsch was zusammen, da oben in den Wolken.«

Ich verabschiedete mich, bevor ihr noch irgendetwas einfiel, was mit Arbeit zu tun haben könnte. Auch ich wäre jetzt am liebsten zu Hause. Bequem auf der Couch liegen und durch das Fernsehprogramm zappen, das wär's. Stattdessen musste ich davon ausgehen, dass dieses sinnlose Seminar fortgesetzt wurde und ich mein Improvisationstalent weiterhin unter Beweis stellen musste.

Das Treppenhaus war weitgehend menschenleer. Die Seminarteilnehmer waren drüben im Restaurant. Ich wollte hinüberrennen, da hörte ich eine Ebene höher Getuschel, das wegen des Echos im Treppenhaus bis zu mir herunter schallte. Langsam, und vor allem leise, schlich ich die Stufen hoch. Das Getuschel wurde lauter, es handelte sich unzweifelhaft um einen Streit.

»Wie seid ihr hier reingekommen?«

Die burschenschaftlichen Studenten waren so sehr in ihrem Disput versunken, dass sie zusammenzuckten.

Der Vollbart ging sofort einen Schritt auf mich zu. »Wir haben vorhin erfahren, wer Sie wirklich sind!« Wie ein eingeschnappter Junge stampfte er mit dem Fuß auf.

»Jawohl«, sagte Elisabeth Fuchs und machte es ihm nach.

So leicht hatte ich nicht vor, mich geschlagen zu geben. »So, und was meint ihr denn, wer ich bin?«

Maritta Stadelmaier wirkte ebenfalls empört: »Na, Sie sind doch Herr Diefenbach, ein ganz großes Tier bei der Polizei. Sogar eine eigene Dienststelle führen Sie. Wenn wir das vorher gewusst hätten …«

»Genau«, fiel ihr Fuchs ins Wort, »dann hätten wir den wirklichen Alten Herrn aus München nicht in unserer Ferienwohnung eingesperrt. Den müssen wir nachher befreien.«

Ich atmete ein paar Mal tief durch, damit die Studenten Zeit hatten, sich zu sammeln. »Jetzt passt einmal auf«, sagte ich und zückte den Geldbeutel, aus dem ich meinen Personalausweis zog. »Ist das mein Passbild?«

Zustimmendes Nicken.

»Und welcher Name steht auf der Karte?«

»Reiner Palzki«, las Nothaft. »Sie sind gar nicht Herr Diefenbach?«

»Mitnichten«, machte ich ihnen klar. »Das ist nur meine Tarnung. Alle sind darauf reingefallen, sogar ihr.«

Die bis eben grimmigen Gesichter lockerten sich schlagartig auf. »Sie sind tatsächlich auf unserer Seite?«

Als Antwort gab ich als hochpsychologisch geschulter Polizeibeamter ein unverbindliches Lächeln preis, was sie, wie von mir erwartet, als Ja interpretierten.

»Warum haben Sie die Fahne nicht wie besprochen ausgetauscht?«

Aha, darum ging es also. »Wie stellt Ihr euch das vor? Ihr seid ohne Vorwarnung in den Festsaal hereingeplatzt. Die Leute meinen, dass ich ein Polizeibeamter bin. Da konnte ich schlecht einfach aufstehen und den Saal verlassen. Wenn die Sache mit dem Feuerwerk geklappt hätte, wäre es für mich einfacher gewesen. Ich hätte den Tumult nutzen können, um unauffällig zu verschwinden.«

»Ich hab's gewusst, dass er sauber ist«, sagte Stadelmaier zu Nothaft.

Dieser nickte langsam, die anderen kopierten ihn.

»Warum haben Sie so einen seltsamen Pullover an?«, fragte er.

»Den brauche ich für den nächsten Workshop. Ist unauffälliger als ein Anzug«, ergänzte ich, ohne weitere Details preiszugeben. So langsam hatte ich genug von der Burschenschaft. »Was macht ihr jetzt? Eure Aktion war ein großer Erfolg, auch ohne ausgetauschte Fahne.«

»Wir machen weiter. Zunächst verstecken wir uns im Schloss, bis das Gewitter vorbei ist. Danach gehen wir zum Turm hoch und hissen die modifizierte isländische Fahne. Würden Sie mir bitte den Schlüssel für den Turm zurückgeben?«

Nach einer Schrecksekunde, in der mir einfiel, dass dieser wohl in einer der zerrissenen Stoffhosen stecken musste, antwortete ich: »Den habe ich der Dame im Oktagon zurückgegeben. Sie suchte ihn und ich tat so, als hätte ich ihn unter einem Regal gefunden.«

Nach einem kurzen betretenen Schweigen sagte Fuchs: »Das macht nichts, mit unseren Dietrichen schaffen wir das auch. Wir haben schließlich lange genug Zeit.«

»Jetzt brauchen wir nur noch die Fahne«, meinte Nothaft.

Mir fiel sofort eine passende Ausrede ein. »Die habe ich bereits oben im Turm deponiert, auf der vorletzten Treppe in einer Plastiktüte. Nicht zu verfehlen.«

Die Studenten gaben sich damit zufrieden und verabschiedeten sich, um ein geeignetes Versteck zu suchen.

Nachdem ich unten ankam, setzte ich an, um mit einem Spurt zum Restaurant zu rennen.

»Halt, warten Sie!«, rief eine Stimme, und ich schaute nach rechts. Dort stand der Krimiautor Harald Schneider in der offenen Tür des Oktagons. In der Hand hielt er einen Regenschirm. »Im Moment geht's noch mit dem Schirm«, sagte er und deutete in Richtung Restaurant. »Wenn die Windböen zunehmen, funktioniert das nicht mehr. Für heute Abend hat der Wetterdienst eine Sturmwarnung ausgegeben. Insbesondere in den Höhenlagen des Pfälzerwaldes soll es Windgeschwindigkeiten bis was weiß ich wie viel Stundenkilometer geben.«

»Wo kommen Sie her?«, fragte ich den Beckerkonkurrenten, war insgeheim aber froh um seinen Schirm.

»Ich habe mich umgezogen«, erläuterte er. »Bevor Herr Pauls über das Buffet gesprochen hat, bin ich, wie die anderen, ohne Schirm ins Restaurant gegangen. Irgendwie fühlte ich mich in den feuchten Klamotten unwohl. Den anderen geht's wohl genauso. Ich habe daher die kurze Pause zwischen Pauls' Vortrag und dem Essen genutzt,

um mich umzuziehen. Im Pulli ist es viel bequemer.«
Er schaute mich an. »Ich sehe, Sie sind auf den gleichen
Gedanken gekommen. Gehen Sie mit rüber, Herr Diefen-
bach? Sonst kriegen wir nichts mehr zu essen.«

Zwar nicht trockenen Fußes, aber zumindest trockenen Restkörpers kamen wir ins Restaurant. Das Buffet
war längst eröffnet, was ich aufgrund meines knurrenden
Magens gut fand. Nicht gut fand ich, dass es für Schneider und mich nur noch einen Platz am Tisch von Dietmar
Becker gab, an dem auch Julienne Matthias-Gund und die
Esoterikerin Silke Riehl saßen.

»Schade, Herr Diefenbach«, flötete die Touristikgeschäftsführerin. »Die Vorführung von Ben Pauls war
äußerst interessant. Die Kräuter für das Restaurant wach-
sen am Schlossberg, und die Tomaten züchtet er ebenfalls selbst.«

»Der Küchenchef scheint einen grünen Daumen zu
haben«, fuhr die Esoterikhexe fort. »Und das Buffet erst,
lecker!«

Dietmar Becker, der die ganze Zeit nur dasaß, lachte
und wie ein Irrer auf mein Sweatshirt glotzte, ignorierte
ich. Das Buffet sah wirklich imposant aus und ich bediente
mich reichhaltig. Ich riskierte sogar, mir ein paar Dinge
auf den Teller zu legen, von denen ich nicht wusste, um
was es sich handelte. Da die Erklärungen des Küchenchefs
bereits stattgefunden hatten, war das Risiko gering, dass
mir aus falsch verstandener Höflichkeit erklärt wurde, was
da so auf meinem Teller lag.

Schweigend aß ich mich durch mein Potpourri an Köstlichkeiten, während ich das Unwetter beobachtete, das an
die großen Fensterscheiben peitschte.

»Ein Kräutergarten fehlt mir noch, Julienne«, flüsterte

Silke Riehl ihrer Sitznachbarin zu. Na also, kannten sich die beiden also doch, dachte ich amüsiert.

»Ich könnte Kurse in Kräuterkunde anbieten, das wirkt noch authentischer«, fuhr sie fort.

Parallel dazu hörte ich den beiden Krimiautoren zu, die sich nett unterhielten und so taten, als wären sie die besten Freunde.

Draußen tobte das Unwetter, und nicht nur ich war froh, im Trockenen zu sitzen.

Plötzlich, ich war erst bei meinem dritten Teller angelangt, klingelte ein Glöckchen. Der Schirmherr Theo Wieder und Uli Dittrich baten um unsere Aufmerksamkeit.

»Es tut mir leid, Sie stören zu müssen«, begann der Vorsitzende des Bezirkstags. »Leider habe ich schlechte Nachrichten. Der Workshop, der in einer halben Stunde im Restaurant beginnen sollte, muss ins Schloss verlegt werden. Es ist zu Ihrer eigenen Sicherheit. Frau Dittrich hat für das Schloss und die ganze Region eine Sturmwarnung erhalten. Aufgrund der Wetterlage werden sogar Tornados für möglich gehalten. Aber keine Angst, im Schloss sind Sie in Sicherheit. Das Restaurant werden wir schließen, vorher aber die kleine Küche im Schloss gut befüllen. Verhungern und verdursten werden Sie nicht.« Er grinste für einen kurzen Augenblick.

»Falls sich das Wetter bis gegen 20.00 Uhr nicht bessert, werden Sie mit mehreren Großraumtaxen vom Schlossgebäude ins Hotel gebracht. Die Shuttles können leider nicht bis hoch zum Schloss fahren.«

Die Schlosschefin ergriff das Wort. »Ich möchte noch einmal betonen, dass Sie im Schloss in Sicherheit sind. Die Mauern haben teilweise Jahrhunderte überstanden. Das Seminarprogramm kann fast unverändert durchgeführt werden. Lediglich die Hierarchie-Schnitzeljagd um 18.00 Uhr unter Leitung von Herrn Diefenbach muss entfallen. Im Wald ist es heute einfach zu gefährlich.«

Ich atmete auf, Theo Wieder sprach weiter. »Wer mit dem Essen fertig ist, kann zurück ins Schloss. Wir treffen uns im Festsaal. Am Ausgang des Restaurants stehen Mitarbeiter bereit, die Sie mit einem Schirm hinüberbegleiten.«

In den nächsten Minuten leerte sich langsam das Restaurant. Als an meinem Tisch nur noch einer der beiden Krimiautoren saß, schaute ich Becker mit grimmigem Blick an. »Los, sagen Sie schon, was kommt jetzt für ein Workshop?« Um meiner Frage eine gewisse Ernsthaftigkeit zu verleihen, knetete ich zusätzlich mit der linken Hand meine rechte Faust. Dieses Körpersignal konnte sogar der Archäologiestudent korrekt deuten. Ohne einen Witz zu machen, klärte er mich sachlich auf. Er zog das Seminarprogramm aus der Tasche und las vor: »Gestik und Mimik für Führungspersönlichkeiten im Rahmen der gesellschaftlich zulässigen Konventionen.«

Um ein Haar wäre die letzte Nahrungsaufnahme umsonst gewesen. »Gestik? Mimik?«, stotterte ich. »Was meinen Sie mit Konventionen?«

»Nicht ich«, verbesserte Becker. »Herr Diefenbach, also Sie. Mit Konventionen ist die Kleiderordnung gemeint. Steht übrigens als Untertitel dabei: Kleiderordnung für den guten Chef innerhalb autoritärer Rahmenbedingungen.«

Ich hatte keine Ahnung, wie ich aus dieser Geschichte unbeschadet herauskommen konnte. Die ganze Zeit gab es für mich als letzte Möglichkeit die Flucht, aber das Gewitter versagte mir diesen Notausgang. Sollte ich mit den Burschenschaftern sympathisieren und mich verstecken?

Becker riss mich aus den Gedanken. »Wir sind die Letzten. Die anderen warten garantiert schon auf Sie.« Jetzt konnte er ein fieses Grinsen nicht unterdrücken, der Depp.

»Bitte zunächst ins Oktagon«, sagte ich zu der Servicekraft, die mit einem aufgespannten Schirm auf uns wartete.

»Wie Sie wünschen«, sagte sie und begleitete uns die paar Schritte hinüber zu dem Kassenbereich. Es war nicht abgeschlossen, obwohl der Raum leer war. Wer sollte bei diesem Wetter eine Eintrittskarte kaufen wollen?

Ich warf dem Studenten meine Reisetasche zu und schnappte mir selbst den Koffer. Wie ich inzwischen erfahren hatte, wurde das Tagesgepäck der anderen Teilnehmer in einem Nebenraum des Foyers gelagert. Meine Sachen wurden dagegen heute früh wahrscheinlich aus historischen Gründen ins Oktagon gebracht.

»Was ist da alles drin?«, fragte Becker, als wir im Schloss waren.

»Die Utensilien für den nächsten Workshop«, erklärte ich ihm.

Im Festsaal waren die Gerätschaften des »Chawwerusch« Theaters längst entfernt worden. Dort, wo gestern die Bühne stand, hatte man mit vier Tischen eine Art Podium gebaut. Ich hatte keine Ahnung, wozu dies gut sein sollte.

Sämtliche Seminarteilnehmer saßen bereits auf ihren Stühlen. Wie durch ein Spalier aus fragenden Blicken musste ich durch die Stuhlreihen nach vorne gehen, da dort Theo Wieder stand und mir zuwinkte. Ich legte meine Reisetasche auf den Tisch, und Becker tat es mir mit dem Koffer nach. Mit einem immer noch gemeinen Gesichtsausdruck verzog er sich ins Publikum.

»Herr Diefenbach«, begrüßte mich Wieder. »Wir alle, ich denke, dass ich für alle sprechen kann, sind Ihnen zu großem Dank verpflichtet.«

Applaus kam auf und ein paar Einzelne standen sogar auf. Was war da jetzt passiert? Versteckte Kamera? Das war die einzige vernünftige Lösung, die mir einfiel. Ich beschloss, diese Aktion zu konterkarieren, um ebenfalls etwas Spaß an dem Spiel zu haben.

»Das freut mich sehr«, sagte ich, als es ruhig geworden war. »Darum habe ich mir erlaubt, meinen heiß geliebten Woodstock-Pulli anzuziehen. Sie wissen doch, 1969, das Woodstock-Festival.«

Theo Wieder stutzte einen Moment, dann lachte er. »Köstlich, Herr Diefenbach, und so ungeheuerlich bescheiden. Ich sehe schon: Sie sind nicht nur mit reichlich Menschenkenntnis ausgestattet, sondern auch mit ausgezeichnetem Humor gesegnet.«

Bis auf die falsche Anrede passte alles, dachte ich zufrieden.

»Mit Ihrer gestrigen Workshopidee, die peinlichsten selbst erlebten Momente aufzuschreiben, haben Sie uns allen sehr geholfen. Im Laufe des Tages hatten wir Gelegenheit, die veröffentlichten Geschichten zu lesen. Manche Tagesbesucher haben sogar eigene Geschichten dazu gehängt. Dies zeigt, wie sehr uns solche Themen beschäftigen. Jetzt wissen wir, dank Ihnen, Herr Diefenbach, dass es allen anderen genauso geht und wir mit unseren Problemen nicht alleine dastehen.«

Wieder brauste Applaus auf, den ich mittlerweile nervig fand.

»Ein paar unserer Teilnehmer haben sich allerdings gewundert, warum von Ihnen nichts veröffentlicht wurde.

Oder haben Sie Ihren peinlichsten Moment für heute aufgehoben?« Theo Wieder sah mich provozierend an.

Das musste die versteckte Kamera sein. Warum sonst stellte er die rhetorische Frage, ob ich mir den peinlichsten Moment für heute aufgehoben hatte? Jeden Moment würde irgendetwas passieren, was mich vor den anderen lächerlich machen sollte. War es KPD, der inzwischen informiert und nun auf dem Weg zum Schloss war? Egal, ich beschloss, mir keine Blöße zu geben. Ich trat zum Tisch und öffnete meine Reisetasche.

Ich zog eines der zerrissenen Hemden heraus und hielt es in die Höhe. »Markenhemd«, sagte ich, obwohl es nicht stimmte. »Sauteuer, aber nicht alltagstauglich.« Ich ließ das Hemd auf den Boden fallen. Als Nächstes holte ich eine der beiden Hosen hervor und zeigte der versammelten Mannschaft den langen Riss im Schritt. »Maßgeschneidert, ebenfalls nicht alltagstauglich.« Schließlich lagen auf dem Boden drei Hemden, zwei Hosen und ein Jackett. Auf die Zurschaustellung des Schlafanzuges verzichtete ich.

»Diese Missgeschicke könnte man peinlich nennen, sie sind es aber nicht. Im Gegenteil, es hat mich in der Erkenntnis weiter bestärkt, nicht das Aussehen und die Bekleidung als Bewertungsmaßstab für einen Menschen an erste Stelle zu setzen, sondern dessen innere Werte. Das Thema Krawatten haben wir gestern durchexerziert, heute unterhalten wir uns über den Rest.«

Ich wandte mich an den einzig verbliebenden Krawattenträger, Enrico Müller. »Würden Sie bitte aufstehen und der Runde sagen, ob Sie sich mit der Krawatte noch wohlfühlen?«

Widerwillig gehorchte er meiner Aufforderung. Zeitgleich schlug irgendwo im Schloss ein Blitz ein, dessen

Licht den Innenhof impulsartig erleuchtete. Kurz darauf brach ein Donnergetöse los, dessen Lautstärke man nur als infernalisch beschreiben konnte. Krawatte war, wie wir alle, zusammengezuckt. Da er allerdings gerade im Begriff war, aufzustehen, fiel er rücklings über seinen Stuhl, wobei er mit ausgestreckten Armen zwei weitere Seminarteilnehmer in seiner direkten Nachbarschaft mitriss. Die Beleuchtung im Saal flackerte mehrmals.

Bis auf ein paar blaue Flecken und Schlieren auf Müllers Glanzschuhen gab es keine Verletzungen. Theo Wieder und Uli Dittrich versorgten und beruhigten die Gestürzten, und ich sprach weiter. Allerdings war ich jetzt völlig aus meinem Konzept geraten, wobei ich bemerkte, dass ich überhaupt keines hatte. Ein Kalauer fiel mir noch ein, natürlich zulasten KPDs, dann waren meine Ideen ausverkauft. Seit Freitag hatte ich auf dem Schloss meinen persönlichen Hambacher Frühling erlebt und kräftig meinen Vorgesetzten blamiert. Doch jetzt stand ich vor einem Scherbenhaufen.

Ich zeigte auf Müller, der sich nun, wohl aufgrund des Schrecks und seines negativen Alleinstellungsmerkmals, die Krawatte ausgezogen hatte, die, wie ich erstaunt feststellte, nicht festgewachsen war. Er saß leichenblass auf seinem Stuhl und polierte mit einem Taschentuch seinen rechten Schuh.

»Manchmal müssen die Götter nachhelfen«, sagte ich mit einem Grinsen. Niemand lachte.

»Also, äh, zu meinem peinlichsten Erlebnis. Also der peinlichste Moment im Leben von Klaus Diefenbach.« Damit wollte ich sicherstellen, dass diejenigen, die wussten, dass ich nur ein Diefenbach-Double war, die nun folgende Geschichte nicht auf mich, sondern tatsächlich auf Diefenbach bezogen. »Es war kurz vor dem Abitur. In so manchen Fächern gab es ein paar Schwächen. Aber reden wir nicht von dem schlechten Abitur. Also, äh, kurz vor dem Abitur …« Mir lief inzwischen der Schweiß den Rücken hinunter. Wie sollte ich jetzt weitermachen? »Da fragte mich mein Lehrer vor versammelter Runde bei der Rückgabe einer grottenschlechten Kursarbeit folgendes: »Diefenbach, auf einer Skala von 1 bis 10, wo würden Sie Ihre Dummheit verorten? In der Hektik habe ich ›Antwort b‹ gesagt.«

Wieder lachte keiner der Anwesenden. Alle gafften mich an, als käme ich vom Mond. Warum? Das war eine supergute Anekdote, außerdem sehr gut geeignet, um KPD in ein schlechtes Licht zu rücken. Obwohl ich stand, musste ich das jetzt aussitzen.

Da trat der Wettergott erneut in Aktion und heizte dem Hambacher Schloss mit ein paar Tausend Ampere und einem fulminanten Lichtspektakel ein. Eine ganze Kaskade an Blitzen schlug innerhalb von Sekunden ein.

Uli Dittrich bemerkte die Unruhe der Anwesenden. Sie kam vor und sprach zu ihnen.

»Sie brauchen keine Angst zu haben. Die Blitzschutzanlage wird jährlich vom TÜV überprüft. Uns kann in den Räumen nichts passieren. Alternativ könnten wir …«

Eine Mitarbeiterin der Schlosschefin kam völlig aufgelöst in den Saal gerannt und flüsterte ihr etwas zu.

»Mist«, sagte Dittrich anschließend laut, sodass es alle hören konnten. »Wir haben ein kleines Problem. Leider können Sie die heutige Nacht nicht in Ihrem Hotel verbringen.«

War das meine Rettung? Wurde das Seminar aufgrund der Wettersituation abgesagt? Oder handelte es sich um eine besondere Finesse der versteckten Kamera? Bezüglich des letzten Punktes war ich mir inzwischen nicht mehr so sicher. Das Wetter konnte das Kamerateam unmöglich von vornherein eingeplant haben.

»Wegen eines Hangrutsches und mehrerer umgestürzter Bäume sind leider beide Zufahrtsstraßen nicht mehr passierbar. Frühestens morgen können die Wege freigeräumt werden.«

Wie bitte? Abgeschnitten vom Rest der Welt? Das gab es doch nur in Hochgebirgsdörfern.

Uli Dittrich war noch nicht fertig. »Leider haben wir auf dem Schloss keine Übernachtungsmöglichkeiten. Dafür haben wir aber Irina Elert.« Sie zeigte auf ihre Kollegin. »Frau Elert ist meine Stellvertreterin und von uns allen am längsten auf dem Schloss tätig. Sie kennt selbst den kleinsten Winkel wie ihre Handtasche. Als Organisationstalent für unvorhergesehene Schwierigkeiten hat sie sich schon häufig als sehr begabt gezeigt. Ich habe vollstes Vertrauen in sie.«

Irina Elert nickte ihr dankend zu. »Ich werde gleich damit beginnen, mit den anwesenden Kollegen dafür zu sorgen, dass wir eine genügende Anzahl an provisorischen Übernachtungsmöglichkeiten schaffen. Es wird zwar nicht so bequem wie im Hotel werden, aber ich versichere Ihnen, dass wir alle Register ziehen. Als Erstes werde ich mit Ben Pauls sprechen, damit noch mehr Lebensmittel aus dem Restaurant rüber geschafft werden, um auch das Frühstück sicherzustellen.«

KAPITEL 12
DER MÖRDER GEHT UM

Wahrscheinlich war ich der Einzige, der von dem Gewitter profitierte. Verständlicherweise sprach niemand mehr von dem Workshop. Von den fehlenden Betten und Übernachtungsmöglichkeiten abgesehen, hatten die Seminarteilnehmer ein weiteres Manko: Ihr Hauptgepäck befand sich im Hotel. Dass das Meinige komplett im Schloss war, brachte mich mangels tragbarer Kleidungsstücke nicht wirklich weiter. Und als Einziger heute Nacht in meinem Zweitschlafanzug herumlaufen, das würde ich mir ebenfalls nicht antun.

Die Schlosschefin hatte nicht zu viel versprochen: Irina Elert war in ihrem Element. Innerhalb der nächsten drei Stunden schuf sie im Festsaal und im Siebenpfeiffer-Saal fast so etwas wie eine heimelige Atmosphäre. Ich hatte den Eindruck, dass sie überall gleichzeitig war. Mit jeweils sechs Stühlen ohne Armlehnen, die sich hälftig gegenüberstanden, hatte sie für die Männer Schlafmöglichkeiten geschaffen, die zwar nicht sonderlich bequem waren, aber immer noch besser, als auf dem Boden zu nächtigen. Aus dem Keller schleppte sie mit Kollegen einen wahren Berg an Schaumstoffunterlagen, Decken und Teppichen an, die in der Vergangenheit für irgendwelche Veranstaltungen benötigt worden waren und seitdem im Keller lagerten. Die Frauen richteten sich mit diesen Utensilien selbst ein, sie hatten es eindeutig bequemer als wir Männer.

Das Foyer diente fortan als Speiseraum, wobei es, von den Buffettischen abgesehen, nur Stehtische gab. Ben Pauls und seine Mannschaft bemühten sich, das Buffet ständig aufzufüllen und Einzelwünsche, soweit möglich, zu erfüllen. Die Getränkelage war gesichert: Mehrere Kisten Bier standen in einer Ecke der kleinen Küche. Auf mein persönliches Anraten wurde einer der Kühlschränke für das Bier reserviert.

Irina Elert und Uli Dittrich stellten uns Teilnehmern frei, ob wir im Festsaal oder im Siebenpfeiffer-Saal übernachten wollten. Die Hochzeitsgäste waren zwar bis auf ein paar versprengte Reste und den mit Dietmar Becker und Steffen Boiselle detektivspielenden Brautvater Gunter Engler nicht mehr hier, dafür aber die »Anonyme Giddarischde«, die trotz des Blitz- und Donnerschauspiels eifrig ihr Programm spielten. Ich genoss die für mich ungewohnte Musik, die mir sehr gut gefiel. Das optische und akustische Gewitter-Ambiente gab dem Konzert ein ganz besonderes Flair.

Auf einmal stand die Schlosschefin mit Edgar neben mir. »Herr Diefenbach«, schrie sie mir wegen der lauten Musik ins Ohr. »Wir brauchen Sie!«

Ich sah sie an und erschrak, ihr Gesicht war käseweiß, fast hatte ich den Eindruck, als schlotterte sie vor Angst. War das Schloss doch nicht so stabil, wie gedacht? Oder brannte es? Ich stand auf und folgte ihr ins Treppenhaus.

»Die Frau ist tot.«

Solch eine Eröffnung hatte ich nicht erwartet. »Welche Frau?«, fragte ich zurück und dachte an einen wetterbedingten Unfall.

»Kommen Sie, ich zeige sie Ihnen.« Edgar zog an der Leine, und die beiden stürmten zum Foyer.

Vor dem Tisch, auf dem die Nachbildung des Schlossberges zu sehen war, lag die rothaarige Frau mit den Dauerwellen auf dem Boden, die mir bisher ausschließlich aufgrund ihrer etwas schrägen Optik aufgefallen war. Im Gegensatz zu gestern trug sie kein grasgrünes, sondern ein neonpinkes Kleid, das sich ebenso mit ihrer kräftigen Haarfarbe biss.

Ein mir unbekannter Mann verabreichte ihr eine Herzdruckmassage.

»Nein, nicht!«, schrie ich ihn noch rechtzeitig an. Mein Aufschrei galt nicht der Massage, sondern der Mund-zu-Mund-Beatmung, zu der der Mann gerade ansetzen wollte.

Den Schaum am Mund der Frau hatte ich gleich bei der Ankunft registriert. Da ich als Polizeibeamter regelmäßig Erste-Hilfe-Kurse besuchen musste, kannte ich mich mit Vergiftungen einigermaßen aus. Natürlich konnte ich anhand des bloßen Anblicks des Schaums das Gift nicht zuordnen. Dass es bei einer Mund-zu-Mund-Beatmung unzweifelhaft übertragen würde, war aber klar. Ich löste den Mann ab und fuhr mit der Druckmassage fort. Längst wusste ich, dass alles vergeblich war. Ihre weit aufgerissenen Augen waren ein Indiz dafür, dass der Tod plötzlich eingetreten sein musste. Ich ließ von ihr ab und stand auf. Jetzt erst nahm ich das zerbrochene Glas wahr, das neben der Frau auf dem Boden lag. Eine rote Lache wies darauf hin, dass das Glas nicht leer war.

»Die Polizei kann nicht kommen«, sagte die aufgeregte Schlosschefin. »Auch ein Hubschrauber kann bei dem Wetter nicht auf dem Schlossberg landen.«

Ich musste Prioritäten setzen. Als Erstes musste das Foyer geräumt werden. »Frau Dittrich, begleiten Sie die Anwesenden in den Festsaal. Kommen Sie danach bitte zu mir zurück.«

Die Schlosschefin führte meine Anweisung durch, und ich ging nach hinten zur Küche. Dort beruhigte gerade Ben Pauls seine Mitarbeiter.

»Hat irgendjemand von Ihnen gesehen, wie das passiert ist?«

Die Angesprochenen blieben stumm, manche schüttelten den Kopf.

»Herr Pauls, ich benötige irgendetwas, mit dem ich die restliche Flüssigkeit aufnehmen kann, die in dem zerbrochenen Glas war.«

»Ist damit etwas nicht in Ordnung?«, fragte er überrascht. »Die Dame hat einen Tomatensaft aus eigener Herstellung getrunken.«

»Natürlich ist alles in bester Ordnung«, erwiderte ich. »Von der Leiche mal abgesehen. Der Saft muss auf jeden Fall untersucht werden. An irgendetwas ist die Dame nun mal gestorben.«

Pauls nickte zerknirscht und ging zu einer Schublade. »Hier, nehmen Sie die Spritze. Die nehmen wir für Verzierungen. Damit können Sie die Flüssigkeit aufziehen. Und dort steht«, er griff auf die Arbeitsplatte, »die angebrochene Flasche mit dem Tomatensaft. Es wurden heute Nachmittag nur zwei Gläser davon ausgeschenkt.«

In mir schrillten die Alarmglocken. »Bitte schauen Sie, ob Sie im Foyer das andere Glas finden, aber nicht anfassen.«

Im Foyer bückte ich mich zur Tomatensaftlache. Es war zwar äußerst fahrlässig, die mutmaßlich giftige Flüssigkeit ohne Schutzmaßnahmen wie Handschuhe aufzunehmen, doch woher nehmen und nicht stehlen? Die Spritze funktionierte hervorragend. Insgesamt konnte ich fast 20 Milliliter Flüssigkeit bergen. Ein paar Minuten später und es wäre nur noch ein Fleck und ein beträchtlicher Mehraufwand für die Spurensicherung gewesen. Außerdem könnte der Mörder in der kommenden Nacht versuchen, den Fleck zu entfernen.

»Herr Diefenbach, was machen wir mit ihr?« Uli Dittrich war zurück. Ihren Edgar hatte sie anscheinend anderweitig untergebracht.

Ich stellte zunächst eine Gegenfrage. »Was haben meine Neustadter Kollegen am Telefon gesagt?«

»Ich habe mit einer Frau Zimmermann gesprochen. Sie meinte, Sie wüssten, was man in solch einem Notfall unternimmt. Gleich morgen früh, sobald die Straße frei ist, kommt sie mit ihrer Mannschaft zum Schloss.«

Na toll, dachte ich. Mit einem Mörder auf dem Hambacher Schloss eingeschlossen ohne eine Möglichkeit, das Gelände zu verlassen. Davon werde ich meinen Enkelkindern an langen Winterabenden am Kamin erzählen.

»Gehen Sie bitte noch mal zu den anderen«, bat ich sie. »Falls jemand ein Glas Tomatensaft mit rüber genommen hat, soll er es auf jeden Fall stehen lassen und nicht mehr berühren. Bei der Gelegenheit können Sie die Leute fragen, ob es Zeugen gibt. Die können Sie zu mir ins Foyer bringen. Aber bitte nur richtige Zeugen, keine Wichtigtuer, die nur gesehen haben, wie die Frau hingefallen ist. Ich überlege mir in der Zwischenzeit die nächsten Schritte.«

Ich ließ mir von Ben Pauls eine Decke geben, um diese über die Leiche zu legen.

»Herr Palzki!« Dietmar Becker kam ins Foyer gerannt. Er entdeckte die Frau, die ich gerade zudecken wollte, und stoppte mitten im Lauf.

Obwohl außer dem Küchenpersonal, das die Gläser auf den Tischen untersuchte, kein Mensch im Foyer war, entgegnete ich Becker: »Wen suchen Sie bitte? Ein Herr Palzki ist nicht hier.«

Becker wirkte verärgert. »Ach lassen Sie das doch endlich. Herr Palz…, äh, Diefenbach, der Anschlag galt mir.«

Ich rollte mit den Augen. Schon wieder wollte sich der Student mit einer Einmischung wichtig machen. »Kannten Sie die Dame?«

»Natürlich nicht, sie ist mir völlig fremd. Ich habe bisher nur ein paar Sätze mit ihr gewechselt.«

»Schauen Sie selbst, Herr Becker. Eine optische Ähnlichkeit zwischen Ihnen und der Toten ist nicht feststellbar. Insoweit ist eine Verwechslung vollkommen ausgeschlossen.«

»Aber der Tomatensaft«, warf der Student ein.

Jetzt wurde ich hellhörig. »Woher wissen Sie davon? Haben Sie die Tat beobachtet?«

»Nein«, wehrte er sich. »Ich war gar nicht im Foyer, als es passiert ist.«

Ich runzelte die Stirn. Warum versuchte Becker, mir ungefragt ein Alibi aufzutischen? »Wo waren Sie dann? Jetzt lassen Sie sich nicht alles einzeln aus der Nase ziehen!«

»Unten, auf der Toilette«, erklärte Becker.

»Auf dem Klo?«

»Was dagegen, Herr Palzki? Das ist absolut natürlich.«

»Diefenbach«, sagte ich automatisch. So intensiv hatte ich meine neue Rolle inzwischen verinnerlicht. »Und warum sind Sie der Meinung, dass man Sie umbringen wollte und nicht die Frau?«

»Weil ich ebenfalls Tomatensaft getrunken habe«, sagte Becker. »Ich kam von der Toilette hoch und sah, dass sich die Seminarteilnehmer im Festsaal aufhalten. Nanu, dachte ich mir, habe ich etwas verpasst? Im Saal angekommen, fragte mich sogleich Frau Dittrich, ob ich etwas zu dem Tod der Frau sagen könnte oder zufällig einen Tomatensaft getrunken hätte. Letzteres konnte ich bestätigen, von der Frau wusste ich noch nichts. Frau Dittrich sagte, dass wahrscheinlich der Tomatensaft vergiftet gewesen war. Daraufhin bin ich sofort zu Ihnen gekommen, Herr Palzki.«

»Diefenbach«, verbesserte ich hartnäckig. »Bitte reden Sie mich nicht dauernd mit Palzki an. Immerhin muss ich jetzt die Ermittlungen führen, da wir von der Außenwelt abgeschnitten sind. Da würde es nur zu weiteren Verwicklungen führen, wenn wir jetzt zusätzlich meinen Geburtsnamen einführen. Wo ist übrigens Ihr Glas mit dem Tomatensaft?«

Dietmar Becker wurde schlagartig rot. Ob das an dem roten Saft lag?

»Ich habe Tomatensaft bisher nur im Flieger getrunken. Heute wollte ich ihn mal außerhalb eines Flugzeuges probieren.« Er verzog das Gesicht. »Ich habe nur ein ganz klein wenig genippt, es schmeckte … wie soll ich sagen … ich konnte den Saft nicht trinken.«

»Und wo haben Sie ihn abgestellt?«

»Gar nicht«, bekannte er. »Ich bin mit dem Glas ins Kellergeschoss geschlendert und habe das Zeug in einem unbeobachteten Moment in das Waschbecken geschüttet. Ich habe mich nicht getraut, den Saft an der Theke zurückzugeben.«

Zunächst ging ich zu dem Küchenchef und sagte ihm, dass die Suche nach dem Glas eingestellt werden konnte und er mit seinen Mitarbeitern bitte in die Küche oder den Festsaal gehen solle, bis die Leiche weggebracht war.

Ja, die Leiche. Sie musste weg. Sie hinüber ins Restaurant zu bringen und in einem der Kühlräume zu deponieren, war völlig ausgeschlossen. Die lebensmittelrechtlichen Bestimmungen waren mir dabei egal, allein das Wetter vereitelte diese Idee. Das Gewitter und vor allem der Regen hatten an Intensität zugenommen. Ein Blick aus dem Fenster überzeugte mich, dass es sich nicht um einen normalen Wolkenbruch handelte, sondern um den apokalyptischen Weltuntergang. Vor den Fenstern war es dunkel, ein tiefes Schwarz wie in einer mondlosen Nacht. Dabei war es erst gegen 19.00 Uhr. Um diese Uhrzeit begann sonst die Dämmerung.

»Los, helfen Sie mir!«, forderte ich Becker auf.

»Womit?«

Ich zeigte auf die Decke. »Da legen wir die Leiche drauf. Damit lässt sie sich leichter transportieren.«

»Ich soll die Tote anfassen?« Becker klang irritiert.

»Stellen Sie sich nicht so an, Sie Mimose. Wie viele Leute haben Sie in Ihren Büchern bereits umgebracht? Da werden Sie mir wohl bei einer einzigen Leiche helfen können, sie in eine Decke zu wickeln.«

Immerhin schnappte er sich die Fußgelenke, mir blieb der Oberkörper. Als wir damit fertig waren, kam die Schlosschefin zurück.

»Herr Becker hat Ihnen ja inzwischen gesagt, dass er den Tomatensaft hatte. Von den anderen hat keiner etwas beobachtet. Niemand hat sich als Zeuge gemeldet.«

»Vielen Dank für Ihre Unterstützung, Frau Dittrich. Wo können wir die Frau hinbringen?«

Uli Dittrich überlegte kurz. »Vielleicht im Keller bei den Technikräumen. Dort, wo man den Bräutigam gefunden hat. Diese Räume sind für die Öffentlichkeit nicht zugänglich und können verschlossen werden.«

»Prima«, sagte ich zu Becker. »Los, fassen Sie an.«

Der Hobbyschriftsteller gehorchte. Allerdings wartete er nicht auf meine Hilfestellung, sondern schleifte die Leiche über den Fußboden in Richtung Aufzug. Da Dittrich keine Einwände vorbrachte und andere Personen nicht in der Nähe waren, ließ ich ihn gewähren.

Mit dem Aufzug ging es nach unten, der Weg zu den Technikräumen war kurz. Dittrich schloss einen kleinen Nebenraum auf, in dem Kabel aller Art lagerten.

»Hier kommt nur selten Personal rein«, meinte sie.

In gedrückter Stimmung gingen wir nach oben. Becker fragte: »Wie gehen wir jetzt weiter vor?«

»Das wollte ich auch gerade fragen«, ergänzte Dittrich.

»Lassen Sie mir ein paar Minuten Zeit zum Nachdenken. Wichtig ist, dass unter den Anwesenden keine Panik ausbricht. Früher oder später wird jedem der Gedanke kommen, dass wir im Moment mit einem Mörder unter einem Dach leben.«

»Das habe ich bereits geregelt«, sagte Dittrich. »Carlotta Lietz hält im Festsaal einen ihrer Vorträge. Kommen Sie beide doch hinzu.«

Der Student hatte andere Prioritäten. »Ich mache mich auf die Suche nach Steffen Boiselle und Gunter Engler. Vorhin waren sie im Siebenpfeiffer-Saal bei den ›Anonyme Giddarischde‹. Die werden sich freuen, dass es endlich was zu tun gibt.«

Während die Schlosschefin pikiert aufschaute, trat Becker näher zu mir und senkte die Stimme: »Dafür, dass ich Ihnen mit der Leiche geholfen habe, könnten Sie sich revanchieren, Herr Palz…, Diefenbach: Wenn Sie auf diesen Harald Schneider stoßen, verraten Sie ihm bitte nichts von Ihrem Erkenntnisstand. Wie ich den kenne, mischt er sich sofort in Ihre Ermittlungen ein und stört sie, wo er nur kann.«

Ich seufzte. Becker hatte mir sein eigenes Verhalten geschildert, ohne es zu bemerken.

»Passen Sie auf sich auf, Herr Becker«, gab ich ihm zum Abschied mit. »Die Einschläge kommen immer näher. Das nächste Mal sind Sie das Opfer.«

»Ich?«, fragte er und schluckte hart. »Meinen Sie wirklich? Ich habe das vorhin nur so dahingesagt. Ich habe keine Feinde.«

»Keine Angst, ich werde Ihren Mörder schnappen. Früher oder später.« Ich drehte mich von ihm weg und ging mit Uli Dittrich nach oben. Für mich stand fest, dass dieser Student niemals das vermeintliche Opfer war.

KAPITEL 13
DAS GEHEIMNIS DES
SKIZZENBUCHS

Im Festsaal saßen die meisten Seminarteilnehmer und lauschten Carlotta Lietz. Leider bemerkte Theo Wieder unsere Rückkehr. Er stand auf und unterbrach den Vortrag.

»Tut mir leid, Frau Lietz, wenn ich Sie unterbreche. Normalerweise ist das nicht meine Art. Ich sehe gerade Frau Dittrich und Herrn Diefenbach zurückkommen. Ich denke, wir sollten zumindest einen kurzen Überblick über die Lage erhalten, zumal wir von der Außenwelt abgeschnitten sind. Frau Elert hat uns vor ein paar Minuten mitgeteilt, dass das Festnetztelefon nicht mehr funktioniert. Und wie die meisten von Ihnen festgestellt haben, sind leider auch keine Mobilfunkverbindungen möglich.« Mit einer einladenden Geste forderte er uns auf, zu ihm nach vorne zu kommen.

Frau Dittrich hielt sich etwas im Hintergrund, sodass ich das Wort übernehmen musste.

»Tja, wie Sie bemerkt haben, fällt das geplante Tages- und Abendprogramm des Seminars leider aus.« Die Tische hatte man an die Wand geschoben, dort lagen immer noch meine zerrissenen Kleider. Die Betten für den männlichen Teil der Anwesenden hatte man vorübergehend wieder auseinandergenommen, da man die Stühle zurzeit als Sitzgelegenheit benötigte.

Ich bemerkte, dass der Einstieg eher suboptimal war. Die Leute wollten Infos zum Mord und nicht zum Workshop.

»Da die zuständige Polizeidienststelle erst morgen früh nach dem Räumen der Zufahrtsstraße zu uns stoßen kann, habe ich in deren Vertretung die Ermittlungen aufgenommen. Die Erkenntnisse sind momentan sehr gering. Mutmaßlich befand sich in dem Tomatensaft, den die Dame getrunken hatte, ein schnell wirksames Gift. Ich möchte Sie nicht beunruhigen, aber ich gehe im Moment nicht davon aus, dass wir es mit einem irren Mörder zu tun haben, der weiteres Unheil anstellen möchte. Ich nehme an, dass es sich um einen Einzeltäter und eine Einzeltat handelt.«

»Und wenn nicht?«, rief Enrico Müller, der sich inzwischen eine andere Krawatte umgebunden hatte.

»Eine Garantie kann ich Ihnen leider nicht geben«, antwortete ich. »Unter den gegebenen Umständen ist es nicht möglich, für jeden von Ihnen Personenschutz zu stellen. Ich empfehle Ihnen, sich bis morgen früh entweder im Festsaal oder im Siebenpfeiffer-Saal aufzuhalten. Gehen Sie nicht alleine durchs Schloss, immer in Gruppen zu mindestens drei Personen.«

Irina Elert, die in der ersten Reihe gesessen hatte, stand auf und ergänzte: »Wir werden das Küchenpersonal bitten, in beiden Sälen zusätzliche Verpflegungsstationen aufzubauen, sodass Sie sich den Weg ins Foyer sparen können. Wenn Sie Fragen haben, wenden Sie sich bitte, ohne zu zögern, an Frau Dittrich oder an mich. Für die Unannehmlichkeiten mit der Übernachtung auf dem Schloss möchte ich noch mal um Entschuldigung bitten. Aber gegen höhere Gewalt sind wir machtlos.«

Uli Dittrich nickte ihr dankend zu und sprach nun ebenfalls ein paar Worte: »Des Weiteren suchen wir nach wie vor nach Zeugen. Falls Ihnen etwas aufgefallen ist, auch wenn es nichts mit der Tat zu tun hat, wenden Sie sich bitte vertrauensvoll an Herrn Diefenbach.«

Ähnliches wollte ich selbst sagen, doch so war es auch okay. Ich ergänzte die Ausführungen der beiden Damen: »Am besten, Sie genießen noch eine Weile den interessanten Vortrag von Frau Lietz und danach versuchen Sie, ein paar Stunden zu schlafen. Morgen früh sieht die Welt freundlicher aus. Kein Gewitter dauert ewig.«

Vereinzelt kam es zu leisem Applaus, die meisten blickten jedoch eher skeptisch drein. Von solch einer Situation in einem Roman zu lesen, war das eine, selbst in solch einer Lage zu stecken, das andere.

Ich setzte mich ganz nach hinten. Carlotta Lietz nahm ihren Vortrag über die Entwicklung der Demokratie wieder auf. Meine Gedanken gingen eher in Richtung Prävention und Täterermittlung, drehten sich aber ständig im Kreis. Warum wurden die Frau und der Amerikaner getötet? Einen Suizid schloss ich in beiden Fällen aus, zu nahe lag die Vermutung, dass es einen gemeinsamen Nenner gab. Aber in welchem Zusammenhang stand Hagen Siegfried, der Bräutigam, zu den Ereignissen? Hatte er nur zufällig etwas entdeckt, was ihm zum Verhängnis wurde? Ich hoffte, dass er uns wertvolle Hinweise zum Täter geben könnte. Im Moment wusste ich nicht einmal, ob er überhaupt noch lebte. Und einfach abwarten, entsprach nicht meiner Mentalität. Zumal es für mich als sicher galt, dass sich unter uns ein Mörder befand.

Ich überlegte, wer in meiner Nähe war, als im Festsaal die Leuchte herunterfiel. Becker, die Schlosschefin und

Julienne Matthias-Gund, das war klar. Waren die rothaarige Frau und der Amerikaner in der Nähe? Ich wusste es nicht mehr. Daher nahm ich mir vor, im Laufe des Abends möglichst unauffällig ein paar Tagungsteilnehmer zu befragen.

Aber was war mit dem Wurfgeschoss, das Becker auf dem Turm nur knapp verpasst hatte? Da wir eine vermummte Person im Dachgeschoss des Schlosses gesehen hatten, vermutlich die gleiche wie bei dem Anschlag auf den Bräutigam, war es wohl keine fehlgeleitete Rakete der Burschenschaft. Ich musste dringend eine Liste besorgen mit den Menschen, die zusammen mit uns als Erstes auf dem Turm waren.

Tosender Applaus riss mich aus den Gedanken. Frau Lietz war mit ihrem Vortrag fertig.

»Vielen Dank«, sagte sie und verneigte sich. »Wenn Sie möchten, kann ich Ihnen später gerne weitere Geschichten aus meinen Programmen vortragen.« Erneuter Applaus unterbrach sie. »Doch zunächst, wie versprochen, ein Referat von Silke Riehl über die Kosmetikreihe mit natürlichen Wirkstoffen von Doktor ...«

Was zu viel war, war zu viel. Bei solch einem Thema konnte ich mich nicht konzentrieren. Ich stand auf und ging nach oben zum Siebenpfeiffer-Saal. Die »Anonyme Giddarischde« spielten vor einem kleinen Kreis an Zuhörern. Leider hatte ich das letzte Lied vor einer Pause erwischt. Bevor Edsel mich entdecken konnte, verließ ich den Saal gleich wieder. Das Treppenhaus war menschenleer. Ich überlegte, wo sich der Mörder aufhalten könnte. Dass es sich um einen Ortsfremden handelte, der weder zur Tagung noch zu den wenig verbliebenen Hochzeitsgästen gehörte, schien so gut wie ausgeschlossen zu sein. Aus diesem Grund dürfte es für ihn am unauffälligsten sein, sich in einem der beiden Säle aufzuhalten. Gewissheit hatte ich allerdings nicht. Doch es gab eine andere, eine wichtigere Frage: Hatte der Mörder seinen Plan vollendet oder gab es aus seiner Motivation heraus weiteren Handlungsbedarf? Einen weiteren Mord? Nicht zum ersten Mal in meiner Polizeikarriere mussten Mörder Folgetaten begehen, weil sie beobachtet und erpresst wurden. Ob dies hier zutraf, war reine Spekulation.

Ich nahm mir vor, zunächst alle ungenutzten Räume des Schlosses zu durchsuchen. Für die abgeschlossenen Räume würde ich nachher Uli Dittrich bemühen, Zeit hatte ich schließlich genug.

Gleich zu Beginn meiner Durchsuchungsaktion fand ich die studentischen Burschenschafter. Sie hatten sich auf der Empore über dem Festsaal verkrochen. Sie saßen zwischen alten Dekorationen auf einem zusammengerollten Teppich und unterhielten sich leise, damit sie von unten aus dem Festsaal keiner verstehen konnte. Von dort schallte die Stimme der esoterischen Hexe hoch, die über eine Creme referierte.

Die Studenten waren so intensiv in die Diskussion verwickelt, dass sie mich nicht kommen hörten. Erst, als ich mich mit einem Räuspern zu erkennen gab, zuckten sie zusammen.

»Wurde wirklich eine Frau umgebracht?«, fragte mich Nothaft und kraulte seinen Vollbart. »Wir haben hier oben alles gehört.«

»Wir waren es nicht«, sagte Elisabeth Fuchs.

»Das habe ich nicht behauptet«, beruhigte ich sie.

»Meinen die da unten wirklich, dass Sie ein Polizeibeamter sind?«, hakte Maritta Stadelmaier nach. »Wir sind jetzt ziemlich verunsichert, müssen Sie wissen.«

Ich lächelte freundlich. »Ich garantiere euch, dass alle unten im Festsaal glauben, dass ich ein Polizeibeamter bin.« Dass ich tatsächlich einer war, tat im Moment nichts zur Sache. »Wisst ihr etwas über den Tomatensaft?«

Fuchs meldete sich. »Wir haben jemanden mit einem Glas gesehen, in dem sich eine rote Flüssigkeit befand. So ein großer, schlaksiger Typ.«

»Das Seltsame war aber, dass ihm ein anderer Mann heimlich gefolgt ist«, sagte Nothaft.

Ich musste Näheres erfahren, um diese Aussage bewerten zu können. »Was wisst ihr noch?«

»Nichts«, bekam ich zur Antwort. »Wir mussten zurück in unser Versteck. Die Tagungsteilnehmer halten uns vielleicht für Hochzeitsgäste. Die Mitarbeiter der Chefin kennen uns dagegen. Wenn die uns erwischen, werfen sie uns raus, egal wie das Wetter ist.«

Das glaubte ich zwar nicht, dennoch verzichtete ich darauf, sie zu beruhigen.

»Bleibt ihr die ganze Nacht auf der Empore?« Mir kam eine Idee.

»Eine andere Möglichkeit sehen wir nicht.«

»Ich ernenne euch ab sofort zu Sicherheitskräften. Ihr seid mir für die Sicherheit der Leute da unten verantwortlich. Wenn sich heute Nacht eine Person heimlich auf die Empore schleicht, müsst ihr sie sofort überwältigen. Das könnte der gesuchte Mörder sein.«

So abwegig war das nicht. Mit einem weiteren Attentat könnte er von hier oben sein schlafendes Opfer überraschen, zum Beispiel mit einer Schusswaffe.

Die Burschenschafter schienen stolz auf ihren Auftrag zu sein.

»Aber lasst euch nicht so plump überraschen wie von

mir eben. Am besten, ihr versteckt euch da hinten neben den Schränken und beobachtet alles aufmerksam.«

Damit hatte ich die Studenten für die Nacht beschäftigt. Ich verabschiedete mich. »Morgen früh komme ich hoch und lasse euch aus dem Schloss raus.«

Da ich davon ausging, dass sich niemand im Treppenhaus aufhielt, öffnete ich die Tür zur Empore ohne Vorsichtsmaßnahmen. Um ein Haar hätte ich sie dem Beckerkonkurrenten Harald Schneider ins Gesicht geknallt.

»Was wollen Sie auf der Empore?«, herrschte ich ihn an. Es war offensichtlich, dass er dabei gewesen war, die Tür zu öffnen.

»Ich ... ich ... äh ... ich suche Dietmar«, erklärte der sichtlich eingeschüchterte Schreiberling.

»Und warum? Was haben Sie überhaupt außerhalb der beiden Säle zu tun? Sie wissen, dass ein Mörder umgeht. Wollen Sie das nächste Opfer sein? Herr Becker wird sich freuen und über diese Sache einen Krimi schreiben.«

Schneider blieb zunächst stumm und überlegte, bevor er eine Frage stellte. »Kann ich Ihnen vertrauen, Herr Diefenbach?«

Mit der Wahrheit wollte ich ihn nicht konfrontieren, zumal er mir dann nicht das sagen würde, was ihm auf der Zunge lag.

»Bedingungslos«, antwortete ich.

»Ich habe Dietmar gesehen. Kurz bevor die Frau getötet wurde.« Er machte eine Pause. »Er lief mit einem Glas Tomatensaft durch die Gegend und hat sich dauernd nervös umgedreht. Für eine oder zwei Minuten stand er sogar mit der rothaarigen Frau zusammen an einem Stehtisch im Foyer und hat sich mir ihr unterhalten. Ich hatte den Eindruck, es ginge um den Saft.«

»Wie bitte? Herr Becker stand mit der Frau zusammen? Könnten die beiden die Gläser verwechselt haben?«

»Keine Ahnung. Zu dem Zeitpunkt wusste ich noch nicht, dass die Frau vergiftet wird.« Er rückte näher zu mir. »Ich habe Dietmar bis in den Keller verfolgt. Er hat keinen einzigen Schluck getrunken. Anschließend ging er in die Toilette, kam aber fünf Sekunden später wieder heraus. Und plötzlich war das Glas leer.«

Dass sein Bericht die Aussage von Becker in weiten Teilen bestätigte, konnte Schneider nicht wissen. Interessant fand ich, dass Becker nicht bemerkt hatte, dass ihm sein Konkurrent heimlich gefolgt war. Genauso interessant fand ich, dass Schneider von den Burschenschaftern beobachtet worden war, ohne dass dieser davon etwas mitbekommen hatte.

»Und deshalb suchen Sie jetzt Ihren Freund?«

»Dietmar ist nicht mein Freund«, sagte er und klang dabei grimmig. »Das habe ich Ihnen bereits erklärt. Er ist mir viel zu hinterhältig und redet immer falsch und schlecht über seine Autorenkollegen.«

»Warum suchen Sie ihn dann?«

»Weil mit ihm irgendetwas nicht stimmt. Ich habe ihn in den letzten Stunden mehrfach mit diesem Steffen Boiselle und dem Brautvater herumschleichen sehen. Da ist was im Busch, Herr Diefenbach, das können Sie mir glauben.«

»Ich werde mich darum kümmern«, sagte ich, um ihn zu beruhigen. »Jetzt gehen Sie aber bitte runter zu den anderen. Halten Sie in den beiden Sälen Ihre Augen und Ohren offen. Morgen früh können Sie mir berichten. Ich werde Sie dafür im Polizeibericht lobend erwähnen.«

Er nickte und schien sich über diese Aufgabe zu freuen. Wie naiv manche Menschen waren. Und so leicht beeinflussbar, sobald man sie mit kleinen Aufgaben bedachte, die in ihren Augen wichtig waren.

Während der faule Schneider mit dem Aufzug fuhr, rannte Carlotta Lietz die Stufen hoch.

»Ist etwas passiert?«, fragte ich.

»Die stille Alarmanlage in der Dauerausstellung hat ausgelöst«, erklärte sie mir schnaufend. »Wollen Sie mich begleiten? Frau Dittrich und Edgar sind im Moment nicht greifbar.«

Wir gingen zügig nach oben. Ich überlegte, wie dies im Gesamtzusammenhang der Ereignisse zu bewerten war. Soviel ich wusste, wurden in der Ausstellung keine teuren und wertvollen Originale aufbewahrt, von der knapp 200 Jahre alten Deutschlandfahne abgesehen. Warum sollte sich dort um diese Uhrzeit jemand heimlich aufhalten?

Der Zugang zur Ausstellung war geschlossen aber nicht verschlossen, wie Lietz sofort feststellte. »Da muss der Schlüssel geklaut worden sein«, flüsterte sie mir zu. »Sollen wir reingehen?«

Ich nickte ihr zu. Langsam öffnete sie die Tür. In der Ausstellung brannten nur vereinzelt kleine Notlichter, sodass eine grobe Orientierung möglich war. Geräuschlos schlüpften wir in den Saal. Stumm zeigte Carlotta Lietz nach hinten. Ein Unbekannter machte sich im Schein einer abgeklebten Taschenlampe an einer Vitrine zu schaffen. Einen Bogen um eine Ausstellungsinsel schlagend, schlichen wir näher. Die Person war so intensiv mit ihrem Tun beschäftigt, dass sie uns nicht wahrnahm. Ich nahm Frau Lietz die Stabtaschenlampe ab, die sie griffbereit in der Hand hielt und durchaus als Schlagwaffe dienen konnte. Wir waren keine zwei Meter von dem Kerl entfernt, als ich ihn erkannte. Ich löste meine innere Anspannung und leuchtete ihm mitten ins Gesicht.

»Herr Becker, Sie sind vorläufig festgenommen!«

Der Student schrak mit einem lauten Schrei zusammen. Aus seinen Händen fielen seine Taschenlampe und ein weiterer Gegenstand zu Boden.

Becker stand mit erhobenen Händen vor mir und zitterte. »Ich kann das alles erklären, Herr Palzki«, versuchte er sich zu verteidigen.

Carlotta Lietz schaute für einen Moment komisch, da sie mich nur unter meinem Pseudonym kannte.

»Dann mal los.« Nach wie vor leuchtete ich ihm direkt ins Gesicht.

Becker traute sich, die Hände herunterzunehmen, und zeigte auf eine Vitrinensäule, deren Seiten gerade mal 40 Zentimeter lang waren. An der Seite der Vitrine hatte Becker eine kleine Tür geöffnet. Der Gegenstand, der sich in der Vitrine befunden hatte, lag ebenfalls auf dem Boden. Es handelte sich um ein Buch, das Becker zusammen mit seiner Lampe aus der Hand gefallen war.

»Das Skizzenbuch!«, schrie Lietz und bückte sich. »Hoffentlich ist es unversehrt.«

Vorsichtig, als handelte es sich um rohe Eier, hob sie es auf.

»Ist das wertvoll?«, fragte ich, obwohl ich die Antwort ahnte.

»Es ist ein Einzelstück«, antwortete Carlotta Lietz. »Das Skizzenbuch wurde vor wenigen Jahren ersteigert und anschließend dem Schloss gestiftet.«

Sie öffnete es wahllos und ich erkannte eine handgezeichnete Person.

»Ein unbekannter Zeichner hat damals prominente Zeitgenossen im Umfeld des Hambacher Schlosses porträtiert. Einige der Zeichnungen konnte man inzwischen Personen zuordnen, doch bei manchen ist das unklar. Teilweise stehen zwar Namen drunter, aber wie gesagt, vieles ist völlig im Dunkeln. Demnächst soll das Buch wissenschaftlich ausgewertet werden.«

Es wurde immer verrückter. War dieses Skizzenbuch der Schlüssel zu dem Ganzen? Warum wollte Becker das Buch stehlen? War er vielleicht sogar der gesuchte Mörder?

»Ich kann alles erklären, Herr Palzki«, wiederholte er.

Dieses Mal wurde er nicht von Lietz unterbrochen.

»Ich mache das im Auftrag von Herrn Diefenbach«, erklärte er. »Stehlen wollte ich das Buch aber nicht.«

Ich bemerkte den erneuten fragenden Blick von Lietz. »Klaus Diefenbach ist der Dienststellenleiter der Schifferstadter Kriminalinspektion. An diesem Wochenende ist er in einer heiklen Mission unterwegs. Aus diesem Grund trete ich, als einer von Diefenbachs Kollegen, unter seinem Namen auf. Mit Frau Dittrich ist das alles abgesprochen. Daher ist es gut, wenn Sie mich weiterhin mit Diefenbach ansprechen und nicht mit meinem richtigen Namen, Reiner Palzki.«

Carlotta Lietz nickte. Sicherlich dachte sie sich ihren Teil. »Und Herr Becker ist ebenfalls Kriminalbeamter?«

»Nein«, antwortete ich grinsend und freute mich, dass es noch vernünftige Menschen gab, die seine Kriminalromane nicht lasen. »Herr Becker ist so was Ähnliches wie ein Hobbyschriftsteller. Nur eben nicht so gut«, ergänzte ich. »Leider hat er regen Kontakt zu Herrn Diefenbach.«

»Genau«, fiel mir der Hobbyschriftsteller ins Wort. »Nur, dass meine Romane qualitativ viel besser sind, als Herr Palzki vorgibt. Immerhin sind in meiner Krimireihe bereits 14 Bände und zwei Sonderbände erschienen. Und nach diesem ereignisreichen Wochenende folgt der nächste bestimmt bald.«

»Jetzt quasseln Sie nicht so viel. Was hat KPD, äh, Diefenbach damit zu tun?« Meinen KPD-Versprecher erklärte ich nicht, um die Sache nicht noch weiter ausschweifen zu lassen.

»Herr Diefenbach vermutet, dass einer seiner Vorfahren eine der führenden Personen beim Hambacher Fest war. Deshalb hat er mich beauftragt, das Buch durchzusehen und Zeichnungen, die ihm ähnlich sind, zu fotografieren.«

Ich sah Becker an und wusste, dass er die Wahrheit sprach. Ich prustete vor Lachen. Das war typisch für KPD. Wichtige Dinge, die in der Weltgeschichte passiert sind? Klar, da musste ein Diefenbach-Urahn dahinterstecken. Dass dies ausgerechnet für das Hambacher Fest stimmte, wagte ich allerdings zu bezweifeln. Da war KPD eher mit Donald Trump verwandt, das würde wenigstens charakterlich passen.

»Haben Sie Diefenbach gefunden?«, fragte ich grinsend.

Becker schüttelte den Kopf. »Ich bin noch nicht komplett durch. Aber ich glaube auch so nicht, dass ich fündig werde. Ich habe es Herrn Diefenbach halt mal versprochen. Im Gegenzug darf ich schließlich das Referat halten.«

Das wohl endgültig ausfiel, dachte ich sarkastisch. Es war sehr unwahrscheinlich, dass wir morgen früh mit dem Tagesprogramm fortfahren könnten.

Carlotta Lictz blätterte die ganze Zeit durch das Buch. Plötzlich sah sie auf. »Wie heißen Sie mit richtigem Namen? Palzki?«

»Ja, Reiner Palzki«, bestätigte ich.

Sie hielt mir das aufgeschlagene Skizzenbuch unter die

Nase. Ich starrte auf eine Zeichnung von mir. Der darunter stehende Name machte die Sache eindeutig: Kurt Palzki.

Nachdem ich nach einer beträchtlichen Weile meinen Mund wieder geschlossen hatte, öffnete ich ihn erneut: »Den kenne ich, das ist ein was-weiß-ich-wieviel-facher Urgroßvater von mir. Mir wurde mal eine Ahnentafel geschenkt.«

»Und dieser Vorfahr hatte auf dem Hambacher Fest eine tragende Rolle«, beschied Lietz. »Welche, weiß ich ad hoc nicht, das werde ich aber prüfen lassen. Das ist das erste Mal, dass ich einen Nachkommen eines Hambacher-Fest-Teilnehmers kennenlerne.«

Sie blickte mich ehrfurchtsvoll an, als hätte ich das Fest ganz alleine organisiert.

»Die Palzkis standen schon immer hinter der Demokratie«, sagte ich, weil mir nichts Besseres einfiel. Dietmar Becker stand neben mir wie ein begossener Pudel. In seiner Haut möchte ich nicht stecken, wenn er nächste Woche KPD von dieser Sache erzählte.

Carlotta Lietz legte das Buch zurück in die Vitrine und schloss das Türchen.

»Woher haben Sie den Schlüssel zur Dauerausstellung, Herr Becker?«

Er wurde krebsrot. »Ich habe die Dame im Oktagon abgelenkt. Dass dort der Ersatzschlüssel aufbewahrt wird, habe ich vorher herausgefunden.« Er griff in seine Hosentasche und reichte ihr den Schlüssel. »Entschuldigen Sie bitte, ich habe nichts kaputtgemacht.«

»Jetzt müssen wir erst einmal ein Protokoll schreiben, Herr Becker«, mahnte ich ihn. »Ich mache Ihnen einen Vorschlag: Sie bleiben die ganze Nacht in einem der beiden Säle und stellen nichts an. Insbesondere keine Verfolgungsjagden mit Ihren Freunden. Als Gegenleistung dürfen Sie den Entwurf des Protokolls selbst schreiben.«

Der Student ließ sich auf den Handel ein. Hoffentlich hielt er sich daran.

Während wir ins Erdgeschoss gingen, sah mich Frau Lietz mit verklärtem Gesicht an. »Wie wäre es, wenn wir ein gemeinsames Führungsprogramm durch das Schloss entwickeln und dabei Ihren Urahn mit einbinden? Oder besser: ein Programm für Erwachsene und eines für Schüler.«

Ich sagte ihr, dass ich mir die Sache überlegen müsse, da das alles so unerwartet über mich hereingebrochen sei.

In meiner Eigenschaft als Polizeibeamter blieb mir nichts anderes übrig, als die Lage im Schloss zu überwachen. Das Gewitter hatte keinen Deut nachgelassen, und von hier oben konnte man vermuten, dass längst die komplette Rheinebene überflutet war.

Ständig wechselte ich zwischen Festsaal und Siebenpfeiffer-Saal und ermahnte Personen, die sich außerhalb der Säle aufhielten, was vor allem Raucher betraf, die an allen möglichen Stellen zu qualmen versuchten. Die »Anonyme Giddarischde« waren irgendwann mit ihrem Programm fertig und legten sich der Einfachheit halber zum Schlafen auf die Bühne. Auch im Festsaal kehrte langsam Ruhe ein.

Irgendwann, es war kurz nach Mitternacht, liefen mir bei einem Rundgang in der Nähe des Eingangs Steffen Boiselle und Gunter Engler über den Weg.

»Schau mal an, die beiden Detektive liegen noch nicht in der Heia. Könnt ihr nicht schlafen?«

»Dietmar ist vor einer Viertelstunde rausgegangen«, berichtete Boiselle atemlos.

»Hoffentlich ist ihm nichts passiert«, ergänzte Engler.

»Bei dem Wetter geht niemand freiwillig vor die Tür«, erklärte ich. »Außerdem hat mir Becker versprochen, im Saal zu bleiben.«

»Da war er bis vorhin auch«, beharrte der Brautvater. »Nun ist er rausgegangen, weil er etwas überprüfen wollte. Er hat uns aber nicht gesagt, was.«

Ich war hin- und hergerissen. Was sollte ich mit dieser Aussage anfangen? Freiwillig rausgehen und nach ihm suchen, das kam nicht infrage.

»Gehen Sie zur Sicherheit mal durch das Schloss und suchen Sie Ihren Detektivkameraden. Vielleicht ist er in einem unbeobachteten Moment zurückgekehrt. Na los, ich warte solange hier unten.«

Die beiden gehorchten und machten sich an die Schlossdurchsuchung. Aus dem Kellerbereich kam in diesem Moment eine übermüdete Uli Dittrich mit ihrem Edgar.

»Das wird eine lange Nacht, Herr Diefenbach«, sagte sie.

KAPITEL 14
EIN NEUER GAST

Im Hintergrund sah ich, wie der völlig zerzauste und klatschnasse Student Dietmar Becker zur Tür reinkam.

»Wurden Sie vom Regen überrascht?«, fragte ich hämisch. »Sie machen ja den Boden nass.« Ich zeigte auf seine Füße. »Nachher rutscht auf der Wasserlache jemand aus, knallt letal mit seinem Hinterkopf auf die Steinfliesen, und keiner will es gewesen sein.«

Dietmar Becker hatte nicht richtig zugehört. Er sah nicht nur so aus, er war auch psychisch völlig durch den Wind.

»Lichter, drunten am Tor!«, stammelte er mit aufgerissenen Augen. »Und Geräusche, die ich noch nie gehört habe.« Er zitterte. Ob er fror oder tatsächlich Angst hatte? Mit Krimischriftstellern, die bekanntlich fast immer einen labilen Geisteszustand besaßen, konnte durchaus mal die Fantasie durchgehen. Vielleicht hatte er kürzlich einen Horrorfilm gesehen? »Shining« von Stephen King fiel mir ein, der zwar nicht in einem Schloss, aber in einem verlassenen Berghotel in Colorado spielte.

»Das waren Irrlichter«, antwortete ich und erweiterte um eine kleine Gemeinheit. »Warum sind Sie den Lichtern nicht gefolgt?«

»Das ist kein normales Licht«, bestätigte Becker meine sarkastisch gemeinte Bemerkung. »Irgendwas Unheimliches. Herr Diefenbach, wir sind in großer Gefahr.«

Ich musste ihn langsam zurück auf ein normales Level bringen, bevor er zu den anderen ging und diese zusätzlich aufregte. Es war sowieso schlimm genug, was sich hier abspielte.

»Herr Becker, setzen Sie sich eine Weile hin und beruhigen Sie sich. Ich lasse Ihnen einen Kamillentee mit Zitrone bringen. Danach sieht die Welt gleich wieder besser aus.«

»Nein, Sie müssen mit rauskommen«, beharrte er ungeduldig und zeigte zur Tür. »Sie sind Polizeibeamter und für unseren Schutz zuständig.«

»Nach draußen? Da kriegen mich im Moment keine zehn Pferde hin. Morgen früh, wenn es hell ist und nicht mehr regnet und stürmt, können wir darüber reden. Egal, was da draußen ist, hier drinnen kann uns nichts passieren. Bei diesen dicken Mauern sitzen wir zwar nicht in einem faradayschen Käfig, aber dafür in einem demokratischen. Der hat sogar mehrere Weltkriege überstanden.«

»Herr Diefenbach, vielleicht kommt der Mörder zurück!«, schrie mir der Student ins Ohr. »Er will sich das nächste Opfer holen.«

Ich schnappte ihn an den Schultern und schüttelte ihn. »Herr Becker, wir sind nicht bei den zehn kleinen Negerlein, äh, Maximalpigmentierten, wo einer nach dem anderen ermordet wird. Wir haben lediglich ein Todesopfer zu beklagen, und der Täter hält sich im Moment mit Sicherheit irgendwo in diesem Schloss auf.«

»Und die Leiche im Hotel? Und der schwer verletzte Bräutigam?« Becker ließ sich nicht beruhigen.

»Im ersten Fall Suizid, wie Sie und dieser Schneider selbst herausgefunden haben, und im zweiten Fall Zufall. Mehr nicht. Jetzt hören Sie auf, alles zu dramatisieren. Man könnte meinen, Sie wollen mit Gewalt aus dieser harmlosen

Geschichte eine Ihrer neuen und gefürchteten Kriminalgeschichten machen, die kein vernünftiger Mensch liest.«

Uli Dittrich, die uns die ganze Zeit still beobachtet hatte, mischte sich ein. »Vielleicht sollten Sie wirklich zur Sicherheit mal nachsehen, Herr Palzki. Manchmal kommt es vor, dass sich irgendwelche Gestalten nachts vor dem Schloss herumtreiben. Größeren Vandalismus haben wir bisher zum Glück nicht zu beklagen. Sie können gerne Edgar mitnehmen.«

Zwei gegen einen, das war unfair. »Bei dem Wetter, Frau Dittrich? Da wird sich garantiert kein Mensch freiwillig draußen herumtreiben.«

»Aber Herr Becker hat doch Licht gesehen«, beharrte sie. »Vielleicht wird Hilfe benötigt. In der Kammer neben der Küche haben wir regendichte Ölkleidung. Warten Sie, ich hole das Zeug.«

Ich fand es ganz und gar nicht lustig, wie ich wenig später aussah. Quietschgelbe und viel zu große Hosen, darüber eine Jacke in gleicher Farbe, in der ich mich kaum bewegen konnte. Die Stiefel waren eine oder zwei Nummern zu klein. Frau Dittrich half mir, die Kapuze aufzusetzen und festzuschnüren. Ein kurzer Blick in den Spiegel neben der Tür zeigte mir, dass ich, abgesehen von einem Bierdeckel großen Gesichtsausschnitt und meinen Händen, vollständig aus Gelb bestand. Selbst Edgar schien zu lachen.

»Jetzt kommen Sie endlich«, drängte mich der Student, der im Begriff war, ohne weiteren Regenschutz nach draußen zu gehen. Da er sowieso bis auf die Haut durchnässt war, spielte das keine Rolle mehr. Allenfalls das Risiko eines grippalen Infekts dürfte sich durch seinen Leichtsinn erhöhen.

Es dauerte keine Sekunde, bis mir eine nasse Böe ins Gesicht klatschte. Die Regenmenge hatte zwar nachgelassen, dafür bewegte sich der Regen aufgrund des stürmischen Windes beinahe waagerecht. Frau Dittrich hatte mir zur Vervollständigung meines Expeditionsoutfits eine Stabtaschenlampe in die Hand gedrückt. Die Windböen waren tückisch, ich war froh, nicht auf einem Felsgrat oder einer Burgmauer herumkraxeln zu müssen. Alles war übersät mit abgebrochenen Ästen und Zweigen. Die Lichtverhältnisse waren kaum der Rede wert. Bei solch einem dichten Wolkennetz war es egal, ob Voll- oder Neumond herrschte. Ohne die Lampe wären wir verloren gewesen. Hoffentlich waren die Batterien neu. Um ein Haar hätte ich versehentlich Becker bewundert, da er mit großen Schritten in Richtung Treppenweg voranmarschierte, so als wäre es ein einfacher Spaziergang zur Mittagszeit im hellen Sonnenlicht. Schnell ging meine Fast-Bewunderung in ironisches Mitleid über.

»Herr Becker, sind Sie ausgerutscht?« Natürlich war er das. Warum sollte er sonst rücklings im Dreck liegen?

»Helfen Sie mir auf«, forderte er.

Meine Hilfe bestand darin, ihn anzuleuchten. »Das schaffen Sie alleine, Sie haben auch keine Hilfe zum Hinfallen benötigt.« Immerhin war der Student ein paar Jahre jünger als ich. Außerdem war er nun nicht nur nass, sondern auch ordentlich verdreckt, inklusive seiner Hände.

Mit einem bösen Blick in meine Richtung stand er auf und rieb sich ein Knie. »Dieser blöde Ast war schuld«, sagte er und zeigte auf den vermeintlichen Übeltäter. Wie bei KPD dachte ich, immer sind die anderen schuld.

»Vorhin funktionierte noch die Außenbeleuchtung am Treppenweg. Wahrscheinlich ist die Sicherung herausgesprungen«, meinte Becker.

»Bleiben Sie am besten von nun an in meiner Nähe«, entgegnete ich und wedelte mit der Lampe. »Ich passe auf Sie auf, damit Ihnen kein weiterer böser Ast wehtut.«

Ich achtete darauf, dass die Nähe nicht zu groß wurde. Der Treppenweg war tückisch, aber wir meisterten ihn ohne Schwierigkeiten. Wir hatten nun das große Tor erreicht. Dahinter begann auf der rechten Seite ein schmaler Waldweg, der wahrscheinlich zur Ortschaft Hambach führte. Er war unpassierbar, ein paar umgeknickte Bäume und Buschwerk blockierten die komplette Breite des Weges.

»Da, sehen Sie?«, rief Becker aufgeregt. Edgar bellte wie verrückt und zog an der Leine. Ich war nahe dran, die Leine loszulassen.

Tatsächlich bewegte sich ein schwaches Licht im Gestrüpp. Überdies vernahm ich ein dumpfes Geräusch, das mich an einen laufenden Automotor erinnerte.

»Ist da jemand?«, rief ich aufs Geratewohl und leuchtete mit meiner überaus starken Taschenlampe in Richtung des Lichtflecks. Als wir vorsichtig näher traten, hörten wir zunächst ein Gegrunze, dann hob sich der Lichtfleck, der wohl aus einer schwächeren Lampe kam, und leuchtete den Studenten an.

»Dietmar?«, rief die Person hinter der Lampe.

Mir fiel reflexartig die Kinnlade nach unten, wodurch ich ein wenig Wasser schlucken musste. Diese Stimme, das konnte unmöglich …

Dietmar Becker hatte sie ebenfalls erkannt. »Matthias, bist du das?«

Statt einem Ja oder einem Nein antwortete die Person mit »Hilf mir mal, Dietmar, ich stecke fest.«

Das Bild, das sich uns im Licht meiner Lampe zeigte,

war überaus skurril. Im Zentrum einer Baumkrone hing, einen Meter über dem Boden, der Not-Notarzt Doktor Matthias Metzger. Mehrere Äste mussten sich in seiner Kleidung verfangen haben, sodass er sich, zumal mit spärlichem Licht, nicht selbst befreien konnte.

Ich fand, dass in diesem Fall eine Arbeitsteilung am schnellsten zum Ziel führen würde. Ich leuchtete mit der Lampe, der Student befreite den Pseudomediziner, mit dem er seit geraumer Zeit per Du war.

Es dauerte nicht allzu lange, bis die beiden aus dem Gestrüpp herausgekrochen kamen.

»Danke«, sagte er zu Dietmar und richtete den Blick auf mich. »Auch Ihnen unbekannterweise danke. Wenn ich mal etwas für Sie tun kann, lassen Sie es mich wissen.« Metzger bemerkte, wie Edgar an seinem Hosenbein schnüffelte und zufrieden mit dem Schwanz wedelte. Da hatten sich wohl die zwei Richtigen gefunden, dachte ich.

Wegen meiner Schutzkleidung und der Lichtblendung hatte mich Metzger nicht erkannt. Ich wollte es dabei bewenden lassen und mich kommentarlos herumdrehen, um zum Schloss zurückzukehren, aber Becker schoss quer.

»Aber Matthias, erkennst du Herrn Palzki nicht? Zugegeben, in seiner Kükenverkleidung ist er nicht so schnell zu erkennen, aber er ist es wirklich.«

»Palzki?«, schrie Metzger überrascht gegen den Wind. »Sind Sie für dieses ganze Desaster verantwortlich? Das hätte ich mir gleich denken können.«

Becker unterbrach ihn. »Wieso bist du hier, Matthias? Wie hast du es geschafft, zum Schloss hochzukommen?«

Der Not-Notarzt grölte mit seiner bekannten abartigen Lache, mit der er einen kompletten Friedhof zum Leben erwecken könnte. »Har, har, das habe ich dem Polizeifunk zu verdanken. Seit ich selbstständig als freier medizinischer Berater arbeite, bin ich von den offiziellen Versorgungswegen abgeschnitten. Kein Krankenhaus und kein Rettungsdienst will mehr mit mir kooperieren. Die Unfallopfer darf ich in den Kliniken einliefern, aber Geld wird mir dafür nicht bezahlt. Klar, dass ich da meine Kunden lieber selbst versorge.« Er bückte sich und streichelte den Jagdhund. »Für dich habe ich ein paar Leckerlis in meiner fahrenden Klinik.«

Seit Doktor Matthias Metzger vor ein paar Jahren seine Kassenzulassung zurückgegeben und sich als »freier medizinischer Berater« selbstständig gemacht hatte, kurvte er mit seinem zur Einmannklinik umgebauten Reisemobil durch die Kurpfalz und rettete Unfallopfer oder bot seine absonderlichen Heilmethoden an. Seine Kunden, wie er die Patienten nannte, zahlten immer bar, und ich vermutete, dass Metzger nicht einmal eine eigene Steuernummer besaß. Ich wunderte mich seit dem ersten Mal, als Metzger mir über den Weg gelaufen war, warum es niemandem gelang, sein offensichtlich illegales Tun zu unterbinden. Es musste irgendwelche Gesetzeslücken geben, durch die er sich seit Jahren durchmogelte. Oder es fühlte sich in den entsprechenden Verwaltungen kein Beamter zuständig, weil der Notarzt über keinen festen Wohnsitz verfügte. Ich wachte aus meinem kurzen nächtlichen Tagtraum auf und bemerkte, dass Metzger weitersprach.

»Im Polizeifunk haben sie es durchgegeben: Eine Leiche auf dem Hambacher Schloss, und die Polizei kann nicht hochfahren, weil die Zufahrtsstraßen wegen des Unwetters gesperrt sind.« Metzger gab eine Zugabe seiner unmenschlichen Lache, bevor er weiter erzählte. »Von wegen unpassierbar. Für die offiziellen Rettungsdienste vielleicht, aber nicht für mich.« Metzger zeigte in Richtung Rheinebene. »Mein Reisemobil hat einen Vierradantrieb. Damit bin ich einfach offroad quer durch die Wingerte und über den Waldweg hochgedüst. Kann sein, dass ein paar Weinreben was abgekriegt haben, bei dem Wetter konnte ich nicht auf alles achten.«

Metzger sprach mich an. »Wie viele verletzte Kunden warten auf mich da drinnen, Palzki? Ich bin schließlich nicht wegen einer simplen Leiche gekommen. Totenscheine ausstellen lohnt sich finanziell überhaupt nicht. Aus diesem Grund versuche ich, meine Kunden möglichst lange am Leben zu halten. Klappt zwar nicht jedes Mal, ich bin aber als Kaufmann immer stets bemüht.«

Ich schüttelte innerlich den Kopf und versuchte, den Notarzt abzuwimmeln. »Ich fürchte, Sie sind den weiten Weg umsonst gefahren, Herr Doktor Metzger. Außer einer Leiche haben wir Ihnen nichts zu bieten. Die Ausstellung im Schloss ist sehr interessant, aber für Sie als Mediziner wohl eher weniger. Kommen Sie, ich leuchte Ihnen den Weg zurück. Steht Ihre mobile Horro…, äh, Klinik hinter diesem Gestrüpp?«

Metzger ließ nicht locker. Nachdem er ein weiteres Mal eine Kostprobe seines speziellen Gelächters von sich gegeben hatte, meinte er: »Palzki, das wäre das erste Mal, dass es bei einer einzigen Leiche bleibt, wo Sie auftauchen. Die Nacht ist noch lang, da kann bei Ihrem Ungeschick, wie es Ihr Chef Diefenbach immer ausdrückt, viel passieren. Seien Sie froh, wenn Sie ab sofort eine qualifizierte medizinische Notbetreuung vor Ort haben. Stellen Sie sich einmal vor, wenn bei einem der Leute, die im Schloss sind, plötzlich die Wehen einsetzen? Oder der Blinddarm juckt. Sie wissen ja, Palzki, ich bin spezialisiert auf alles, was mit Humanmedizin zu tun hat.« Er blickte zu Edgar. »Tiermedizin gehört ab sofort ebenfalls zu meinen Schwerpunkten. Am rentabelsten sind natürlich die Eingriffe in meinem Reisemobil. Da kann ich für eine läppische Hämorrhoidenverödung ein paar gute Euros abrechnen. Ist auch eine eklige Sache. Meine OP-Handschuhe habe ich seit kaum vier Wochen an, und die sehen schon aus wie Hund.«

Metzger sah mit seinen feuerroten schulterlangen Haaren, die wie immer vor Fett triefen, und den Blättern und Zweigen, die sich in seiner Mähne verfangen hatten, noch bizarrer aus als sonst. Sein ehemals weißer Arztkittel, dessen aktuelle Farbe man als schmieriges Graubraun bezeichnen konnte, hatte durch die Kletterei mehrere Risse abbekommen, was seine Erscheinung noch verwegener machte. Und alles war klitschnass.

»Ach du Scheiße, ich habe vor lauter Buschwerk den Günter vergessen.« Er drehte sich um und schrie ins Dunkle: »Günter, verdammt noch mal, wo steckst du denn?«

Nachdem er keine Antwort erhielt, fragte Becker. »Wen meinst du mit Günter? Bist du nicht alleine gekommen?«

»Ach woher denn«, grölte Metzger. »Ich habe einen Lehrling dabei. Kein richtiger Lehrling. Günter Wallmen ist Notfallchirurg im Sankt-Vincentius-Krankenhaus in Speyer. Ich kenne ihn seit ein paar Jahren, jetzt hat er sich bei seinem Arbeitgeber ein Sabbatjahr genommen, um bei mir zu promovieren. Er ist zwar als Oberarzt angestellt, einen Doktortitel hat er aber bisher nicht. Das nervt ihn, weil ihn seine Kunden immer darauf ansprechen.«

Ich schaute genauso doof aus der Wäsche wie Becker. »Darfst du das überhaupt?«, fragte Becker nicht ganz unberechtigt.

»Das ist alles zu 100 Prozent sauber«, erklärte der Not-Notarzt. »Ich habe mir im letzten Jahr auf den Kaiman-inseln für wenig Geld einen originalen Professorentitel gekauft. Ich hatte bisher nur keine Zeit, mir neue Visiten-karten drucken zu lassen.« Jetzt wurde Metzger eine Spur leiser. »Günter ist ohne Eigenverschulden ein bisschen in Finanznot geraten. Seit ihm sein Arbeitgeber die meis-ten ärztlichen Nebentätigkeiten in der Freizeit verboten hat, ist es bei ihm ein bisschen eng. Seine Frau und seine Kinder haben ihm die Farbe von den Haaren gefressen.«

Nachdem von unserer Seite keine Reaktion kam, wurde er deutlicher: »Graue Haare hat er, der Günter. Jedenfalls lasse ich ihn bei mir kostengünstig promovieren. Natürlich schreibe ich alles selbst, er muss es nur noch unter seinem Namen abgeben. Gute Plagiate sind in den letzten Jahren exorbitant teuer geworden, wie zahlreiche Prominente, insbesondere Politiker, hinreichend bewiesen haben. Bei mir wird's für Günter billiger, dafür unterstützt er mich bei meinem neuen Angebot.«

Metzger drehte sich abermals herum. »Ich verstehe nicht, wo er bleibt. Hoffentlich wurde er nicht aus dem Wagen geschleudert, als ich den Berg hochgedüst bin. Günter ist sowieso nur so ein schmächtiges Kerlchen mit leichtem Bauchansatz. Dietmar, ich muss noch mal zurück in meine Mobilklinik, um meine Arzttasche und ein paar Notfall-medikamente zu holen. Kannst du mir mal mit Palzkis Lampe leuchten? Im Licht betrachtet, kommt man viel-leicht auf der einen Seite ganz gut an den Bäumen vorbei.«

In der Hoffnung, ihn loszuwerden, erklärte ich mich bereit, den Weg auszuleuchten. Tatsächlich war es sehr einfach, an der Wurzelseite der umgestürzten Bäume auf die andere Seite zu gelangen, ohne den Hang hinabzurutschen. Da keine Gefahr bestand, dass ich mich schmutzig machen könnte, folgte ich den beiden zu Metzgers Reisemobil. Größere Dellen konnte ich auf den ersten Blick nicht erkennen, dafür aber mehrere Weinreben und lange Äste, die sich an den Außenspiegeln und den Radkästen verfangen hatten und wie eine nicht ernst gemeinte Lametta-Verzierung an dem Gefährt im Sturm wehten. Der komplette untere Bereich des Reisemobils war mit einer lehmigen Schlammmasse bedeckt.

Ich wollte damit beginnen, im Taschenlampenlicht die neue Aufschrift auf Metzgers Mobilklinik zu lesen, da ging die Tür auf und ein grauhaariger Mann trat heraus.

»Da bist du ja, Günter«, schrie Metzger. »Ich habe einen Freund gefunden. Und den Palzki auch«, ergänzte er und zeigte auf uns.

Der Mann trug wie Metzger einen weißen Arztkittel, ansonsten unterschieden sie sich wie Tag und Nacht. Metzgers Kittel sah aus, als wäre er in einem Ölbad geschwommen, Günters Kittel sah dagegen, zumindest im diffusen Lampenlicht betrachtet, nach richtigem Arzt aus. Er kam auf uns zu.

»Das ist der Günter«, stellte Metzger seinen neuen Mitarbeiter vor.

»Günter Wallmen«, sagte dieser schüchtern zu Becker und reichte ihm die Hand.

»Und das ist der schräge Palzki, von dem ich dir so oft erzählt habe«, brüllte Metzger und bog sich vor Lachen. »Du weißt doch noch, der Bulle, bei dem immer alles schief geht. Und die vielen Leichen in seiner Umgebung, die es immer gibt.«

Wallmen hatte sich besser als Metzger unter Kontrolle. »Hallo, Herr Palzki«, sagte er. »Es freut mich, Sie kennenzulernen. Matthias hat Sie mir ganz anders beschrieben.«

»Metzger braucht dringend einen Optiker«, entgegnete ich. »Und einen Psychiater.«

Dietmar Becker mischte sich ein. »Woher kennt ihr euch?«, wollte er interessiert von Metzger wissen.

Der Not-Notarzt grinste. »Sag du es ihm, Günter. Aber nur, wenn es dir nichts ausmacht. Unsere Geschichte ist eigentlich ziemlich privat, nicht wahr?«

Becker hatte eine Vorabfrage und duzte dabei Günter. »Bist du wirklich Notfallchirurg?«

Wallmen nickte. »Ich arbeite als Oberarzt im Sankt-Vincentius-Krankenhaus. Zwar ohne Doktortitel, aber ich bin ein richtiger Arzt. Ich lernte Matthias im Jahr 2013 in Speyer kennen. Am Brezelfestsamstag sollte damals der Dirndl-Guinness-Weltrekord aufgestellt werden, also die meisten Dirndlträgerinnen auf einem Haufen. Es war ein heißer Samstag. Daher ist man davon ausgegangen, dass einige der knapp 2.000 anwesenden Dirndlträgerinnen ihr Korsett zu eng schnüren und kollabieren. So war's dann auch. Gemeinsam mit zwei Kollegen war ich ehrenamtlich für den Verkehrsverein als Dirndlnotarzt einer der wenigen Männer während der Veranstaltung im Festzelt. Da gibt's bei YouTube sogar ein Video davon. Mich sieht man darin kurz mit Trachtenjanker und Lederhosen.«

Becker hörte nach wie vor interessiert zu, aber Wallmen bemerkte, wie ich mit den Augen rollte.

Er sprach weiter. »Am Abend vorher habe ich Matthias im Festzelt kennengelernt. Dabei habe ich ihm von meiner Finanznot erzählt. Ich hatte mir jahrelang in meiner Freizeit vor dem Kaufhof mit meiner Gitarre als Straßenmusikant etwas dazuverdient. Plötzlich kam die GEMA und hat alle meine Verdienste eingezogen. Für die Strafe musste ich zwei Jahre lang die Urlaubskasse meiner Familie plündern.«

»Und was hat das mit dem Dirndl-Rekord zu tun?«, wollte Becker wissen.

»Das war so«, Wallmen schaute etwas verlegen zu Boden. »Gegen eine kleine Provision von Matthias habe ich die Kollabierten nicht an das Rote Kreuz, die Malteser und so weiter übergeben, sondern ihm zugeschanzt, der sie kostenpflichtig in seinem Klinik-Notarzt-Reisemobil verarztet hat.«

»Das waren Zeiten«, unterbrach Metzger seinen Kollegen und klatschte ihm auf den Rücken, sodass das Wasser nur so spritzte. Ich war froh, das Ölzeug zu haben. Die anderen drei sahen erbärmlich aus, doch mein Mitleid hielt sich in Grenzen.

»Von Günter habe ich beim fachlichen Austausch übrigens die Idee übernommen, bei Operationen statt der herkömmlichen Narkose eine Scheinakupunktur mit hundsgewöhnlichen Stecknadeln durchzuführen. Das ist saubillig im Vergleich zu den teuren Narkosegasen oder den Placebos, die ich vorher verwendet habe.«

Nun hatte ich Zeit, die neue groteske Aufschrift auf der Seitentür zu lesen. Wie immer in blutroten Lettern stand da zu lesen: »After-Work-Party – nie mehr Darm mit Scham«.

Ich konnte nicht anders, als laut herauszulachen. Metzger, der in seinen Wagen steigen wollte, wurde auf mich aufmerksam.

»Na, da staunen Sie, Palzki, was?«

Nachdem ich mich beruhigt hatte, erklärte ich ihm seinen verhängnisvollen Fehler: »Sie sollten mal Ihre Ohren überprüfen lassen. Der Bestseller, auf den Sie sich bei Ihrer abstrusen Werbung beziehen, heißt ›Darm mit Charme‹.«

Kaum hatte ich geendet, brach es aus dem Not-Notarzt heraus. »Hohoho, Dietmar, Günter, hört euch mal den

Palzki an! Er will mich, was mein neues medizinisches Konzept angeht, belehren! Darm mit Charme, so ein Quatsch!«

Der Student zog die Schultern ein. »Du, Matthias, Herr Palzki hat leider recht.«

Metzger war nur einen winzigen Moment verwirrt. »Aber ich beziehe mich doch gar nicht auf dieses blöde Buch. Es geht um mein neues Angebot für Firmenkunden. Insbesondere für Firmen mit vielen Sesselfurzern, also Büroarbeitsplätzen. Die sitzen den ganzen Tag nur herum, telefonieren und trinken Kaffee. Bis zum Feierabend bilden sich da gefährlich viele Darmgase im Hintern. Und genau da setzt meine neue Dienstleistung an.«

Da wir ihn stumm anglotzten, erzählte er weiter.

»Wenn diese Leute nach der Arbeit wenigstens gleich nach Hause gehen und nur ihren Partner mit den Gasen belästigen würden. Aber nein, in den letzten Jahren schießen diese sogenannten After-Work-Partys wie Pilze aus dem Boden. Da geht's um das Knüpfen von sozialen Kontakten, also das richtige Leben, und nicht anonym wie mit diesen Smartphones.« Metzger schaute mir ins Gesicht. »Und was passiert dann? Die Darmgase, die sich den ganzen Tag über aufgebaut haben, entfleuchen ohne weiteres Zutun. Dann ist Schluss mit lustig und sozialem Kontakt. Mehr After als Party. Darm mit Scham eben. Und genau diesen armen Menschen will ich helfen.«

Günter Wallmen ergänzte Metzgers Ausführungen: »Ich unterstütze Matthias bei seiner genialen Idee mit ein wenig Marketing-Know-how. Man kennt ja die Leute, die ihre Flatulenzen so unbedacht in die Welt setzen, wie Politiker ihre Sonntagsreden halten. Für diese bieten wir zusätzlich ein Veranstaltungskonzept an, wie man solche

After-Work-Partys organisiert. Natürlich nur zusammen mit der Dienstleistung von Matthias.«

»Wir müssen uns jetzt leider verabschieden«, unterbrach ich Wallmen, da ich von diesem Thema nichts mehr hören wollte. »Sonst suchen uns die anderen.«

Metzger tat so, als hätte er mich nicht gehört.

»Jetzt warten Sie doch. Sie wissen gar nicht, um welche Dienstleistungen es im Einzelnen geht. Ich helfe den Leuten mit einer kleinen Operation. Die biete ich saubillig an, was aber nicht für die Folgekosten gilt. In einem kurzen Eingriff, der dauert kaum eine halbe Stunde, imprägniere ich den Darm der Kunden, nachdem ich ihn sterilisiert habe, mit einer Essenz, die ich selbst entwickelt habe. Diese wirkt zukünftig wie ein Katalysator.«

»Wobei ich den ersten Teil der Operation übernehme«, sagte Günter Wallmen. »Die Sterilisation des Darms ist der Teil des Eingriffs mit der höchsten Letalität. Da sich Matthias keine eigene Versicherung leisten kann, mache ich das. Oft sind wir als Erben eingesetzt.«

Wallmen grinste, Metzger sah mich immer noch an und fuhr fort. »Was ein Katalysator ist, wissen Sie garantiert nicht, Palzki. Aber egal. Fortan müssen meine Kunden täglich eine Tablette zum Frühstück schlucken, die es natürlich nur exklusiv bei mir gibt. Zusammen mit dem imprägnierten Darm wandeln sich die üblen Darmgerüche in eine Duftnote nach Wahl um. Sie können im Moment wählen zwischen Orange, Rosmarin und saurer Apfel. Jetzt, wo bald der Winter kommt und die Fenster geschlossen bleiben müssen, gibt es rechtzeitig zur Adventszeit auch Bratapfel-Zimt. Weitere Duftrichtungen wie Pfälzer Leberwurst und Nadelwald sind in der Erprobungsphase. Und das Beste daran: Die Letalitätsquote ist kaum der Rede wert. Machen Sie am besten eine repräsentative Umfrage unter meinen noch lebenden Kunden, wenn Sie mir nicht glauben.«

Ich tat das einzig Vernünftige: Ich drehte mich um und ging Richtung Schloss.

»Einen kleinen Moment«, schrie Metzger, kletterte in sein Reisemobil und kam mit einer Arzttasche und einem kleinen Koffer wieder heraus. »Den Rest kann ich bei Bedarf holen.«

Mithilfe meiner Lampe war es leicht, den umgestürzten Bäumen aus dem Weg zu gehen und zum Schloss zu kommen.

Als wir in das Gebäude eintraten, blieb der Not-Notarzt ehrfürchtig stehen. »So was lasse ich mir als Altersruhesitz bauen, nur schöner und größer.« Ich begann, mich meiner Schutzkleidung zu entledigen. Da, wo wir vier standen, bildete sich eine beträchtliche Wasserlache. Eine Dame war dabei, die Wasserpfütze aufzuwischen, die Dietmar Becker vorhin hinterlassen hatte. Sie entdeckte die neuen Pfützen und kam mit missmutigem Gesicht zu uns. Als sie den Wischer ansetzen wollte, stellte sich ihr der Notarzt in den Weg. »Lassen Sie mal gut sein, Fräulein, man muss nicht immer das allerletzte Restrisiko im Leben beseitigen. Wer auf dieser Pfütze ausrutscht, ist selbst schuld. Blinde vielleicht mal ausgenommen. Aber das ist nun kein Problem mehr, wir beide sind nämlich echte Mediziner.« Er zog eine Visitenkarte aus der Tasche, die aufgrund der Nässe wie ein kleiner Lappen aussah. Er reichte der Dame den Fetzen. »Nehmen Sie, vielleicht benötigen Sie mal eine günstige Bandscheiben-Operation. Ich rechne allerdings nur privat ab, denn ich bin Professor, auch wenn es noch nicht auf der Karte steht.«

Die Schlosschefin Uli Dittrich kam hinzu und wurde von ihrem Jagdhund schwanzwedelnd begrüßt. Sie staunte über die beiden Neuzugänge, die sich, wie auch Becker und ich, von diversen Regenumhängen und anderen Kleidungs-utensilien befreiten.

»Wen bringen Sie uns da mit, Herr Diefenbach?«

Der Not-Notarzt horchte auf. Dietmar Becker bemerkte dies und erklärte ihm die Sache mit meinem temporären Pseudonym.

»Das ist der größte Knaller, den ich je gehört habe!«, brüllte Metzger los. Edgar, eben noch brav neben seinem Frauchen stehend, begann zu knurren. »Palzki gibt sich als sein Chef aus! Palzki, leiden Sie an Realitätsverlust? Ach, was frage ich das überhaupt. Sie haben die Frage durch Ihr Verhalten in den letzten Jahren hinreichend beantwor-tet. Weiß Diefenbach von dieser Schmierenkomödie? Der hat niemals zugestimmt.« Metzger trat zwei Schritte vor und bückte sich, um Edgar zu kraulen. »Du musst keine Angst vor dem Onkel Doktor haben. Nachher schau ich mal, was ich Leckeres für dich in meiner Tasche habe.«

Ich ignorierte die beleidigenden Worte. »Es ist im Inte-resse aller, Herr Doktor Metzger, wenn Sie mich, solange wir uns auf dem Schloss befinden, mit Diefenbach anre-den. Das ist von allergrößter Bedeutung«, fügte ich wich-tiguerisch hinzu.

Metzger winkte grobmotorisch ab. »Ist mir egal, wie ich Sie nenne, Palzki. Sagen Sie mir lieber, wo die Ver-letzten sind.«

»Welche Verletzten?«, fragte Dittrich.

»Herr Metzger ist Notarzt«, erklärte ich ihr, da man es diesem weder ansah noch bei seinem Auftreten ver-muten würde. »Er hat im Polizeifunk von unserer Lei-che gehört und sich zusammengereimt, dass es auch Ver-letzte geben müsste.«

Ich sah den Notarzt an. »Die Leute schlafen in den beiden großen Sälen. Es geht allen sehr gut, Ihre Pseudodienstleistungen werden nicht benötigt. Lassen Sie bitte die unfreiwilligen Übernachtungsgäste schlafen.«

»Wie bitte? Günter und ich sind umsonst hierher gefahren? Wenigstens eine Impfaktion für alle? Ich muss irgendwie meine Unkosten reinholen.«

»Keine Impfaktion«, beharrte ich. »Und Unkosten gibt es nicht.«

»Und das ganze verfahrene Benzin, was soll das sein? Unkosten sind das, Palzki.«

»Diefenbach«, antwortete ich schon fast resignierend.

»Wir schauen uns zunächst in Ruhe das Schloss an, was meinst du, Günter?«

Nachdem die Schlosschefin den beiden die Raumaufteilung des Schlosses erklärt und auf das Buffet hingewiesen hatte, verschwanden sie.

Dietmar Becker erzählte Dittrich von unseren Erlebnissen vor dem Tor. Aufmerksam hörte sie zu. Dann sprach sie mich an. »Sind die Gäste wirklich sicher, Herr Diefenbach? Sie scheinen einen der beiden Mediziner zu kennen. Ich habe den Eindruck, als bräuchte zumindest Herr Metzger dringend psychologische Betreuung. Meiner Meinung nach rund um die Uhr.«

»Da haben Sie sicherlich recht, Frau Dittrich«, bestätigte ich ihre Meinung, die mit meiner konform ging. »Das Risiko, dass etwas passiert, schätze ich aber gering ein. Ich werde die beiden heute Nacht im Auge behalten.«

Dittrich schien beruhigt. »Da fällt mir ein, Herr Wieder möchte Sie gerne sprechen. Er sitzt im Verwaltungszimmer neben dem Foyer.«

KAPITEL 15
DAS MORGENGRAUEN

Ich ahnte Schlimmes. Was konnte der Schirmherr des Seminarwochenendes nur von mir wollen? Oder hatte er als Vorstand des Bezirksverbandes Pfalz nur Angst um sein Schloss? Ich nickte Dittrich kurz zu und ging in Richtung Foyer zum einzigen Raum, den ich noch nicht betreten hatte.

Theo Wieder saß mit Julienne Matthias-Gund und ihrer Esoterikfreundin an einem Tisch.

»Herr Diefenbach«, begann Theo Wieder. »Ich spreche Sie weiter mit diesem Namen an, obwohl ich natürlich inzwischen weiß, wer Sie wirklich sind.« Er zwinkerte mir zu.

»Sie sind nicht Herr Diefenbach?«, platzte es aus Silke Riehl heraus.

Diese Feststellung überraschte mich. Ihre Freundin, die Geschäftsführerin, saß am Freitag in der ersten Workshoprunde, in der ich das Krawattenthema cancelte. Diese Gruppe wusste zwar nichts von meiner wahren Identität, aber immerhin, dass ich nicht Diefenbach war. Nach der Verwechslung am nächsten Tag mit diesem komischen Esoterikbuch von KPD hätte ich vermutet, dass Matthias-Gund ihre Freundin über mein Pseudonym aufklären würde. Da sie es offensichtlich nicht getan hatte, hatte sie sich an die Vereinbarung gehalten, was menschlich für sie sprach.

»Es geht um eine geheime polizeiliche Ermittlung«, erklärte ich ihr kurz. »Frau Matthias-Gund wird es Ihnen nachher erklären.«

Theo Wieder lächelte. »Morgen früh«, er schaute auf seine Uhr und korrigierte sich, »heute früh müssen Sie die Gäste aber über Ihren korrekten Namen aufklären.«

Ich nickte ihm zu.

»Herr Diefenbach, ich habe ein Problem.«

»Wie kann ich Ihnen helfen?« Hilfsbereitschaft zeigen konnte im Moment nur Vorteile bringen.

»Der Ablauf des Wochenendes ist gehörig durcheinandergeraten. Das Sonntagsprogramm dürfte wegen der Toten ebenfalls hinfällig sein. In ein paar Stunden wird ein größeres Polizeiaufgebot jeden Schlosswinkel durchleuchten. Alles andere würde mich wundern.«

»Das klingt für mich plausibel.«

»Ich mache mir Kopfzerbrechen wegen der Gäste«, fuhr Theo Wieder fort. »Das Finanzielle ist das eine. Wichtiger ist die Zufriedenheit der Seminarbesucher. Nach dieser Nacht werden die meisten keine sehr gute Laune haben, ich kann es ihnen nicht mal verdenken. Die Übernachtungsmöglichkeiten sind katastrophal. Aber leider nicht zu ändern. Daher wäre es gut, wenn wir am Vormittag etwas zur Zerstreuung der Gäste bieten könnten. Nichts Lustiges, das wäre in Anbetracht der Toten wohl fehl am Platz. Aber irgendeinen Programmpunkt, der die Gäste für eine Zeit lang ablenkt. Ich habe sogar bereits eine Idee.«

Ich blieb abwartend still. Dass es etwas mit mir zu tun hatte, war mir klar.

»Das Referat«, sagte Wieder. »Herr Becker könnte sein Referat halten. Ich habe einige Krimis von ihm gelesen und kenne seinen lockeren und angenehmen Schreibstil. Wenn sein Referat ebenso gut ist, würde das passen. Was meinen Sie, Herr Diefenbach?«

Und erneut saß ich in einer Zwickmühle. Gegenargumente hatte ich keine, außer, dass ich bezüglich des Schreibstils anderer Meinung war.

»Im Prinzip in Ordnung«, antwortete ich. »Leider hat Herr Becker eine alte Version des Manuskripts dabei. Die Rede ist eine Gemeinschaftsarbeit zwischen ihm und Klaus Diefenbach. Dem richtigen Diefenbach.« Ich machte eine kurze Pause. »Herr Diefenbach, also der richtige, hat mich am Freitagvormittag gebeten, wichtige Änderungen mit Herrn Becker zu besprechen. Leider habe ich das bisher nicht getan.«

»Das ändert die Sache natürlich«, sagte der sichtlich enttäuschte Theo Wieder, hatte aber sofort einen Einfall. »Wenn Sie die Änderungen jetzt gleich mit ihm diskutieren? So viele sind das bestimmt nicht.«

Hat der eine Ahnung, dachte ich grimmig. Dass ich die Rede mit Becker diskutieren wollte, stimmte ebenfalls nicht. Komplett neu schreiben musste ich sie. Obwohl, wäre das nicht die Chance? KPD würde mich morgen sowieso sofort aus dem Dienst entlassen, warum also nicht eine finale Granate werfen?

»Ich mach's, Herr Wieder. Ich weiß, wie viel Ihnen an einem runden Abschluss des Wochenendes liegt. Dass das Hambacher Schloss in die Schlagzeilen kommt, ist schlimm genug.«

Theo Wieder lächelte gequält. »Gegen Schlagzeilen habe ich grundsätzlich nichts einzuwenden. Nur gegen solche wie in den nächsten Tagen.«

Ich lieh mir einen Schreibblock, den Theo Wieder aus

einem Regal zog, und verabschiedete mich. Nachdem ich Beckers Manuskript in meinem Gepäck gefunden hatte, machte ich zunächst einen Zwischenstopp am Buffet. Das Treppenhaus war leer, selbst von Metzger und Wallmen keine Spur. Um die beiden würde ich mich später kümmern. Ich suchte mir im Kellergeschoss bei den Garderoben eine schlecht einsehbare Ecke und setzte mich hin. Zur Vorbereitung der Schreibarbeit wollte ich Beckers Referat lesen. Nach den ersten beiden Seiten gab ich auf. Kein Satz ohne mehrfaches »ich« und »Diefenbach«. In fast jedem zweiten Satz war vom »guten Dienststellenleiter der Schifferstadter Kriminalinspektion« nebst Fußnote die Rede. Dort stand: »Gemeint ist Klaus P. Diefenbach«.

Mir war längst klar, wer diese Rede geschrieben hatte. Fast tat mir Dietmar Becker leid.

Ich begann zu schreiben. Meine gesammelte Wut auf KPD, die sich inzwischen in astronomische Höhen aufsummiert hatte, fand Eingang in diese Rede. Anarchistisches Gedankengut in Reinkultur, ich steigerte mich in einen wahrhaft literarischen Wahn hinein. Es tat gut, das schriftstellerische Ventil verschaffte mir eine gewisse Genugtuung. Nicht einen Gedanken machte ich mir über die Folgen. Nach diesem chaotischen Wochenende unter falscher Flagge, beziehungsweise falschem Namen, gab es für mich sowieso keine Zukunft als Polizeibeamter mehr. Ich hatte schon länger damit geliebäugelt, mich mit einem Detektivbüro selbstständig zu machen. Niemand, von ein paar Gesetzen abgesehen, würde mir bei meiner täglichen Arbeit reinreden.

Immer mehr steigerte ich mich in das Verfassen der Rede hinein. Jeder rational denkende Mensch würde dieses Schriftwerk sofort zensieren oder komplett verbieten.

Für mich war es eine Abrechnung, eine endgültige Abrechnung mit KPD. Ich musste nur auf zwei Dinge achten: Dietmar Becker durfte die Rede vor seinem Vortrag nicht zu Gesicht bekommen. Des Weiteren musste der Fluchtweg, sprich die Zufahrtsstraße, frei sein.

Irgendwann musste ich während des Schreibens meiner Midlife-Abrechnung eingeschlafen sein. Unsanft wurde ich am Arm geschüttelt.

»Herr Diefenbach«, weckte mich Irina Elert. »Wir haben Sie überall gesucht. Die beiden Mediziner, die heute Nacht angekommen sind, haben bereits das Schlimmste befürchtet. Aber seit einer Stunde sind die zwei ebenfalls verschwunden.«

»Die sind wahrscheinlich heimgefahren«, antwortete ich im Viertelschlaf. Ich bemerkte, dass mir die Manuskriptseiten zu Boden gefallen waren. Schnell hob ich sie auf und sortierte die Blätter. »Wie ist die Lage?«, fragte ich die stellvertretende Chefin. »Wie spät ist es?«

Die letzte Frage beantwortete ich mir mit einem Blick auf die Armbanduhr selbst. »Was? Wir haben bereits 7.30 Uhr?«

»Das Gewitter ist vorbei.« Elert strahlte. »Die Polizei wird bald eintreffen. Das Telefon funktioniert wieder.«

Telefon? Da fiel mir etwas Dringendes ein. »Ich muss schnell telefonieren«, sagte ich zu Elert. »Wo sind die anderen?«

»In den beiden Sälen. Herr Pauls und sein Team haben ein bombastisches Frühstücksbuffet gezaubert. Kommen Sie mit ins Oktagon, dort können Sie in Ruhe telefonieren.«

Als ich wenige Augenblicke später im Kassenraum angekommen war, sah ich wieder klar. In Kürze würde ich kein Kriminalbeamter mehr sein, aber den letzten Fall würde ich noch lösen. Mein Jungkollege Jürgen, den ich sofort zu Hause bei seiner Mama erreichte, gab mir die gewünschten Informationen. Seine Recherchen, die er in meinem Auftrag durchgeführt hatte, waren äußerst interessant. Allerdings ergaben sie keinen wirklichen Sinn. Dem Mörder war ich jetzt zwar auf der Spur, doch Beweise sahen anders aus. Ich drückte mich ein wenig grübelnd im Oktagon herum, dann fielen mir die Burschenschafter ein, die auf ihre Befreiung warteten.

Auf der Empore über dem Festsaal gab es für mich den nächsten Schreck: Der Not-Notarzt Doktor Metzger legte dem Vollbart tragenden Burschenschafter, Andreas Nothaft, gerade einen Kopfverband an. Günter Wallmen assistierte ihm.

»Was soll das?«, platzte ich hinein.

»Ohoho! Palzki ist wieder aufgetaucht!«, grölte Metzger, sodass es sicherlich sämtliche sich im Festsaal aufhaltenden Personen hörten. »Wir dachten schon, der Hambacher Ripper hat Sie über die Klinge springen lassen.«

Ohne auf seine Vermutung einzugehen, wiederholte ich meinen Satz. »Was soll das?«

»Wir haben heute Nacht die beiden Ärzte überwältigt«, sagte Elisabeth Fuchs. »Genauso wie Sie es uns aufgetragen haben.«

»Warum sind die beiden nicht gefesselt? Das könnten die Mörder sein.«

»Auf keinen Fall«, mischte sich die dritte Studentin, Maritta Stadelmaier, ein. »Herr Wallmen und Herr Doktor Metzger haben uns alles erklärt. Die beiden sind harmlos.«

»Harmlos?«, rief ich viel zu laut. »Niemals. Aber sei's drum. Sind Sie verletzt, Herr Nothaft?«

Vollbart verneinte. »Wir lassen uns ein paar Tipps zur medizinischen Erstversorgung geben. Sonst ist es hier oben zu langweilig. Wann dürfen wir gehen?«

»Gleich«, beschied ich und wandte mich an die Pseudo-
ärzte. »Es hat aufgehört zu regnen, Sie können heimfahren.«

Metzger grinste erneut, und Wallmen sagte: »Zuerst
schauen wir, ob es heute Nacht neue Todesopfer zu beklagen gab. Vielleicht ein paar Verletzte, die in der Nacht von
ihrem Stuhlbett gefallen sind.«

Metzger zwinkerte Wallmen zu. »Falls es einen weiteren Toten gibt, können wir einen Versuchsballon starten.
Was meinst du, Günter?«

»Was für einen Ballon?«, fragte ich, und Wallmen antwortete: »Ich habe vor vielen Jahren im Klinikum Karlsruhe ein Praktikum in der Gerichtsmedizin und der Patho-
logie absolviert. Im Moment versuche ich, Matthias davon
zu überzeugen, statt dem finanziell unattraktiven Ausstellen von Totenscheinen, ein neues Geschäftsmodell auszu-
probieren: Obduktion vor Ort.«

»Das wird der neue Knaller«, fiel ihm Metzger ins Wort.
»Jetzt brauchen wir nur noch eine Leiche. Im Siebenpfeiffer-
Saal ist doch die Bühne von den ›Anonyme Giddarischde‹
aufgebaut. Da könnten alle zuschauen, wenn wir die Leiche zerlegen. Ist das nicht cool, Palzki?«

Ich beschloss, dieses abscheuliche Vorhaben unkom-
mentiert zu lassen. Zu den Burschenschaftern sagte ich:
»Sie können leider nicht das Schloss verlassen. In Kürze
wird die Polizei ankommen und Sie befragen wollen. Keine
Angst, Sie werden nicht verdächtigt«, ergänzte ich zwecks
Beruhigung der Gemüter, was mir nur halbwegs gelang.

»Und die Schlosschefin? Die wird ihren Hund auf uns
hetzen.«

»Das glaube ich nicht. Wenn Sie ihr über den Weg laufen, sagen Sie ihr, dass es eine persönliche Anordnung von
Herrn Diefenbach ist.«

»Diefenbach?«, grölte Metzger. »Wie lange noch, Palzki? Ich könnte mich einnässen vor Lachen. Und erst ihr geiles Sweatshirt.«

»Bitte verlassen Sie nun alle die Empore und gehen Sie in den Festsaal.«

Ich ging nach unten und ließ das Geschehen der letzten rund 40 Stunden Revue passieren. Klar, dachte ich plötzlich. Nur so konnte es gewesen sein. Warum war ich da nicht früher drauf gekommen? Die Lösung war so kompliziert und doch so einfach. Selbstbewusst und höchst zufrieden trat ich aus dem Schloss, um die Ankunft der Kollegen zu erwarten. Ich stutzte, als ich unterhalb der Treppe, in der Nähe des Restaurants, einen kleinen Lastwagen stehen sah, der gestern nicht da stand. Neugierig ging ich zu dem Lkw.

»Herr Palzki?«, wurde ich auf einmal gerufen. »Mit Ihnen habe ich wirklich nicht gerechnet.«

Hinter dem Lastwagen stand neben Uli Dittrich Marco Fratelli, dessen Blick ungläubig an meinem Pullover hängen blieb.

»Nein, das ist Herr Diefenbach.«

Fratelli wechselte mehrfach den Blick zwischen Dittrich und mir. »Wie soll ich das verstehen?«

»Herr Diefenbach ist undercover unterwegs. Ich erkläre es dir nachher, Marco.«

»Sie können mich jetzt wieder mit richtigem Namen ansprechen, Frau Dittrich. Die Polizei wird in ein paar Minuten sowieso das Geheimnis lüften.«

»Die habe ich abgehängt«, sagte Fratelli. »Die stehen an der unteren Zufahrt, wenn man aus Hambach kommt. Da müssen erst ein paar dicke Bäume zersägt und weggeschafft werden. Ich bin auf dem oberen Weg gekommen. Dort hatte man den Sturmschaden bereits vor einer Viertelstunde beseitigt.« Er schaute die Schlosschefin an. »Uli, du wolltest mir gerade über die Vorkommnisse und die Toten berichten.«

»Später«, unterbrach ich ihn. »Im Moment darf ich Sie sowieso nicht ins Schloss lassen. Erst muss die Spurensicherung anrücken. Warum sind Sie eigentlich hier?«

Marco Fratelli lachte und schlug eine Ecke der Lkw-Plane zur Seite. »Können Sie sich das nicht denken, Herr Palzki?«

Ich hatte eine Ahnung, die sich anhand der Ladung bestätigte. Der komplette Lastwagen war mit Plastikplanen gefüllt.

»Das Hambacher Schloss werde ich verhüllen«, erklärte er stolz. »Bereits in der kommenden Woche. Das Kunstwerk wird sogar von außen mit speziellen Scheinwerfern angestrahlt. Das kann man bis Heidelberg sehen. Vielleicht sogar bis Karlsruhe.«

Marco Fratelli war wieder mal in seinem Element. Beruflich arbeitete er als Geschäftsführer der Speyerer Peregrinus GmbH, die für die Herausgabe der Kirchenzeitung »Der Pilger« verantwortlich zeichnete. Fratelli lernte ich vor wenigen Jahren bei meinen Ermittlungen im Speyerer Dom und im Bischöflichen Ordinariat kennen. Da er beruflich anscheinend nicht richtig ausgelastet war, eiferte er in seiner Freizeit dem Verpackungskünstler Christo nach. Sei es der Speyerer Dom, das Mannheimer Barockschloss oder der Fernmeldeturm des Luisenparks: Fratelli hatte es bereits verhüllt und künstlerisch in Szene gesetzt.

Fratelli ging zum Führerhaus und kam mit einem Stapel Hefte auf mich zu.

»Hier, Herr Palzki, bringen Sie die Magazine Ihrer Frau und richten Sie ihr einen schönen Gruß von mir aus. Das ist unser neues Magazin für die Reise durchs Leben. Es trägt den Namen ›Der Pilger‹ und ist für alle Menschen, die eine tiefe Sehnsucht nach Ruhe, Einkehr und Sinnfindung in unserer schnelllebigen Zeit haben.«

Ich schaute mir das beeindruckende Naturbild auf dem Cover der dicken Zeitschrift an und fragte mich, ob Stefanie nach dem Wochenende überhaupt noch etwas anderes tat, als zu lesen.

»Aber sagen Sie mal, Herr Fratelli, das sind ja mindestens 15 gleiche Hefte?«

Fratelli drückte mir den Stapel mit Nachdruck in die Hände.

»Stützkäufe, Herr Palzki! Schon seit über zwei Wochen fahre ich durch Österreich, die Schweiz und Norditalien und kaufe an jeder Verkaufsstelle mindestens drei Exemplare. Sie können sich ja gar nicht vorstellen, wie viele von den Heften ich mittlerweile gekauft habe. Ganz zu schweigen von der Tour, die ich vorher durch Deutschland absolviert habe! Unsere Garage ist voll mit den Magazinen! Nun nehmen Sie schon, die Artikel sind toll. Die kann man auch mehrmals lesen!«

Ich traute mich nicht, Fratelli den Wunsch abzuschlagen, packte den Stapel zur Seite und bedankte mich recht herzlich.

Im Hintergrund sah ich, wie diverse Polizeifahrzeuge angefahren kamen. Das Ende meines Aufenthaltes auf dem Hambacher Schloss nahte. Nur noch schnell den Täter entlarven. Nicht einmal E-Mails musste ich vorher checken.

Der Pilgerchef wusste nicht, wie er sich verhalten sollte, da sein Lastwagen im Weg stand.

»Lassen Sie den ruhig stehen«, beruhigte ich Fratelli. »Auf dieses bisschen zusätzliches Chaos kommt es jetzt auch nicht mehr an. Gehen Sie von mir aus mit Frau Dittrich in den Festsaal. Am besten ist, wenn alle, die im Schloss sind, in den Festsaal kommen.«

Die Kripobeamtin Karin Zimmermann, die im Hotel bereits die Sache mit dem Suizid aufgenommen hatte, kam zu mir, Dittrich und Fratelli gingen, wie von mir gewünscht, ins Schloss.

»Herr Diefenbach«, begrüßte sie mich. »Was soll der Lkw? Der stört.«

Ich hob meine Achseln. »Ich bin ihn nicht gefahren. Es handelt sich um dringende Reparaturarbeiten. Oder wollen Sie, dass das Schloss einstürzt?«

»Hat der Sturm so sehr gewütet?«, fragte sie erstaunt.

»Sie konnten ja auch nicht früher kommen«, entgegnete ich. »Ihre Kollegen müssen halt die paar Meter zu Fuß gehen.«

»Was ist überhaupt passiert?«, fragte Zimmermann. »Ich bin nur unzureichend informiert. Die Telefonverbindung hat gestreikt, wie Sie wissen.«

Ich nickte zustimmend. »Es ist bei einer Toten geblieben. Ich habe eben dafür gesorgt, dass sich alle Personen im Festsaal versammeln. Zusammen mit Ihnen kann ich den Mordfall in ein paar Minuten lösen.«

»Sie wissen, wer der Täter ist?« Sie bekam große Augen.

»Wie immer«, sagte ich. »Mit einem bisschen guten Willen und Überlegen habe ich bisher so gut wie jeden Fall gelöst. Gehen wir?«

Ich ließ sie stehen und ging zurück ins Schloss. In wenigen Minuten würde der Spuk vorbei sein. Meinen Autoschlüssel hatte ich bereits griffbereit in der Hosentasche.

Im Festsaal herrschte eine angespannte Stimmung. Fast alle sahen übermüdet aus, selbst Enrico Müllers Krawatte machte auf mich den Eindruck, als wäre sie nicht 100 Prozent korrekt gebunden.

Ich ging durch die Stuhlreihen zu Theo Wieder und Irina Elert nach vorn und versuchte, die Atmosphäre etwas aufzulockern.

»Na, Frau Riehl«, sagte ich zu der Esoterikfrau, die neben der Milliardär suchenden Julienne Matthias-Gund saß, »jetzt könnte ich zum Entspannen ein paar kurze Stromstöße aus Ihrem Wundergerät vertragen.«

»Wie Sie wollen«, antwortete sie lächelnd. »Ich kann die Sicherung überbrücken, dann schafft das SCIO bis zu 3.000 Volt und mehrere Ampere.«

Theo Wieder gab mir die Hand. Er wirkte etwas zerknittert. »Ich bin froh, wenn das ein Ende findet. Stimmt das Gerücht, dass Sie den Täter kennen?«

Ich wollte ihn fragen, woher er diese Information hatte, da kam auch schon Zimmermann zu uns nach vorn. Uli Dittrich wollte es ihr nachtun, doch dann entdeckte sie die Burschenschafter. Möglichst unauffällig setzte sie sich mit ihrem Edgar in die hinterste Reihe.

Irina Elert hielt eine kurze Rede und entschuldigte sich erneut für die widrigen Umstände der vergangenen Nacht. Die Kripobeamtin tuschelte mit Theo Wieder. Dessen Gesichtszüge klärten sich zunehmend auf.

»Dann stimmt es wirklich«, sagte er erleichtert. »Herr Diefenbach kennt den Mörder.«

Die letzten Nachzügler kamen in den Saal. Edsel von den »Anonyme Giddarischde« und seine Bandkollegen blieben in Türnähe stehen. Auch Steffen Boiselle und den Brautvater Gunter Engler entdeckte ich.

Plötzlich wurde es still. Die Anwesenden schauten erwartungsvoll nach vorne, während von uns Vornestehenden mangels Absprache niemand wusste, wer etwas sagen sollte. Schließlich unterbrach Theo Wieder die peinliche Stille.

»Liebe Anwesende, inzwischen ist die Kriminalpolizei eingetroffen. Herr Diefenbach wird nun in den nächsten Minuten den Täter festnehmen. So habe ich es jedenfalls verstanden.«

Alle schauten mich an, selbst Karin Zimmermann, die keine Anstalten machte, ihre Rolle als leitende Beamtin wahrzunehmen. Daher übernahm ich die Rolle des Moderators.

»In der Tat weiß ich, wer für die beiden Morde verantwortlich ist. Es handelt sich um zwei Tötungsdelikte. Der Vorfall im Hotel war mitnichten ein Suizid.«

Ich ließ ein paar spannungssteigernde Sekunden verstreichen.

»Die Lösung des Falles gestaltete sich schwierig, da sich zwei verschiedene Ermittlungsstränge miteinander überlappten. Frau Dittrich, würden Sie nach vorne kommen? Bringen Sie bitte Edgar mit.«

Die Schlosschefin folgte meiner Aufforderung. Sichtlich nervös kam sie zu mir. Von ihrer Agilität war nichts mehr zu spüren.

»Frau Dittrich, es gibt mehrere Anhaltspunkte dafür, dass Sie, zumindest potenziell, zum Täterkreis gehören. Sie haben sich mehrfach verdächtig gemacht.«

»Ich?«, schrie sie. »Ich bin kein Mörder!«

»Als Jägerin besitzen Sie zumindest ein gewisses Grundwissen.«

»Sie sind verrückt!«, wehrte sie sich. »Ich bringe doch keine Menschen um.«

»Das habe ich nicht behauptet.« Ich schaute zu den

Zuhörern in Richtung Studenten. »Herr Nothaft, würden Sie ebenfalls zu uns kommen?«

Mit eingezogenem Genick kam er angelaufen. Seine beiden Kommilitoninnen sahen sich fragend an.

»Herr Nothaft«, begann ich. »Ich habe Sie zweimal im Gespräch mit Frau Dittrich unfreiwillig belauscht. Ein Mal in der Nähe des Nordturms und ein Mal im Keller bei den Toiletten.«

Nachdem die beiden mehrere Blicke ausgetauscht hatten, verteidigte sich Dittrich. »Ich habe von der Demo während der Theateraufführung des ›Chawwerusch‹ Theaters gewusst. Ich war in die Sache eingeweiht. Ich habe mir das lange überlegt, doch schließlich bin ich zu dem Schluss gekommen, dass es weder gefährlich noch gegen die demokratische Grundordnung ist.«

»Und das ist alles?«, hakte ich nach.

Beide nickten.

»Herr Nothaft, ich habe Ihr Kfz-Kennzeichen überprüfen lassen.«

»Und?«, antwortete er, »ich bin nicht vorbestraft.«

»Das nicht. Dafür sind Sie der Neffe von Uli Dittrich.«

Die Schlosschefin verbarg für einen Moment ihr Gesicht in den Händen. »Das stimmt, Herr Diefenbach«, sagte sie schließlich. »Ich hatte mit Andreas eine Vereinbarung.«

»Eine bilaterale Vereinbarung, von der Herrn Nothafts Kolleginnen nichts wussten?«

Dittrich nickte. »So kann man es auch ausdrücken. Ich half ihm mit der Demo, sonst wären die drei niemals ins Schloss gekommen. Dafür hat er mir versprochen, dieses blöde Autobahnschild auszutauschen.«

Ich war mindestens so überrascht wie alle anderen. »Das müssen Sie mir genauer erklären.«

»Mich ärgert es seit Jahren, dass es auf der A61 und der A65 keinen Hinweis zum Hambacher Schloss gibt, dafür aber zum Holiday Park. Andreas hat mir als Gegenleistung versprochen, das Holiday Park-Schild an der Ausfahrt Neustadt-Süd gegen ein vorbereitetes Schild des Schlosses auszutauschen.«

»Das stimmt«, bestätigte Nothaft. »Wegen des Unwetters konnte ich den Plan nicht umsetzen. Meine Kommilitoninnen wollte ich erst kurz vorher einweihen.«

»Damit wäre dieser Punkt geklärt«, sagte ich zufrieden.

Dass in diesem Moment ein Nachzügler den Saal betrat, bemerkte ich nicht.

Theo Wieder sprach mich an: »Das ist schon mal ein guter Anfang, Herr Diefenbach. Kommen Sie jetzt zum Mörder?«

»Diefenbach?«, schrie jemand aus dem Hintergrund. Ich erstarrte. KPD kam nach vorne gestürmt. Wie immer trug er einen Maßanzug, der, wahrscheinlich wegen der Örtlichkeit und der Promidichte, mit Orden und Abzeichen zugepflastert war.

Mit knallrotem Kopf stand nun KPD breitbeinig vor mir und begutachtete mein Outfit.

»Wie laufen Sie herum, Palzki? Das ist in höchstem Maße ordinär. Wie können Sie es wagen, an diesem heiligen Ort, der Wiege der Demokratie, wie ein Gammler aufzutreten? Ich erkenne zwar die Symbolik Ihres Pullovers, der aus der Mottenkiste stammt, doch das führt eindeutig zu weit. Dass Sie mit dem Aufdruck 69 auf meinen Geburtsjahrgang anspielen, mag noch in Ordnung gehen, denn die 69er gehören zur Elite.«

Er holte Luft und nahm jetzt erst die anderen Anwesenden wahr. »Warum sind alle so gammlig angezogen?

Nur Enrico Müller, der feine Herr in der ersten Reihe und ein guter Freund von mir, der weiß halbwegs, was Etikette ist.« Er begrüßte seinen Duzfreund mit Handschlag.

»Melde dich nächste Woche bei mir«, sagte er zu ihm. »Für Menschen wie dich habe ich immer eine entsprechende Position zu bieten. Bei mir machst du Karriere!«

Er wandte sich erneut mir zu. »Jetzt klären Sie mich sofort auf, Palzki. Warum hat man Sie eben mit meinem guten Namen angesprochen?«

Ich prüfte, ob sich der Autoschlüssel noch in meiner Hosentasche befand. Mit KPDs Ankunft hatte ich nicht gerechnet. Sollte ich ihn stehen lassen und einfach gehen? Aber was geschah dann mit den Kapitalverbrechen? Keine andere Person stand ermittlungsmäßig so tief in der Materie wie ich. Ohne mein Wissen würde der Mörder wahrscheinlich ungeschoren davonkommen.

»Es gab zwei Todesfälle, Herr Diefenbach. Unheimlich kompliziert, die ganze Angelegenheit«, fügte ich hinzu. »Wegen Ihrer Unabkömmlichkeit habe ich, um eine gewisse Kompetenz auszustrahlen, in Ihrem Namen gehandelt, Herr Diefenbach. Und was soll ich sagen: Ich habe nach bestem Wissen und Gewissen gehandelt und bin daher als Einziger in der Lage, den Mörder zu entlarven, der für zwei brutale Morde und andere Delikte, wie versuchter Totschlag, verantwortlich zeichnet. Ohne Ihren guten Namen, Herr Diefenbach, hätte ich an diesem Wochenende keine Gelegenheit gehabt, diesen außergewöhnlichen Ermittlungserfolg zu erzielen. Selbst die Kleidung ist dem Erfolg geschuldet, denn es gab mehrere körperlich anspruchsvolle Situationen nebst einer Verfolgungsjagd.«

KPD fühlte sich leicht geschmeichelt, doch so ganz traute er dem Frieden nicht.

»Und das Wochenende? Wurden die Workshops zur Zufriedenheit aller abgehalten? Warum trägt fast niemand eine Krawatte?«

Es galt, dieses Dilemma in die Zukunft zu verschieben. »Das erkläre ich Ihnen nachher, Herr Diefenbach. Zuerst wollen wir beide den Mörder festnehmen. Sie, als der richtige Klaus Diefenbach, und ich als Ihr Erfüllungsgehilfe. Können wir loslegen?«

KPD war überrumpelt. Zum Glück gab es aus dem Publikum keine Rückfragen zu meinen Taten in den letzten Tagen, die im Widerspruch zum Auftreten meines Chefs standen. Die Sache mit der Krawatte musste auf die Anwesenden zumindest komisch wirken. Doch das war mir im Moment egal, zumindest solange KPD nicht die ganze Wahrheit wusste.

Ich zog die Tüte mit der Krawatte in den demokratischen Farben aus der Tasche, die ich auf dem Dach des Schlosses gefunden hatte. Sofort zappelte Edgar nervös herum.

»Da ist ja Ihre Krawatte, Palzki«, mischte sich KPD ein.

Ich zog das Stück aus der Tüte und ließ Edgar daran schnüffeln.

»Können Sie Ihren Hund eine Fährte aufnehmen lassen?«, fragte ich Uli Dittrich. »Ich weiß nicht, ob ich mich korrekt ausgedrückt habe. Kann Edgar die Personen identifizieren, die dieses Stoffstück in der Hand gehalten hatten?«

»Na klar«, antwortete die Schlosschefin und gab ihrem Jagdhund einen kurzen Befehl. Sofort setzte sich Edgar vor mich hin und jaulte.

»Ich meine Personen, die außer mir die Krawatte in der Hand hielten«, sagte ich zu Dittrich.

Nach einer weiteren Aufforderung machte sich Edgar auf die Suche. Zunächst etwas unstrukturiert, dann immer gezielter. Es war für mich nicht verwunderlich, als er den Krimiautor Harald Schneider identifizierte.

»Na, das ist aber eine Überraschung«, sagte ich. »Herr Schneider, kommen Sie bitte zu uns nach vorn.«

Der Krimiautor und Becker-Konkurrent kam zu mir, Edgar ließ ihn nicht aus den Augen.

Ich konfrontierte Schneider mit der Wahrheit. »Sie haben auf dem Schlossgelände einen Böller gefunden und ihn von dem Dach des Schlosses auf Dietmar Becker geworfen.« Ich blickte ihn fest an.

Schneider, das Weichei, gab die Tat sofort zu. »Ja, das ist korrekt«, sagte er. »Das tut mir leid. Ich wollte Dietmar aber nicht verletzen, sondern nur erschrecken.«

»Und warum?«

Jetzt wurde er kleinlaut. »Weil er mir immer die Geschichten klaut, er hat mir sogar mit einer Klage gedroht.«

»Das stimmt doch gar nicht!«, brüllte von hinten Dietmar Becker. »Du hast nicht mehr alle Tassen im Schrank.«

»Lassen wir das«, unterbrach ich den Disput. Dennoch kam Becker und stellte sich neben KPD, der ihm kurz die Hand schüttelte.

»Der Böller gehörte zum Arsenal der Burschenschaft«, erläuterte ich den Anwesenden. »Ein weiteres Böllerpaket habe ich sichergestellt. Es befindet sich in den Toiletten neben dem Museumsshop.«

Ich bückte mich und streichelte Edgar. »Braver Hund. Du hast den Mörder entlarvt.«

»Ich war's nicht!«, schrie Schneider sofort. Er schaute sich panisch um und wollte losrennen, aber Dietmar Becker hielt ihn fest.

»Du hast die ganzen Leute umgebracht?«, fragte er seinen Krimikollegen.

»Selbstverständlich war er es«, bestätigte ich. »Die Krawatte hat er auf dem Dach deponiert, damit der Verdacht auf die Burschenschaft fällt. Ich habe in seinem Koffer das Cape gefunden, das er auf dem Dach getragen hat. Ein zweites Mal hat er es getragen, als er den Bräutigam ermorden wollte. Ich habe inzwischen die Nachricht aus dem Krankenhaus, dass er überleben wird.«

Harald Schneiders Teint war schneeweiß. »Was haben Sie an meinem Koffer zu suchen?«, fragte er kleinlaut.

»Es stellt sich eine andere Frage«, konterte ich. »Und zwar die Frage, warum Hagen Siegfried sterben sollte. Die Antwort ist mir inzwischen bekannt, denn der Bräutigam ist bei Bewusstsein, wie ich vorhin in einem Telefonat erfuhr.«

Schneiders Knie wurden weich, er drohte zu kollabieren. Die beiden Not-Notärzte, die in der ersten Reihe saßen, hatten dies kommen sehen und schoben Schneider einen Stuhl hinter die Beine. Solch einen Mimosenmörder hatte ich in meiner gesamten Polizistenlaufbahn noch nicht überführt, dachte ich gehässig.

»Lassen Sie mich die Nacht im Hotel rekonstruieren«, sagte ich. »An diesem Abend eskalierte die Lage, stimmt's?« Schneider wich meinem Blick aus.

»Sie haben Dietmar Becker ein Betäubungsmittel in sein Glas geschüttet. Dabei wurden Sie von dem Bräutigam beobachtet, der mit seiner Braut im hintersten Eck der Bar saß. Als dieser am nächsten Morgen von dem Mord erfuhr, wusste er natürlich sofort, dass Sie es waren. Daraufhin hat er Sie angesprochen. Stimmt das so weit?«

»Er wollte mich erpressen«, entfuhr es dem Krimiautor.

»Ich wollte ihn nicht töten, das ist nur blöd gelaufen. Im Handgemenge habe ich wohl eine Arterie getroffen. Ich bin selbst erschrocken, als er so stark blutete.«

»Oh, Sie Armer. Hagen Siegfried hat dies inzwischen bestätigt. Er wollte Sie aber nicht erpressen, sondern nur zur Rede stellen. Aber das wird das Gericht klären. Den Mord an Jimmy Victim können Sie nicht abstreiten. Ich habe das Pils- und das Weizenbierglas in Ihrem Koffer gefunden.«

Schneider nickte deprimiert. »Das war ebenfalls ein Unfall. Ich kannte Victim überhaupt nicht.«

»Und warum bringen Sie Ihnen unbekannte Menschen um? Hat das Krimischreiben Ihren Geisteszustand verändert?«

»Nein, natürlich nicht«, behauptete Schneider. »Nachdem Dietmar eingeschlafen war, wollte ich ihn ein wenig ärgern. Nicht viel, nur ein paar Haare abschneiden und ein paar kleine Kratzer zufügen.«

Dietmar Becker wollte sich auf seinen Konkurrenten stürzen, doch Günter Wallmen hielt ihn zurück.

»Als ich damit beginnen wollte, kam dieser Jimmy Victim in die Bar. Er muss die Situation wohl falsch eingeschätzt haben, als er mich mit dem Messer dastehen sah. Er stürzte sich auf mich und leider direkt in das Messer. Er war sofort tot. Nachdem ich mich von dem Schock erholt hatte, habe ich die Geschichte mit dem Suizid entwickelt und die Leiche aufgehängt. Am Schluss habe ich mich mit einer kleinen Dosis selbst betäubt. Dietmar ist kurz vor mir wach geworden.«

»Das stimmt«, sagte Becker. »Niemals hätte ich gedacht, dass du zu solch einer Tat fähig bist, Harald.«

»Krimiautoren sind zu allem fähig«, sagte ich mit einem boshaften Unterton. »Es soll Autoren gegeben haben, die

Journalisten ermordet haben, nur weil sie eine schlechte Kritik schrieben.«

»Es stimmt aber, ich wollte ihn nicht umbringen.«

»Ich nehme das mal so zur Kenntnis«, sprach ich weiter. »Sie haben sich übrigens verraten, weil Sie nachträglich den Stuhl mit dem Blutfleck zur Seite geräumt haben. Das konnte nur der Hotelchef, Dietmar Becker oder Sie getan haben.«

»Scheiße«, entfuhr es Schneider.

»Außerdem«, ergänzte ich, »Ihr Alibi bei der Verfolgungsjagd nach dem Attentat auf den Bräutigam stimmt hinten und vorne nicht. Sie waren nämlich nicht bei Ben Pauls' Vortrag über das Buffet, das habe ich ebenfalls geklärt. Wie Sie die Sache mit dem Kronleuchter im Festsaal durchgeführt haben, weiß ich nicht. Darauf kommt es letztendlich nicht an. Viel wichtiger ist der vergiftete Tomatensaft, mit dem Sie Becker ermorden wollten.«

»Nein!«, schrie Schneider erneut und wollte aufspringen, wurde jedoch sofort von Doktor Metzger fixiert. »Ich habe nicht gewusst, dass das Gift so stark ist. Ich wollte Dietmar nur einen schönen Durchfall bescheren, das müssen Sie mir glauben. Dass er bei der kurzen Unterhaltung mit der Dame sein Glas vertauschte, dafür kann ich nichts.«

»Und deswegen lebt Ihr Kollege noch«, sagte ich. »Ansonsten hätten wir jetzt in der Kurpfalz überhaupt keinen Krimiautor mehr. Sie lebenslang im Gefängnis, und Becker tot.«

Dietmar Becker, der jetzt erst registrierte, wie knapp und zufällig er dem Tod entgangen war, begann zu zittern. Wallmen zog eine Spritze aus seiner Tasche.

Die Neustadter Kripobeamtin Karin Zimmermann, die die ganze Zeit stumm dagestanden war und sich Notizen machte, legte Harald Schneider Handschellen an. »Wir werden ihn jetzt mitnehmen«, sagte sie. »Dieser Erfolg tut unserer Kriminalitätsstatistik gut.«

»Aber, das waren doch wir Schifferstadter«, wehrte sich KPD. »Ich und Palzki haben den Täter überführt. Dieser Fall geht damit ausschließlich in unsere Statistik ein.«

KPD und die Neustadter Beamtin stritten sich vor versammelter Mannschaft um Dinge, zu denen die beiden absolut nichts beigetragen hatten.

Theo Wieder beendete die Situation mit einem Machtwort.

»Vielen Dank, dass die Polizei den Täter so schnell überführen konnte. Das ist ein gutes Gefühl, zu wissen, dass kein Mörder mehr unter uns weilt. Ich schlage vor, zur Ablenkung einen letzten Baustein des Wochenendes durchzuführen: Die mehrfach verschobene Rede von Herrn Dietmar Becker, die von Herrn Diefenbach kräftig mitgestaltet wurde. Begrüßen Sie mit mir Herrn Becker.«

Er klatschte in die Hände, und alle machten mit. Becker, der aufgrund des Schrecks ein wenig indisponiert wirkte, sah mich an.

Jetzt war es soweit. Mit einem süffisanten Grinsen griff ich in meine Tasche und überreichte Dietmar Becker das neue Manuskript. Noch bevor er die ersten Worte vortragen konnte, hatte ich den Festsaal verlassen. Im Oktagon schnappte ich mir mein Gepäck, und eiligen Schrittes verließ ich das unheilvolle Anwesen. Kein Mensch konnte mich aufhalten. Es hätte so ein schönes Wochenende werden können.

ENDE

EPILOG

Liebe Leserin, lieber Leser!

Ich hoffe, dass Ihnen die Palzki-Ermittlungen auf dem Hambacher Schloss gefallen haben und Sie mit der »augenzwinkernden« Auflösung einverstanden sind. Falls dies zutrifft, überspringen Sie einfach den nächsten Absatz, er ist für Sie bedeutungslos. Falls Sie über die Auflösung des Falls erzürnt (wie kann der nur!) oder Sie einfach nur neugierig sind, lesen Sie bitte dringend den nächsten Absatz:

Ich schreckte hoch und schlug meine Augen auf. Wo war ich? Das war eindeutig mein Bett. Wie kam ich hierher? Erst langsam traf mich die Erkenntnis: Hatte ich das alles wirklich nur geträumt? Die ganzen Ermittlungen und die kruden Erlebnisse auf dem Hambacher Schloss? War KPDs Reputation nach wie vor unversehrt?

Schwerfällig verließ ich das Bett und schlurfte zur Küche.

»Morgen, Stefanie. Sag mal, weißt du was von einem Seminar auf dem Hambacher Schloss?«

Meine Frau sah mich verdutzt an. »Hattest du mal wieder einen Albtraum? Du hast in der letzten Nacht extrem unruhig geschlafen und immer wieder gekrächzt. Ich wollte bereits ins Wohnzimmer auswandern.« Sie überlegte einen Moment. »Ist es dir vielleicht so nahe gegangen, weil ich für das nächste Wochenende Karten für das ›Chawwerusch‹ Theater auf dem Hambacher Schloss besorgt habe?«

»Nein, nein, bestimmt nicht«, wiegelte ich ab. »Ich freue mich darauf.«

»Dann ist ja alles in Ordnung. Denke daran, dass du heute Mittag einen halben Tag Urlaub hast. Wir müssen dir dringend ein paar neue Sachen kaufen. Mit deinem alten Anzug nehme ich dich nicht mit nach Hambach. Und nächste Woche musst du wegen deines Knies zu Günter Wallmen nach Speyer ins Krankenhaus.«

Endgültiges E N D E

DANKSAGUNG

ACHTUNG SPOILER! BITTE NICHT VOR DEM ROMAN LESEN!

Von den ersten Seiten des Romans abgesehen, spielen, mit Ausnahme von Reiner Palzki, Dietmar Becker, Doktor Metzger und am Schluss kurz KPD, fast nur lebende Personen (und Edgar) mit. Der Planungs- und Abstimmungsaufwand mit den Beteiligten war immens und erhöhte den Aufwand der Manuskripterstellung erheblich. Dennoch möchte ich dies, zumindest in der Palzki-Reihe, nicht mehr missen: Es macht einfach unheimlich viel Spaß.

Grundsätzlich soll die Geschichte, der Krimi, im Vordergrund stehen. Der Autor ist zwar untrennbar damit verbunden, aber im Regelfall keiner der Akteure. Ich möchte, dass Sie, liebe Leserinnen und Leser, in die Buchhandlung gehen und den neuen »Palzki« kaufen und nicht den neuen »Schneider«.

Leider hat sich da in den letzten Jahren etwas verselbstständigt. Viele fragen sich, ob der Autor mit Dietmar Becker identisch ist oder eher mit Reiner Palzki? Letzteres denken eher Menschen, die mich persönlich kennen (keine Ahnung, warum). Oder gibt es Harald Schneider überhaupt nicht und es handelt sich um ein Autorenkollektiv wie bei Perry Rhodan oder Jerry Cotton?

Dieses Geheimnis werde ich heute nicht lüften. Dass in diesem Roman der Autor selbst mitspielt, kann, muss aber nicht stimmen. Eines steht jedenfalls fest: Die Palzki-Reihe wird trotz des festgenommenen Täters fortgesetzt. Ungeklärt bleibt, ob der »wahre« Autor der Reihe ein ewiger Student, ein skurriler Kriminalkommissar, ein Autorenkollektiv oder einfach nur ein biederer Familienvater ist, der unter einem Burn-In leidet (grenzenlose Fantasie mit Neigung zum Wahnsinn).

Die vielen mitspielenden Echtpersonen stammen aus verschiedenen »Quellen«. Zum Teil sind es Mitwirkende, die regelmäßige Palzki-Leser bereits aus früheren Ermittlungen kennen, zum Teil sind es Protagonisten, die mit den Handlungsorten wie dem Hambacher Schloss verbunden sind.

Dann gibt es eine dritte Gruppe: Im Vorgängerband »Parkverbot« hatte ich erstmals zwei Lebendrollen über den Palzki-Newsletter (kostenlos unter www.palzki.de) verlost. Überrascht von der hohen Resonanz (mehr als ein Drittel der Newsletter-Empfänger will in einem Palzki mitspielen), habe ich diesen Anteil signifikant erhöht. Zusätzlich wurde im »Krimijournal« des Gmeiner-Verlags eine weitere Lebendrolle verlost. Hier habe ich ebenfalls nachträglich die Anzahl der Gewinner vergrößert. Aufgrund der weiterhin hohen Nachfrage und weil es mir (und hoffentlich auch Ihnen) so viel Spaß macht, wird es auch in Zukunft Leser-Lebendrollen in der Palzki-Reihe geben.

Marco Fraleoni, Geschäftsführer der Peregrinus GmbH und seit dem Band »Pilgerspuren« unter seinem Pseudonym Marco Fratelli Stammgast als Christo-Nachahmer in der Palzki-Reihe, machte mich mit Ulrike Dittrich bekannt. Sie ist geschäftsführende Schlossmanagerin der Stiftung Hambacher Schloss. Sie und ihr Jagdhund Edgar waren sofort Feuer und Flamme, Palzki hinauf zum Schloss zu schicken, um ein Verbrechen aufzuklären. Als Jägerin äußerst agil, kroch Frau Dittrich mit mir bis in die hintersten Ecken des Schlosses und des umliegenden Geländes. Ein großer Gitterrost, der im Boden eingelassen war, machte mich neugierig. Kurzerhand hoben wir das sauschwere Ding aus seiner Einfassung und machten uns gemeinsam mit dem vorauseilenden Edgar auf eine Tour in den Untergrund. Dorthin, wo zumindest noch nie ein Besucher seinen Fuß gesetzt hatte. Dann ging's auf den Turm und auf das Dach, exakt so, wie in diesem Roman beschrieben und zum Teil fotografisch dokumentiert. Immer dabei: Edgar, der sich selbst auf dem Dach des Hambacher Schlosses pudelwohl fühlte, obwohl er kein Pudel ist.

Ulrike Dittrich (im Roman Uli Dittrich) fragte ihre Mitarbeiter Irina Elert (Stellvertreterin von Frau Dittrich), Charlotte Dietz (Kulturvermittlung, im Roman Carlotta Lietz), Monika Lippert (unter anderem Kasse) und die beiden Hausmeister Kai Herrmann und Christian Hoch (im Roman als Herrmann Hoch spielend), ob sie Lust hätten, in diesem Schloss-Krimi mitzuspielen. Klar, dass sie Lust hatten …

Neben der Stiftung gibt es die Hambacher Schloss Betriebs GmbH, die als Pächter des Restaurants »1832« für die Gastronomie im Hambacher Schloss und manche Veranstaltungen zuständig ist. Ben Paus, Küchenchef und Veranstaltungsleiter, spielt in diesem Roman stellvertretend für das ganze Team unter dem Pseudonym Ben Pauls mit.

Allen Mitarbeitern auf dem Schlossberg (hierzu zähle ich explizit Edgar) gilt mein Dank für die tolle Unterstützung und die Bereitschaft, im Krimi mitzuwirken.

Ein besonderes Highlight im vielfältigen Veranstaltungsreigen auf dem Hambacher Schloss ist das Fest-Bankett, das mehrmals jährlich durch das Herxheimer »Chawwerusch« Theater in Kooperation mit dem Restaurant »1832« aufgeführt wird. Ulrike Dittrich fragte bei der Geschäftsführerin des Theaters, Monika Kleebauer, an, ob das Fest-Bankett in dem Krimi eine tragende Rolle spielen darf. Die Begeisterung war groß, und so kam ich in Kontakt mit Miriam Grimm, die als Josephine Schönberger selbst in dem Stück mitspielt. Die Beschreibung des Stücks und des Menüs ist weitgehend authentisch, da ich das Theaterstück selbst live gesehen habe. Die Störung durch die Burschenschaft war allerdings eine einmalige fiktive Angelegenheit, die wahrscheinlich nicht in zukünftige Aufführungen einfließen wird …

Vielen Dank ebenfalls an die weiteren Schauspieler Stephan Wriecz (Eduard Sulzfeld), Thomas Kölsch (Hermann Leonhardt), Ben Hergl (Willi Hoffmann) sowie Felix S. Felix (Maria Ackermann).

Infos: http://www.chawwerusch.de/

Mein Dank gilt auch Theo Wieder, der Oberbürgermeister in Frankenthal war und aktuell Vorsitzender des Bezirkstags ist, für die Erlaubnis, ihn als Schirmherr der Veranstaltung literarisch verewigen zu dürfen.

Kommen wir nun zu den Gewinnern der Lebendrollen. Zweimal haben sich dadurch für mich ganz neue Aspekte ergeben, sodass ich kurzerhand bereits fertiggestellte Kapitel umgeschrieben habe.

Als Erstes betrifft dies Silke Riehl aus Haßloch. Nachdem ich Silke über ihren Gewinn informiert hatte, erfuhr ich, dass sie als Reiki-Meisterin und mit ähnlichen Dienstleistungen und Produkten im großen Bereich der Esoterik tätig ist. Palzki-Stammleser wissen, dass unser Kommissar des Öfteren über Astrologie und Esoterik ziemlich lästert. Aufgeben gilt nicht, sagte ich mir und fragte Silke, wie weit sie sich mit ihrem Beruf palzkimäßig aus dem Fenster lehnen würde. Wie weit, haben Sie bereits gelesen. Ich fand es klasse, dass sie den Mut hatte, sich selbst derart in einem eigenen Kapitel darzustellen. Als Autor möchte ich ihre Dienstleistungen nicht bewerten. Wenn Sie möchten, können Sie sich gerne unter www.siri.de ein eigenes Bild machen. Vielen Dank, Silke.

Nebenbei erfuhr ich, dass wir eine gemeinsame Bekannte haben: Julienne Matthias-Gund, Geschäftsführerin der Touristikgemeinschaft Kurpfalz e. V., aus Plankstadt. Zusammen mit Julienne, Kurt Geitner und meiner Mannheimer Kollegin Claudia Schmid haben wir vier die Kurpfalz-Krimifestivals 2015 und 2017 organisiert. Kurzerhand habe ich Julienne nun ebenfalls in die Handlung integriert, um ein bisschen mehr Frauenpower in die Geschichte zu bringen. Ob Julienne inzwischen ihren Milliardär gefunden hat? Ich weiß es nicht. Anfragen bitte an julienne@palzki.de, die ich gerne weiterleite.

Das letzte Drittel des Romans musste ich teilweise umschreiben, nachdem ich Günter Wallmen ausgelost hatte, der mit Frau und Tochter in Speyer wohnt und dort arbeitet. Bisher hatte ich zwei- oder dreimal aus verschiedenen Quellen gehört, dass es den Not-Notarzt Doktor Metzger tatsächlich gibt. Genauso ein Arzt sei ihnen persönlich bekannt, berichteten mir diese Augenzeugen. Ich hoffe nach wie vor, dass sie sich irren.

Wallmen ist natürlich nicht wie Doktor Metzger. Er ist als ordentlicher Oberarzt der Unfallchirurgie im Sankt-Vincentius-Krankenhaus Speyer tätig. In früheren Jahren war er als Notarzt unterwegs, daher gibt es gewisse berufliche Parallelen zu Doktor Metzger. Günter Wallmen, Palzki-Fan seit Jahren, liest immer gerne die Metzger-Passagen, da er hier, ich zitiere, »seinen anarchistischen Gedanken freien Lauf lassen kann«, was er natürlich im richtigen Job nicht kann und auch nicht tut.

Viele der Ideen, mit denen ich ihn im Roman mit Doktor Metzger verknüpfe, stammen von ihm, teilweise sogar mit realem Hintergrund. So war er zum Beispiel im Jahr 2013 auf dem Speyerer Brezelfest im Auftrag des Verkehrsvereins tatsächlich als Dirndlnotarzt bei der Aufstellung des Weltrekords im Festzelt. Die kollabierten Damen hatte er damals allerdings, hier weichen wir geringfügig von dem Roman ab, den bekannten seriösen Rettungsdiensten provisionsfrei übergeben. Selbst die Sache mit dem Schreiben der Promotion stammt von ihm, da er auch in der Realität ein Medizinmann ohne Doktortitel ist. Selbst zur Darm-mit-Scham-Offensive

Metzgers konnte er einiges an In- beziehungsweise Output liefern.

Wenn Sie in Speyer oder Umgebung wohnen, müssen Sie aber keine Angst haben, wenn Sie plötzlich und unvorhergesehen nach einem Unfall im Krankenhaus aufwachen und in das Gesicht eines grauhaarigen Mediziners starren: It's not Doktor Metzger, it's only Wallmen …

Über die Newsletter-Verlosung ist der Mannheimer Enrico Müller Mitglied des *Palzkiversums* geworden. Sein Faible für das Purtrinken von »Maggi« sowie seine stets blitzblanken Schuhe sind nach seinen eigenen Angaben Realität. In diesem Krimi spielt er einen hartnäckigen Krawattenträger sowie Jugend- und Duzfreund von KPD.

Daniel Maier aus Deggendorf spielt den bayerischen Parkplatzwächter, der Palzki die Auffahrt zum Hambacher Schloss verwehrt. Im richtigen Leben pflegt er einen YouTube-Kanal (maier3007), in dem er bereits mehrere Palzki-Romane besprochen hat. Seine Dialoge hat er selbst ins Bayerische übersetzt, da dies für mich unüberwindbare Schwierigkeiten verursacht hätte.

Die studentischen Burschenschafter Andreas Nothaft, Elisabeth Fuchs und Maritta Stadelmaier wurden über den Palzki-Newsletter ausgelost und treten im Roman unter ihren Echtnamen auf.

Weitere Lebendrollen mit Echtnamen haben wir über das »Krimijournal« des Gmeiner Verlags verlost: Karin Zimmermann aus Österreich spielt eine Neustadter Kripobeamtin und Amelie Steiner sowie Mathias Thon aus Aalen, die beiden Inhaber eines Hotels.

Wechseln wir von den Leserollen zurück zu den realen Stammprotagonisten. Steffen Boiselle, Inhaber des Agiro-Verlags und Schöpfer der 100 %-PÄLZER-Cartoons, spielt als Hochzeitszeichner mit, eine Dienstleistung, für die er in letzter Zeit immer öfters gebucht und weiterempfohlen wird. http://www.agiro.de/steffen-boiselle-vor-ort-aktionen.html .

Gunter Engler aus Ludwigshafen-Edigheim kennen Stammleser bereits aus »Sagenreich«. Dort taucht er als Edigheimer Bürger auf und zeigt Palzki, wo seiner Meinung nach der Nibelungenschatz versteckt sein könnte. Ohne Buchrolle hat er als Doktor Watson beziehungsweise Diplom-Recherchator in den Bänden »Mordsgrumbeere« und »Parkverbot« historische Begebenheiten recherchiert. Von ihm stammen einige der Links und Erklärungen in den Anhängen der beiden Krimis. Im vorliegenden Band hat er nun zum zweiten Mal einen Auftritt und bringt dazu seine Frau Beate und seine Tochter Judith mit. Judith war zunächst nicht sehr begeistert, ihre eigene Trauung in einem Krimi beschrieben zu finden, hat sich aber letztendlich doch damit arrangiert. Tatsächlich ist ihre Hochzeit reine Fiktion und auch noch nicht im Geringsten projektiert – es werden also noch Bewerbungen angenommen. Vielen Dank an euch alle drei!

Einen besonderen Dank an Edsel (Thomas Merz) von der weit über die Frankenthaler Grenzen hinweg bekannten Band »Die Anonyme Giddarischde«. Vielen Dank, dass deine Kollegen und du den Spaß mitgemacht haben. Hier geht's zur »Dehääm-Seite« des Internetauftritts der

»Anonyme Giddarischde«: http://www.dieanonymegid-darischde.de/

Die Dialoge stammen übrigens von Edsel höchstper-sönlich und sollen absolut authentisch sein, insbeson-dere die Geschichte mit der Leberwurst. Die Akustik im Siebenpfeiffer-Saal ist allerdings, anders als im Roman genannt, hervorragend.

Im gleichen Zusammenhang gilt mein Dank Christian Treptow, der mir die Kontaktdaten von Edsel besorgt hat. Christian, inzwischen Sportredakteur der Tageszei-tung »DIE RHEINPFALZ«, ist Erfinder und schreibende Kraft der 17-teiligen Serie »Der Palzki-Prozess«. Während seiner Tätigkeit als Redakteur der Kreisredaktion in Lud-wigshafen begleitete er vor rund drei Jahren 17 Monate lang die Entstehung des Palzki-Bandes »Weinrausch«. In dieser Serie beschrieb er den kompletten Werdegang von der Ideenfindung über die Recherche und das Schreiben des Manuskriptes bis hin zu Coverfindung und der Ver-marktung. Wer Interesse an diesem Epos hat, schickt ein-fach eine E-Mail an treptow@palzki.de.

Mit Christian treffe ich mich nach wie vor etwa alle drei Monate zu einem offenen Gedankenaustausch bei der »Currysau« in Speyer. Offiziell überprüfen wir die Qua-lität des Palzki-Burgers, der nach wie vor im Angebot ist.

Björn Wojtaszewski muss endlich einmal erwähnt wer-den. Stammleser stolpern das erste Mal im Band »Erfin-dergeist« über diesen Namen. Damals, im Jahre 2009, war Björn freiberuflicher Pressesprecher des Holiday Parks in Haßloch. Seine Marketingaktionen wie »Erster Park-schreiber Deutschlands« sind legendär. Inzwischen ist der

Holiday Park an einen niederländischen Konzern verkauft, Björn arbeitet aber weiterhin für viele Unternehmen in der Pfalz als Presseexperte. Bei vielen Palzki-Bänden, wie zum Beispiel »Pilgerspuren«, »Tote Beete«, »Weinrausch« und »Mordsgrumbeere« hat er die Kooperationspartner mit seinen Ideen und seinem Know-how tatkräftig unterstützt.

Michael Dostal, seit über 35 Jahren im Südwesten journalistisch unterwegs, hat 2016 im April eine GmbH mit Sitz in Freinsheim gegründet, die das Genießer-Portal »Viel-Pfalz« mit dazugehörigem Printmagazin (www.vielpfalz. de) herausgibt. Michael steuerte, zusammen mit Björn, einige richtig gute Ideen im Zusammenhang mit diesem Krimi bei.

Ich hoffe, niemanden vergessen zu haben. Zumindest liegt kein Vorsatz vor. Kommen wir zum Abschluss zu dem Infothema, das es bekanntlich in jedem Roman dieser Reihe gibt. Das Hambacher Schloss in seinen vielfältigen Facetten haben Sie beim Lesen ausschnittsweise kennengelernt: Veranstaltungen und Spezialführungen noch und nöcher, Trauungen und Hochzeitsfeiern, eine gut aufbereitete Dauerausstellung zur Geschichte der Demokratie, dem Hambacher Fest und der Entwicklung bis heute. Hier finden Sie mehr zum Schloss: https://hambacherschloss.de/ sowie
https://hambacherschloss.eu

Meine Grundidee zu Beginn, zu diesem Zeitpunkt war noch kein Wort geschrieben, war es, den Stand der aktuellen Demokratie zu hinterfragen. Überall in Europa und im Rest der Welt bröckelt es an der Fassade. Durch das demokratische Selbstverständnis werden natürlich Minderheiten nicht unterdrückt, selbst wenn sie staatsfeindliche Absichten hegen (Beispiel gescheitertes NPD-Verbot).

Meine Gedanken gingen aber weniger in die Richtung, wie man taktisch, also kurzfristig, mit den Gefahren der Allgemeinfreiheit umgehen kann. Ich überlegte eher strategisch. Gibt es etwas Besseres als eine Demokratie? Mir kribbelte es unter den Fingernägeln, und ich begann zu recherchieren. Ich lernte dabei viel, aber leider fand ich zunächst keine neuen Anhaltspunkte.

Dann stieß ich auf Island, das mit seinem Althing das älteste bestehende Parlament der Welt besitzt. Dieses kleine Land machte sich im Jahr 2012 auf, eine Art Superdemokratie einzuführen. Es ging um nicht weniger als eine neue Verfassung, die von den Bürgern selbst erarbeitet wurde. Und das ohne die Parteien und die etablierten politischen Eliten und ohne Machtinteressen irgendwelcher Oligopolisten. Die Verfassung wurde von 950 nach dem Zufallsprinzip ausgelosten Bürgern entworfen. Jeder, der kein professioneller Politiker war, durfte sich um einen Ratsposten bewerben. Diese Gruppe arbeitete für die Öffentlichkeit vollkommen transparent und immer im Konsens. Sämtliche Isländer durften sich per E-Mail, Facebook und sogar YouTube in die Beratungen einbringen und Vorschläge und Kommentare abgeben. Das Ratsmitglied Thorvaldur Gylfason sprach vom »vielleicht demokratischsten Verfassungsgebungsprozess der Weltgeschichte«. Tausende beteiligten sich, auch wenn dieses Experiment bei anderen auf Gleichgültigkeit, Frustration oder sogar offene Ablehnung stieß.

Warum das Experiment letztlich gescheitert ist, kön-

nen Sie im Hintergrundbericht auf der Internetseite der
»Welt« nachlesen:

»Das kleine Island auf dem Weg zur Super-Demokra-
tie«: goo.gl/PyQr8Q (Link zu welt.de)

Ich habe bewusst darauf verzichtet, dieses Experiment
zu bewerten oder Überlegungen anzustellen, ob dies in
Deutschland funktionieren könnte. Meine Ausführungen und der abgedruckte Link geben den interessierten
Lesern bestimmt genügend Anregungen, um selbst nach-
zuforschen und das Thema weiter zu vertiefen.

BONUS 1 KURZKRIMI
WASSERGELD

»Wassergeld« – Ein Fall für Kommissar Reiner Palzki
Erstmals erschienen 2009 in »Tödliche Wasser«: Anthologie zu den Heidelberger Krimitagen, Gmeiner-Verlag.

Es hätte so ein schöner Tag werden können.

Normalerweise erreichten die erbarmungslos auf uns niederbrennenden Sonnenstrahlen der Hundstage in der mitteleuropäischen Rheinebene, Limburgerhof-Ost, erst im Laufe des Monats Juli ihren Höhepunkt. Ich stand mitten auf dem Burgunderplatz, der Juni war gerade mal drei Wochen alt, und meine Kleider klebten wie ein nasser Sack an mir.

Manche der 10.000 Einwohner behaupteten spöttisch, dass die sommerlichen Temperaturen ihres geliebten Dorfes ursächlich seit dem Bau der fast nicht mehr zählbaren Verkehrskreisel deutlich zugenommen hätten. Entsprechende Studien gab es jedoch bisher noch nicht.

Nun, das Wetter war das eine, und das andere war mein Ziel. Es führte mich ausgerechnet zum Burgunderplatz, einem großen Gebäudekomplex mit mehreren Einzelhandelsgeschäften. Ich schaute mich um und entdeckte das große Schild mit der Aufschrift »Sonnenstudio Hot burn« über einer der Eingangstüren. Bisher hatte ich in meinem ganzen Leben kein solches Sonnenstudio aufsuchen müssen. In meiner Naivität stellte ich mir eine

Saunalandschaft mit den entsprechenden Temperaturen vor. Heute würde nicht mein Sodbrennen die Hauptrolle meines Leidens spielen, sondern eher mein bereits vorgeglühter Kreislauf.

Nach dem Betreten der Räumlichkeiten war ich jedoch angenehm überrascht, als mir die laufende Klimaanlage ein frisches Lüftchen um die Nase blies.

Mein Kollege Gerhard Steinbeißer, der wie meistens vor mir am Tatort war, begrüßte mich mit einem demonstrativen Blick auf seine Uhr: »Hallo, Reiner, auch schon hier?«

»Immer langsam mit den alten Leuten«, entgegnete ich. »Ich komme direkt vom Otterstädter Altrhein und bringe gute Nachrichten mit.«

»Habt ihr das Rätsel endlich gelöst?«, fragte mich Gerhard, der als leidenschaftlicher Angler häufig an diesem Altrheinarm seine Angel auslegte.

»Wir haben Entwarnung geben können. Irgendein Idiot hat ein paar Eimer Lebensmittelfarbe in den See gekippt. Es hat sich herausgestellt, dass es sich um harmloses Amaranth, einen gut wasserlöslichen Azofarbstoff, handelte.«

In Gedanken sah ich die rote Verfärbung von mehr als 100 Metern Durchmesser vor mir, die sich gestern mitten auf dem Altrheinarm bei Otterstadt gebildet hatte. Das Gewässer wurde daraufhin sofort polizeilich gesperrt. Es sah wirklich bizarr aus und erinnerte mich an den Fall der Altriper Gebietsrettung, dieser war sogar noch etwas skurriler. Damals hatten kleinere Sprengstoffanschläge auf unbedeutende Ziele für jede Menge Aufregung gesorgt. Der Täter konnte zunächst nicht ermittelt werden. Der Sachschaden war eher gering und Menschen kamen nicht zu Schaden. Experten waren schließlich der Meinung, dass der Täter oder die Tätergruppe an der Eigenentwicklung eines Sprengstoffes herumexperimentierte und die Anschläge anscheinend nur Tests waren.

Terroristisch lohnende Ziele wie die BASF oder das naheliegende Großkraftwerk auf der anderen Rheinseite wurden seitdem besonders gut überwacht. Letztendlich gelang es doch, den offensichtlichen Einzeltäter zu schnappen. Ein verwirrter promovierter Chemiker wollte, ganz in der Manier von Ephraim Kishons »Blaumilchkanal«, Altrip rechtsrheinisch werden lassen.

Jawohl, rechtsrheinisch. Dazu wollte er eine Verlängerung des Kiefschen Weihers zum Neuhofer Altrhein sprengen und zeitgleich eine südöstliche Verbindung durch den Staatsforst zum Rhein freisetzen. Damit hätte er an dieser Stelle die Rheinbegradigung durch Gottfried Tulla im 19. Jahrhundert fortgeführt und den Altriper Rheinbogen gekappt. Über die Motive schwieg sich der Täter beharrlich aus. Geografen waren sich in ihrer Stellungnahme nicht sicher, ob das Vorhaben zumindest theoretisch hätte funktionieren können.

»Herr Palzki! Können Sie mich hören? Wir sind hier zum Arbeiten, nicht zum Träumen!«

Ich zuckte zusammen. Ausgerechnet Staatsanwalt Borgia weckte mich aus meiner gedanklichen Abwesenheit. Zum ersten Mal, seit wir uns kannten, musste ich ihm recht geben. Ich träumte tatsächlich vor mich hin, während im Nebenraum eine Leiche lag und wahrscheinlich ein Tötungsdelikt auf Aufklärung wartete. Ohne meinem natürlichen Feind Borgia zu antworten, ging ich in das kleine Büro, dessen Zugang sich hinter einer lang gezogenen Theke des Ladenraums befand. Zwei Spurensicherer waren bei der Arbeit, die männliche Leiche lag auf dem Boden. Einer der beiden wandte sich mir zu.

»Hier liegt eindeutig Fremdverschulden vor, Herr Palzki. Der Tote wurde erschlagen. Danach wurde ihm die Zunge herausgeschnitten.«

»Was macht das für einen Sinn?«

»Sie sind der Hauptkommissar. Vielleicht verbirgt sich irgendeine Symbolik dahinter, keine Ahnung. Doch das ist noch nicht alles. Der Tote war bewaffnet. Nach einer vorläufigen Auswertung befinden sich an der Waffe nur seine eigenen Fingerabdrücke.«

»Aha, vermutlich wurde er von dem Täter überrascht.«

»Das ist immer noch nicht alles, Herr Palzki. Schauen Sie sich mal die Nachricht an, die wir auf dem Tisch gefunden haben.«

Er gab mir eine Plastikhülle, in der sich ein Zettel befand und ich las laut: »*Wassergeld ist Schutzgeld – Wasser ist knapp und teuer.*«

Sofort musste ich an den verwirrten Täter aus Altrip denken. War hier schon wieder so ein Spinner am Werk, oder handelte es sich vielleicht um einen Trittbrettfahrer?

»Konnte der Tote bereits identifiziert werden? Ist diese Leiche der Eigentümer oder ein Angestellter des Studios?«

»Weder noch«, antwortete mein Kollege Gerhard, der das Büro betrat. »Das Sonnenstudio hat zurzeit wegen Umbau geschlossen. Dieser Mann hier hieß Theodor Manschuß. Er war hauptberuflich Landwirt und zugleich Vorsitzender des Fördervereins des vorderpfälzischen Beregnungsverbandes.«

»Vorderpfälzischer was?«, entgegnete ich irritiert. »Kannst du mir das verständlicher machen?«

»Viel weiß ich davon nicht, Reiner. Dass die Vorderpfalz eines der größten Obst- und Gemüseanbaugebiete in Deutschland ist, ist dir sicherlich bekannt. Selbst wenn es nicht so aussieht, die Vorderpfalz hat ein Problem.«

»Mit den Mannheimern, ich weiß.«

»Kannst du mal einen Moment ernst bleiben? Die Vorderpfalz hat ein Regenproblem. In der Rheinebene ist es für das Obst und Gemüse zu trocken. Aus diesem Grund haben sich zahlreiche Landwirte zusammengeschlossen und diesen Beregnungsverband gegründet. Am Otterstädter Altrhein steht ein großes Pumpwerk, das über zahlreiche verlegte Leitungen die halbe Vorderpfalz mit Wasser versorgt.«

»Jetzt verstehe ich. Das Pumpwerk habe ich vorhin, als ich in Otterstadt war, sogar gesehen. Solange die rote Farbe nicht identifiziert war, musste diese Pumpe abgeschaltet werden. Ich hatte allerdings keine Ahnung, wozu sie überhaupt benötigt wird. Ach, wer hat übrigens den Toten gefunden?«

»Ein Handwerker. Er wunderte sich, dass nicht abgeschlossen war. Im Büro fand er die Leiche.«

»War dieser Manschuß verheiratet?«

Gerhard nickte und gab mir einen Zettel. »Hier hast du die Adresse. Willst du es gleich hinter dich bringen?«

Was blieb mir anderes übrig? Es war die meistgehasste Aufgabe eines jeden Polizeibeamten, die Hinterbliebenen eines Mordopfers über das Geschehen zu informieren. In den Handlungsrichtlinien der Kriminalpolizei stand zwar, dass man dafür einen psychologisch geschulten Beamten schicken sollte, aber was wollte man machen, wenn keiner zur Hand war. Zum Glück hatte ich durch meine jahrelange Tätigkeit dafür ein gewisses psychologisches Geschick und Know-how aufgebaut.

Manschuß' wohnten in der Iggelheimer Straße in Schifferstadt. Zur Vorbereitung auf dieses Gespräch und weil ich einfach Hunger hatte, machte ich vorher einen kleinen außerdienstlichen Umweg zum Imbiss »Caravella«. Gestärkt und mit Ketchup verschmierten Mundwinkeln klingelte ich an der entsprechenden Haustür. Die Familie wohnte in einem Gebäude eines alten landwirtschaftlichen Betriebs, der über mehrere Nebengebäude verfügte.

Frau Manschuß war eine außerordentlich starke Frau und nahm die schreckliche Nachricht gefasst auf. Da hatte ich schon anderes erlebt. Nach einer Weile fragte ich sie behutsam, ob ich ihr ein paar Fragen stellen dürfte. Sie nickte fast unmerklich.

»Frau Manschuß, haben Sie eine Ahnung, wer Ihrem Mann das angetan haben könnte? Wir haben bei ihm eine seltsame Nachricht, die etwas mit Wasser- und Schutzgeld zu tun hat, gefunden. Zudem war Ihr Mann bewaffnet.«

Sie fing an zu schluchzen. »Wer konnte ahnen, dass dieser Erpresser selbst vor einem Mord nicht zurückschreckt? Oh, es ist alles so furchtbar!«

»Welcher Erpresser?«

»Ich weiß nicht viel darüber. Fragen Sie die anderen vom Förderverein oder am besten gleich den Geschäftsführer des Beregnungsverbandes. Ich weiß nur, dass seit ein paar Wochen unser Verband erpresst wird. Sie haben bestimmt erfahren, dass rote Farbe in den Otterstädter Altrhein geschüttet wurde?«

Ich war alarmiert. »War das dieser Erpresser? Was wollte er damit bezwecken? Es handelte sich übrigens nur um harmlose Lebensmittelfarbe, so viel wurde bereits festgestellt.«

Frau Manschuß sah mich verzweifelt an. »Können Sie sich das nicht denken? Hätte man das Pumpwerk nicht sofort abgeschaltet, wäre das gesamte Obst und Gemüse unseres Verbandes jetzt rot. Das sollte aber nur eine Warnung sein. Der Erpresser hat gedroht, den Altrhein mit Krankheitserregern zu verseuchen. Können Sie sich vorstellen, was das bedeuten würde? Bevor wir davon etwas bemerkten, wäre halb Deutschland vergiftet.«

»Und warum haben Sie bisher nicht die Polizei informiert?«

Sie lachte gellend auf. »Was will die Polizei dagegen machen? Tag und Nacht den Altrhein bewachen lassen? Wie lange? Einen Monat, ein Jahr? Nein, der Erpresser hat mit sofortigen Konsequenzen gedroht, wenn wir uns an die Polizei wenden würden.«

»Nun, jetzt weiß die Polizei Bescheid. Was wollte Ihr Mann denn überhaupt in diesem Sonnenstudio, und warum war er bewaffnet?«

»Was wohl? Natürlich den Erpresser treffen. Er wurde von unserem Förderverein ausgewählt, Kontakt mit ihm aufzunehmen. Gestern bekam mein Mann die Nachricht, dass er heute zu diesem Studio gehen sollte. Dass mein Mann eine Waffe besaß, ist mir neu.«

»Und warum er umgebracht wurde, wissen Sie wirklich nicht?«

»Um Himmels willen, wenn wir das geahnt hätten! Niemals hätte ich meinen Mann dorthin fahren lassen!«

Ich sah, dass ich so im Moment nicht weiterkam. Sie gab mir, bevor ich mich verabschiedete, noch die Adresse der Geschäftsstelle des Beregnungsverbandes in Mutterstadt mit.

Als ich eine Viertelstunde später dort ankam, herrschte bereits große Aufregung. Frau Manschuß hatte mein Kommen offensichtlich telefonisch angekündigt.

Herr Bradouir, der sich als Geschäftsführer vorstellte, bat mich in sein Büro.

»Herr Palzki, Sie müssen uns glauben, wir sind über die Ereignisse schockiert. Der Mord hat uns alle überaus bestürzt.«

»Warum haben Sie die Polizei nicht früher eingeschaltet, anstatt selbst mit dem Erpresser zu verhandeln?«

Der Geschäftsführer schüttelte den Kopf. »Das ging doch nicht, Herr Palzki. Stellen Sie sich mal vor, was hier auf dem Spiel steht! Wir liefern jährlich 20 Millionen Kubikmeter Wasser an unsere Mitglieder, die damit 13.000 Hektar Felder bewirtschaften. Um Ihnen ein Beispiel zu geben: Ein Quadratmeter Blumenkohl braucht 300 Liter Wasser bis zur Erntereife, in dieser Zeitspanne wird er durch natürliche Regenfälle nur zur Hälfte mit Wasser versorgt.«

Ich unterbrach ihn unwirsch. »Sie können doch nicht allen Ernstes Ihren Blumenkohl höher bewerten als ein Menschenleben!«

»Nein, nein, verstehen Sie mich nicht falsch. Niemand hat auch nur im Geringsten damit gerechnet, dass der Erpresser Herrn Manschuß erschießt. Wir waren bereit, die geforderte Summe zu bezahlen.«

»Um welche Summe geht es denn?«

»100.000 in kleinen Scheinen.«

»Das ist ein flottes Sümmchen, das Sie zu zahlen bereit gewesen wären.«

Er nickte. »Ohne Zweifel. Das Geld hätten die Mitglieder natürlich alle gemeinsam aufgebracht. Ein Ernteausfall durch verunreinigtes Erntegut wäre uns viel teurer gekommen und für viele unserer Mitglieder existenzbedrohend.«

»Wobei Sie keine Gewähr haben, dass der Erpresser nicht erneut Forderungen stellen wird«, gab ich zu bedenken.

»Das stimmt, Herr Palzki. Aber im Moment haben wir keine Alternative. Nun müssen wir sowieso erst mal warten, bis der Schuft sich wieder meldet.«

Herr Bradouir konnte mir an diesem Tag nicht mehr weiterhelfen. Ich ließ mir die Erpresserbriefe aushändigen, um sie kriminaltechnisch untersuchen zu lassen. Mit dem bisherigen Tag höchst unzufrieden, fuhr ich ins Büro zurück.

Zwei Monate später.

Frau Manschuß aalte sich in der heißen Sonne Floridas. Ihr männlicher Begleiter massierte ihr den Rücken, während sie gemütlich in einer Immobilienzeitschrift blätterte. Sobald der von ihr beauftragte Makler das Grundstück in Schifferstadt verkauft hätte, würde sie sich mit ihrem Freund hier in Miami niederlassen. Weitere Erpresserbriefe hatte sie seit dem Tod ihres Mannes nicht mehr geschrieben. Kein Mensch würde sie jemals verdächtigen, und sie war ihren Mann los, das alte Aas.

BONUS 2 RATEKRIMI
»HINAUF ZUM SCHLOSS«

Es hätte so ein schöner Tag werden können.

Ein Déjà-vu jagte das nächste. Ich begann, an mir selbst zu zweifeln. Plagten mich etwa die ersten altersbedingten Ausfallerscheinungen? Bildete ich mir das alles nur ein? Natürlich musste ich mich täuschen. Es war völlig ausgeschlossen, dass ich diese Situationen schon einmal erlebt hatte. Diese qualitative Gedächtnisstörung, wie man das psychologische Phänomen des Déjà-vus bezeichnete, musste eine Täuschung sein, mein Gehirn spielte mir lediglich einen Streich.

Dennoch, der Busparkplatz, die Anordnung der Pkw-Parkplätze, das Restaurant am gegenüberliegenden Ende des Platzes, das alles kam mir so bekannt vor, als wäre ich erst letzte Woche hier gewesen. Faktisch lag mein letzter Besuch des Hambacher Schlosses mehrere Jahrzehnte zurück. Doch beim erst vor wenigen Jahren erbauten Besucherhaus mit dem Verkaufsshop innerhalb der äußeren Ringmauer ging es mir genauso. Selbst beim Restaurant »1832«, ebenfalls ein Neubau am südlichen Ende des Schlossbaus, war es nicht anders. Ich grübelte, ob ich vielleicht kürzlich eine Reportage im Fernsehen gesehen oder ein Buch über das Schloss gelesen hatte.

»Was ist, Reiner?«, unterbrach meine Frau Stefanie die grüblerischen Gedankengänge. »Ist dir nicht gut? Der Fußweg war doch wirklich sehr kurz und überhaupt nicht steil. Sollen wir eine Pause machen?«

»Nein, nein«, wehrte ich ab. »Wie viel Zeit haben wir noch, bis die Themenführung beginnt?«

Während Stefanie auf die Uhr schaute, begannen Melanie und Paul herumzuzicken. »Wir wollen da nicht mit«, motzten die beiden. »Wir wollen lieber Action.« Paul ergänzte: »Ich will auf den Turm! Da kann ich bestimmt prima runterpinkeln.«

Just zu diesem Zeitpunkt betraten wir den achteckigen Kassenraum vor dem Haupteingang des Schlosses. Die Kassiererin unterhielt sich gerade mit einer Kollegin. Sie wandte sich an die beiden Kinder und grinste. »Ich habe etwas Besseres für euch. Während eure Eltern an der Führung teilnehmen, könnt ihr euch einer Jugendgruppe anschließen, die einen Workshop gebucht haben. Da könnt ihr in Kostüme des 19. Jahrhunderts schlüpfen und am Schluss mit Trommeln mal so richtig demonstrieren. Egal, ob für mehr Taschengeld oder abends länger aufbleiben.«

»Geil«, entfuhr es Paul. »Ich demonstriere für die Abschaffung der Schule. Solch einen Blödsinn braucht kein Mensch.«

Auch Melanie konnte sich für die Idee der Frau begeistern. Zufrieden gingen die beiden mit ihr hoch in das Schloss, nachdem ich die Teilnahmegebühr bezahlt hatte.

Stefanie lächelte mich an. Dies war eine klassische Win-win-Situation. Kinder zufrieden, Eltern zufrieden. Viel zu selten hatte es dies in der Vergangenheit gegeben.

Kurz darauf begann die öffentliche Themenführung. Stefanie hatte sich für eine Architekturführung mit dem Titel »Über 1000 Jahre Baugeschichte – Vom Buckelquader bis zur skulpturalen Mauer« entschieden.

Im Foyer des Schlosses ging es los. Die Führerin Carlotta Lietz stellte sich uns knapp 20 Teilnehmern vor.

»Schauen Sie sich dieses Modell des Schlosses und des Schlossberges an, meine Damen und Herren. Die ursprüngliche Anlage stammte aus dem 11. Jahrhundert und gehörte zum Eigentum der Salier, die zu dieser Zeit die römisch-deutschen Könige und Kaiser stellten. Ab dem 12. Jahrhundert gehörte die Burg dem Bistum Mainz. Viele Speyerer Bischöfe haben zeitweise hier residiert.«

Frau Lietz zeigte auf diverse Bildtafeln im Foyer. »Früher hieß das Schloss im Volksmund auch ›Kästenburg‹, weil hier im 16. Jahrhundert der Neuleininger Graf ein, dem indischen Kastensystem ähnelndes System etablieren wollte, um dem Dauerzwist der katholischen und protestantischen Kirchen zu entgehen.« Sie machte eine vieldeutige Geste. »Genutzt hat das aber nichts. Im Jahr 1552 eroberten Truppen des Markgrafen und Söldnerführers Albrecht Alcibiades die Burg und brannten sie nieder.«

Nach weiteren Erläuterungen bat uns unsere Führerin hinaus in den Schlosshof. »Nach einem notdürftigen Wiederaufbau wurde die Burg im Pfälzischen Erbfolgekrieg 1688 von den Franzosen niedergebrannt und blieb eine Ruine. Nur die Burgkapelle baute man wieder auf. Doch 1794 wurde sie durch französische Revolutionäre erneut geplündert.«

»Wem gehörte zu diesem Zeitpunkt die Ruine?«, fragte eine Teilnehmerin, die ich als Lehrerin taxierte.

»Zunächst den Franzosen«, sagte Lietz. »Nach dem Wiener Kongress fiel das Areal dann an Rheinland-Pfalz. In diese Zeit fällt dann auch das Hambacher Fest von 1832. Näheres dazu können Sie sich im Anschluss in der Ausstellung auf der Ebene 5 des Schlosses anschauen. Dort ist auch eine Original-Fahne zu sehen, die während des Festes geschwungen wurde.«

»Wann wurde das Schloss wieder aufgebaut?«, hakte die mutmaßliche Lehrerin nach.

»Zunächst wurde die Ruine 1842 dem späteren bayerischen König Maximilian II. zur Hochzeit geschenkt. Seitdem wurde das Schloss auch Maxburg genannt. Im Auftrag des Königs wurde mit dem Wiederaufbau begonnen, wegen der Revolution 1848/49 aber rasch wieder eingestellt. In diesem Zustand blieb das Hambacher Schloss dann bis 1980.«

»1980?«, fragte dieses Mal ein interessierter Herr.

»Ja«, bestätigte Carlotta Lietz. »Erst in den Jahren 1980 bis 1982 wurde das Hambacher Schloss für rund zwölf Millionen Mark fast vollständig restauriert.«

Unsere Führerin erklärte uns weitere interessante Details zur Schlossgeschichte. Wir suchten auch Nebengebäude wie den Nordturm, der sich an der äußeren Ringmauer befand, auf. Zum Schluss der Führung gingen wir wieder in das Foyer. Nach einem langen Applaus grinste Frau Lietz.

»Zum Abschluss möchte ich Ihnen noch sagen, dass ich an drei Stellen meines Vortrages etwas geschwindelt habe. Wer mir von Ihnen als Erster alle drei Fehler nennt, erhält zur Belohnung eine Familienjahreskarte für das Hambacher Schloss.«

Die anderen Teilnehmer mitsamt der mutmaßlichen Lehrerin sahen sich ratlos an. Auch Stefanie hatte fast sichtbare Fragezeichen im Gesicht. »Du, Reiner«, sagte sie, »sind dir bei dem Vortrag irgendwelche Fehler aufgefallen?«

Ich nahm sie in den Arm und lächelte. Dann hob ich die Hand. »Frau Lietz, so schwierig war das nicht. Ich freue mich auf die Jahreskarte.«

GEWINNSPIEL

Vom 01.02.2018 bis zum 30.06.2018 (Einsendeschluss) können Sie die Lösung an die E-Mail-Adresse info@ hambacher-Schloss.de mailen. Unter den richtigen Einsendungen wird eine Familienjahreskarte für das Hambacher Schloss verlost. Ab dem 01.07.2018 finden Sie die Lösung auf www.palzki.de

BONUS 3 KURZKRIMI
SPORT IST MORD

Erstmals 1997 erschienen.

Ich muss mich konzentrieren. Immerhin muss ich heute einen Mord begehen. Ich weiß, nicht gerade ein alltäglicher Job für einen 40-jährigen Elektronikingenieur.

Im Moment schwimme ich durch einen eiskalten Fluss. Der Triathlonwettkampf hat gerade erst begonnen. Heute will ich mich für den Ironman qualifizieren. Ich muss mich konzentrieren.

Früher, da plagte ich mich mit meinem Übergewicht durchs Leben, immer schwitzend und schnell ermüdend. Erst vor sieben Jahren hatte ich mit dem Laufen begonnen. Später fand ich Gefallen am Radfahren. Wochen später las ich in der Sonntagszeitung einen Bericht über Triathlon. Faszinierend. Diese Sportart lässt mich seitdem nicht mehr los. Anfangs trainierte ich nur am Wochenende, inzwischen viermal die Woche. Die Triathlon-Mittelstrecke wurde für mich das Maß der Dinge: 2,5 Km Schwimmen, 80 Kilometer Rad fahren und 20 Kilometer Laufen. Mein Endziel ist die Teilnahme beim Ironman-Wettbewerb auf Hawaii. Die Besten qualifizieren sich heute für diese Tortur. Ich hoffe es zu schaffen. Wenn nur die Sache mit dem Mord nicht wäre.

Meine Frau war begeistert von der Idee, Sport zu treiben. Ab und zu fuhr sie früher beim Training mit dem Rad mit, das ist aber lange her. Jetzt hat sie keine Zeit mehr für solche zeitraubenden Hobbys. Sagt sie. Als selbstständige Marketingberaterin hat sie immer was zu tun. Ständig läuft sie mit ihrem Notebook durch die Gegend und tut ungemein wichtig.

Wir haben uns aber einvernehmlich arrangiert. Ich mache in meiner Freizeit Triathlon, und sie erarbeitet zu Hause in Ruhe die Werbefeldzüge ihrer Kunden.

Wunderbar, ich kann das Ziel bereits sehen. In wenigen Minuten steige ich aus dem Wasser, ziehe mich im Laufen um und wechsle auf mein Rennrad, das sich in Position befindet. Ab dem Start gehöre ich zu der zehnköpfigen Führungsgruppe, es ist noch nichts verloren. Wenn nur die Sache mit dem Mord nicht wäre! Aber da muss ich jetzt durch. Ein besseres Alibi als der Triathlon-Wettkampf ist nicht vorstellbar.

Ich muss schon wieder an daheim denken. Das Haus, das meine Frau und ich vor drei Jahren kauften, habe ich vom Keller bis zum Dachboden mit elektrischen Zusatzgeräten ausgestattet. Mein Studium der Elektrotechnik und meine Lehre als Kommunikationselektroniker sind mir auch für den privaten Bereich sehr nützlich. Auf Knopfdruck können die zahllosen Lichtquellen, die mit einer Steuerleitung verbunden sind, zu einer vorprogrammierten »Atmosphäre« geschaltet werden, sei es für dezente Stunden vor dem Fernseher oder die indirekte Beleuchtung für die Stunden zu zweit.

Die eingebaute Alarmanlage sucht Ihresgleichen. Den Einbrecher möchte ich sehen, der meine selbst gebaute Anlage überlistet. Dem würde ich das Bargeld, das wir im Haus haben, vermutlich schenken. Und das Tollste: Ich kann die ganze Hauselektronik von jedem beliebigen

Ort mit meinem Handy steuern! Jede Durchwahlnummer unserer ISDN-Telefonanlage steuert etwas anderes. Ein herrliches Spielzeug für einen Fachmann wie mich.

So, der Endspurt im Wasser beginnt. Ha, nur zwei Schwimmer vor mir, das klappt wie am Schnürchen. Noch zehn Meter, dann ist der nasse Teil Vergangenheit. – Und schon renne ich über das Ufer zu dem großen Platz, auf dem die ganzen Helfer mit den Kleidern und den Rädern bereitstehen. Da entdecke ich in der zweiten Reihe meinen gleichaltrigen Freund Herbert.

»Klasse, du liegst so gut wie vorne!«, feuert er mich an, während er mir das große Badetuch zuwirft. Hastig trockne ich mich notdürftig ab und springe in den Dress für den Radwettbewerb.

»Danke Herbert, bis nachher«, rufe ich ihm zu, während ich bereits in den Pedalen stehe und beschleunige. Der arme Herbert. Er weiß nicht, dass ich ihn nachher zum nichts ahnenden Mörder mache. Er wird es auch nie erfahren.

Ich kenne Herbert bereits aus Schulzeiten, teilte jahrelang mit ihm eine Schulbank. Er war schon immer sehr gutgläubig und ein wenig naiv. Er wird keinen Verdacht schöpfen.

Jetzt muss ich mich aber konzentrieren. Meine Frau geht mir nicht aus dem Kopf. Nie hätte ich ihr so etwas zugetraut. Ich wollte sie wirklich nicht zu Hause belauschen. Und plötzlich war ich über mein Handy versehentlich mit der Haussprechanlage verbunden.

Sie betrügt mich seit mindestens einem Jahr. Immer wenn ich beim Training oder bei einem Wettkampf bin. Ich wollte es erst nicht glauben. Aber ein von mir beauftragter Detektiv brachte Gewissheit. Ausgerechnet mit einem ihrer regelmäßigen Auftraggeber. Ich war fix und fertig. Was sollte ich tun? Die Scheidung einreichen? Nein, das war keine Lösung, da war der dumme Ehevertrag. Ich verdiene zwar nicht schlecht, aber das Haus und das ganze Vermögen gehören ihr.

Langsam bemerke ich ein Ziehen in den Beinen. Ob ich das Tempo durchhalten kann? Es steht verdammt viel auf dem Spiel. Ich will den Wettkampf gewinnen. Und meine Frau töten.

Seit drei Monaten habe ich den Plan gefasst, meine Frau zu beseitigen. Und ihren Liebhaber gleich mit. Doch wie sollte ich es machen? Als eifriger Leser von Kriminalromanen weiß ich, dass es einen perfekten Mord nicht gibt. Das hat mir keine Ruhe gelassen. Wenn es keinen perfekten Mord geben sollte, dann wenigstens ein perfektes Alibi. Zweifellos werde ich unter Verdacht geraten, wenn meine Frau tot ist. Krokodilstränen werde ich ihr nachweinen, aber sonst nichts. Immerhin erbe ich ihr Vermögen. Und das mit dem Haus, das müssen wir sehen.

Uih, ich war ziemlich lange in Gedanken versunken, der Radkurs ist zur Hälfte geschafft. Eine Gruppe mit vier Ausreißern hatte vorhin einen Fluchtversuch unternommen. Inzwischen haben wir die erschöpften Kerle eingeholt. Noch immer fahre ich in der Spitzengruppe mit.

Letzte Woche habe ich in unserem Keller ein neues Gerät gebastelt. War nicht mal so schwierig. Ich musste es nur so geschickt bauen, dass kein Mensch auch nur irgendwann seine Funktion erkennen kann. Dann habe ich den kleinen Kasten in einen alten Radioempfänger eingebaut, sodass ihn niemand sieht. Das Radio selbst, das schon immer in meinem Bastelkeller steht, ist, wie so ziemlich alle elektrischen Bauteile im Haus, mit der Telefonanlage verbunden.

Ich stelle mir vor, wie es sich die beiden im Moment bei uns gemütlich machen. Ja, genießt eure letzten Minuten. Ihr werdet gar nicht merken, was euch passiert. Gleich ist der Radwettbewerb vorbei und mit euch auch. Herbert wird euch töten.

Heute Morgen habe ich die Vorbereitungen getroffen. Kurz bevor ich mich das letzte Mal von meiner Frau verabschiedet habe, bin ich in den Keller gegangen und habe die Gasleitung geöffnet. Das ist das einzige Risiko, falls das entdeckt werden sollte. Aber meine Frau war bisher nie im Keller, warum sollte sie es heute tun? Außerdem ist die Kellertür ziemlich dicht, sie wird das Gas nicht riechen.

Mann, da vorn hinter dem Ziel steht der Herbert und winkt. Jetzt fällt die Entscheidung.

»Herbert, wie liege ich im Rennen?«, rufe ich ihm zu, als ich von dem Drahtesel springe. »Klasse, du wirst es schaffen. Im Laufen bis du nicht zu schlagen!«

Hoffentlich behält er recht. Ich will zum Ironman.

Während ich mein triefend nasses Trikot wechsle, sage ich beiläufig zu meinem Freund: »Du Herbert, rufe bitte mal meine Frau an und sage ihr, wie ich im Rennen liege. Mein Handy liegt in der Tasche, die Rufnummer ist gespeichert.«

Ich höre noch, wie er mir ein Okay zuruft, da bin ich bereits davongetrabt. Jeden Moment wird Herbert das Handy aus meiner Tasche holen und wählen. Die Durchwahlnummer ist mit meinem kleinen Bausatz im Radio verbunden. Ein kleiner Funken wird mein Leben verändern. Die Versicherung wird alles bezahlen.

Ich muss mich auf den Triathlon konzentrieren.

© Immanuel Giel

Birgit Hiefner-Konietzko
Kurpfalz
Lieblingsplätze
192 Seiten, 14 x 21 cm
Paperback
ISBN 978-3-8392-2385-7
€ 16,00 [D] / € 16,50 [A]

Erhabene Burgen und ehrwürdige Klöster, malerische
Landschaften mit mildem Klima und mediterranen
Genüssen. Das klingt nach Mittelitalien – ist aber
Kurpfalz! Kein Wunder, dass es schon den Römern
hier gefiel. Die historische Kulturregion, in der früher
Könige Hof hielten und Kurfürsten residierten, lässt
auch heute keine Wünsche offen. Hier kann man bei
bestem regionalen Wein der Live-Musik des Heidelberger Frühlings lauschen oder bestaunen, wo Carl
Benz das allererste Auto parkte. Und wer hätte gedacht,
dass »Mannheimer Dreck« so köstlich schmeckt?

GMEINER KULTUR

WWW.GMEINER-VERLAG.DE
Mensch, Kultur, Region